人文地理学のパースペクティブ

竹中克行［編著］

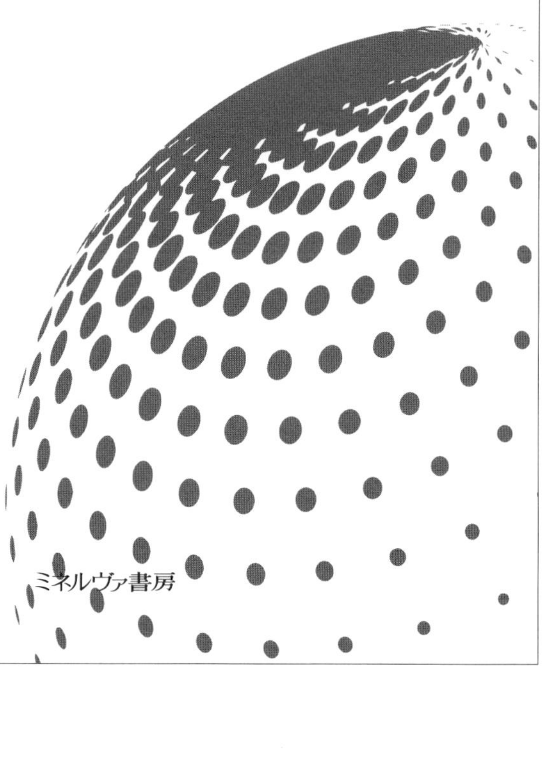

ミネルヴァ書房

人文地理学のパースペクティブ

目　次

第Ⅱ部　社会と空間をモデル化する

第Ⅲ部　場所をめぐる人の思考を読む

第Ⅳ部　地図で過去と現在を繋ぐ

第Ⅴ部　地域の未来に向けて実践する

序

空間と時間のなかの地理学

竹中克行

（1） 地理学と歴史学

「人文地理学のパースペクティブ」と銘打つ本書の企図について，読者に向けた地理学への誘いの言葉として，不十分ながらも言語化しておきたい。数々の先学を利用せずしてこの短文を纏めることができなかったことは，わざわざ強調するまでもない。読者の便宜を考えていくつかの参考文献を巻末に掲げたが，引用は極力避け，編者の言葉で書き記すことにした。さらに視野を拡げ，理解を深めるには，本書を構成する14の章を繙き，参照されている関連研究へと進んでいただければ幸いである。

空間は地理学，時間は歴史学の主たる関心事だといわれる。しかし，少し考えれば，そのような区分けの非現実性が明らかとなる。古代ローマ帝国の成立と分裂，江戸中心の幕藩体制の確立，米国とソ連を盟主とする東西陣営の対立。世界史や日本史の教科書に必ず登場するそれらの出来事は，「古典古代」「近世」「戦後」などの言葉で特定の時期に位置づけられる。同時に，それらが出来事たりうるには，「地中海世界」「日本」「北半球の東西」といった具体的な舞台が必要だった。歴史において，時間と空間は分かちがたく結びついている。地理学はどうだろうか。

地理学の広く知られた空間モデルの一つに，距離を主要変数とする立地論がある。古典的な工業立地論では，原料産地および市場との距離をもとに工場の最適立地を見出す。しかし，たとえば大学キャンパスの立地を考えれば，都心からの距離のように，時間を抜きにした空間のパラメータがいかに無意味であるかが明らかとなる。多くの学生にとって，友達と集まる場所やアルバイト先など，自宅と大学の間に存在するいくつもの目的地を生活時間の中でいかに組織できるかが，キャンパス立地の良し悪しを決めるからである。学史を振り返るとき，スウェーデンの地理学者，T. ヘーゲルストランドが提唱した時間地理学は，ニュートン力学的な空間と時間がおりなす日常世界に対する，きわめて率直な理解の様式だったと感じる。

地理学においても，空間と時間を分かつことはできない。時間の次元を抜きにした距離や配置のみでは，地理学の考察の多くが無味と化すだろう。

（2） 形象化された空間

歴史記述においては，「中世の地中海世界」「鎖国時代の日本」「冷戦期の世界」というように，具体的な出来事が生起する枠組みとして時間と空間が理解される。歴史における時間と空間は，文章や絵に描かれた物語が象る容器であり，そうした物語を記憶し，受け継ぐためのメディアとしても機能する。地理の場合はどうだろうか。

日本語による地理学関係の論文・図書では，空間とともに「地域」の語が頻出する。日本の多くの地理研究者は，何らかのまとまりを有する空間的範域を幅広く指して地域の語を使ってきた。もちろん，英語をはじめとする他の言語にも，類似の用語は存在する。等質地域（例：米作地域，フランス語使用地域）や機能地域（例：通勤・通学圏，小売商圏）の考え方は，アメリカ合衆国を中心とするリージョン（region）概念の精緻化の成果である。エリア（area）の語は，とりわけ学際的な地域研究（area studies）の文脈で用いられ，そうした研究はしばしば，アジアや中南米に触手を伸ばすアメリカ合衆国の国際戦略と結ばれてきた。

このように，日本語の「地域」を関連する英語の語彙と比較すれば，ローカル・コミュニティから都道府県，さらにASEANやEUにいたるまで，空間スケールと性格を異にする範域すべてを包含しうる，地域概念に特有の伸縮自在性と柔軟性が浮き彫りになる。ただし，あらゆる地域に共通する特徴もある。たんにさまざまな大きさで切り取られた空間ではなく，歴史・文化的な一体性，政治的な意思決定の枠組み，生活・産業活動を通じた機能的な繋がりなど，なんらかの意味で周囲から区別され，形象化された空間だということである。地域は，守備領域が広く，使い勝手のよい語ではあるが，あるいはそうであるがゆえに，理論化には馴染みにくく，ヨーロッパ語において対応する語彙を同定することは意外に難しい。

本来，人文地理学を含む人文社会科学は，その主たる表現媒体である言語と密接な関係にある。そして語彙の多くは，自然と文化，あるいは両者の絡まり合いのなかから胚胎する。近世以来，交易・支配・戦争などを通じた地球スケールの関係性が強化されるにつれて，学問も輸出・輸入や移植の対象となった。それを象徴するのが，日本語で出版される学術書のなかで特筆すべき比重を占めるヨーロッパ語からの翻訳書の存在である。しかし，翻訳の力によっても，知識が言語の境界を完全に透過することはない。

言語は，リンガフランカとしての流通度を高めた英語の場合であっても，それが使われ，使用履歴を積み重ねてきた地域から切り離された抽象的な存在ではありえない。日本語は，日本という地域の自然的・文化的なりたちに大きく規定され，同時に，日本に対する人々の認識を支え，枠づける働きをしている。日本語でいう地域をコミュニティの意味で使うことが珍しくないのと同様，言語が使用される範域，すなわち言語圏もそれ自体，自然的基盤を有する社会空間として，地理学の考察対象たる地域の一つの存在形態といえるだろう。そしてそれは，学術的生産の場としても重要な意味をもっている。

（3）　空間と場所

それでは，空間の形象化が進むプロセスは，いかなる理論を援用することで説明可能となるのだろうか。代表的な議論の一つに，資本制経済下における空間の生産がある。近代に交通手段の発展が加速すると，道路や鉄道などの建設を通じてアクセス容易な地点と，相対的に不利な状況に置かれる地点の差が拡大した。また，ガス，電気，上下水道や交通・通信網が構成するライフラインとともに，市場（いちば），学校，病院といった労働力の再生産に必要な各種施設の整備が進む。かくして，種々のインフラが土地に固定され，それを共同利用する場をなす空間は，農村と異なる都市としての存立基盤を獲得していった。ここに素描した考察は，社会理論の射程を拡大した空間論であり，とりわけ英語圏を中心とするマルクス主義地理学の貢献に負っている。

資本の働きを軸とする空間論に対しては，人間による空間への意味づけの視点から，場所（place）に関する議論が提起された。場所の概念が人間の主観，あるいはその束なりが生む文化によって意味を与えられた空間を指すのだとすれば，本来，場所には特定の空間的スケールはない。一人の人間が身を置く部屋も場所であるし，雑踏に満ちた駅前や一日を通じて利用者が入れ替わる公園，あるいは企業が国際戦略のなかで選び取る投資先の国や都市も場所である。しかし，日本の地理学の文脈に即せば，場所がとりうる多様な存在形態のなかには，地域の語で語られてきたものが少なくない。たとえば，近代人によって審美的まなざしの対象とされた民芸の産地，特徴的なライフスタイルに惹かれてU・I・Jターン者が集まる地方都市の界隈など，地域の語がなじむ場所をあげることは比較的容易である。

おそらくそうした言語圏による通念の違いもあって，日本の地理学界で場所について語るときには，特定の人間集団に有利な意味づけを行い，他の集団を排除する社会関係や権力の作用に焦点を当てることが多いように思われる。そのわかりやすい例は，日雇い労働者が生活する寄せ場のように，危険のレッテルを貼られ，周縁化された都市の場所，あるいは男性のみが出入りするパブや女性専用車両など，貧困やジェンダーによって差異化・差別化された場所に見出すことができる。たしかに，ミクロな場所をめぐる研究は，社会空間に張り巡らされた見えにくい壁の存在に気づかせてくれる。しかし，それが社会学などではなく，地理学に対する世の期待に応えているかどうかは，踏みとどまって考えるべきかもしれない。

（4） 運動する身体

ところで，数世紀にわたって近代人の思考様式を特徴づけてきたものに，技術やそれが支える社会の進歩に対する無類の信奉がある。新幹線や飛行機の発明によって速度をわがものとし，距離と時間を操ることが，人間に自由を与え，社会を豊かにするものと考えられた。20世紀末には，インターネットの爆発的な普及により，多方向かつリアルタイムの情報伝達が可能となった。結果として，われわれは今日，距離の摩擦が著しく減衰した世界に生きている。それだけではない。生産・流通のグローバルネットワークは，世界中に共通のブランドやデザイン・機能を有する商品を氾濫させ，街中やロードサイドに企業の三次元広告と化した無数の消費のハコをもたらした。もはや，企業はおろか個人の行動に対しても，立地はさしたる意味をもたないという議論も聞かれる。

むろん上に述べたのは，ある種戯画化された現実理解にすぎない。そうした戯画を乗り越え，「地理がものをいう」という主張を貫こうとするとき，改めて重要性を帯びるのが，日本語でいう地域を含めた広い意味での場所の考察である。たしかに，速度の呪縛から逃れることは容易でない。新幹線の次の時代を担う技術として期待されたリニア構想は，大規模な土木・開発事業につき纏う行政的慣性ゆえ，当初の計画から半世紀を経た現在も巨額の投資の対象でありつづけ，モダンの時代を象徴する矢のように次の世代が生きる時代に向けて突き刺さっている。しかし，まさにその矢先，人間がコントロールできないグローバル化の負の側面として，全世界がパンデミックの危機に苦しむという未曾有の事態が発生した。便利さと危うさの両面を有するオンライン会議やリモートワークの経験を経て垣間見えてきたのは，われわれの生活世界の将来像を見直そうとする新たな気運である。ポストコロナへの模索は，モダニティが人間社会に残したものを自省的に振り返る意味を併せもつはずである。

人間はつまるところ，運動する身体にすぎない。われわれが認識する時間は，等間隔の目盛りが刻まれたニュートン力学的な時間ではなく，過去の記憶や未来への期待が交錯し，抑揚を繰り返す音楽の旋律のようなものである。空間もまた，ツルツルの平面ではなく，万物の活動の履歴が刻み込まれた無数の場所がおりなす褶曲となって立ち現れる。生まれ故郷や親との関係をいかに保つか，大学卒業後の自分のライフコースをどこで実現するか，移住を決意した村で出会った人々とどのような関係を築くか。幸福の追求とは，人間が生活世界の中にいかに身を置き，周りとの関係を結ぶかという，日常的かつ根本的な問いにかかっている。それは，日々繰り返される生活や人生のさまざまなステージを通じて，経験とともに重みを増し，ときに更新される場所との関係である。

場所がもつ重みは，交換価値が支配する資本制経済のもとでの企業の行動のように，没場所的と思われがちな領域でさえもはっきりと表れる。多国籍企業によるグローバル戦略は，フラットな地球表面への事業拡大ではなく，研究開発やマーケティングと単純作業の製造・組立を両極とする立地選択である。それはまた，グローバルネットワークで繋がる世界のうちに厳然と存在する不平等を利用し，賃金の安い地域の労働力を酷使することで成り立つ収奪のシステムでもある。地理は死ぬところを知らない。

（5）「ものをいう」地理

冒頭でふれた歴史と地理の話に立ち戻ろう。歴史は文明の勃興と滅亡，支配者の権力争い，国家間の駆け引きなど，無数のドラマで満たされている。反対に，地理には心に響くものが少ないという感想を耳にすることがある。はたしてそうだろうか。領土確保に狂奔するかのような権力者を動かしている世界認識はいかなるものか，自然と文化が複合するランドスケープの多様性は人間社会の豊かさとどのような関係にあるのか，自然の脅威を抑え込む人知はかえって自然の逆襲を招かないか，危険への対応を掲げる政策が人間社会の中に壁をつくり出すことがあるのはなぜか，公共政策を通じた資源の再配分は結果的に市民の平等に寄与するのか，等々。それらが「響かない」テーマであるはずはないと思う。

無数に存在する地理学的な問いからいくつかを掬い上げたとき，浮かび上がるのは，自然界の循環に否応なく取り込まれた人間が限られた資源の獲得をめぐって争い，線を引いて仲間意識やなわばりを主張するといった，地球と人間社会の交渉のダイナミズムである。古くから人間は，万物に対して理解の様式を与え，自らの行動を制御するための文化を高度に発達させた。にもかかわらず，地球とその上で活動する生き物の総体がつくる世界にあって，人間は孤立した精神的な存在ではない。そうした運動する身体としての人間の行動とその結果について考察することは，時間と交差させながら空間をイメージし，意味や形を与え，わがものにしようとする人間について考える学たる人文地理学ならではの醍醐味である。われわれが偶然に生きている時間をとらえるために，文化理論的な歴史認識に関わるポストモダンとともに，近年，人間の地球環境への関わり方を表す「人新世」の概念が現れた。そのことについて，地理学の新たな登板を促す時局変化の一つだといえば，軽忽にすぎるだろうか。

本書は，地理学が「ものをいう」事象を扱う学問であることを，理論をないがしろにせず，できるだけ平易な言葉で伝えようする筆者らによる，ささやかな試みである。14の章を通じて，先学から批判的に吸収しながら，確かな資料分析をもとに過去から未来へ向かう世界の変化を大掴みにする，地理学の作法を知ってもらえれば幸いである。

第Ⅰ部

地域のなりたちを繙く

第1章

進化しつづける都市

遠 城 明 雄

1 都市はどのように生まれ，成長を遂げてきたのだろうか

（1） 共同体から都市へ

国連の推計によると，2021年に世界の人口は78億人を超えた。国や地域で定義が異なるという問題点はあるが，人口の約半数が「都市」に居住していると考えられており，その数は今後さらに増加することが予想されている。人類史を振り返ると，18世紀半の産業革命以降，人口の急増とともに，生産手段を奪われた農民らが都市に移動した結果，多くの新たな都市が誕生し，その規模も飛躍的に拡大した。それでは，都市という人間の居住・協業の空間・社会形態について，地域や時代を超えて何か共通の特徴を見出すことは可能だろうか。

都市の起源を考える上で，政治権力や宗教的権威の中心という視点も重要であるが，ここでは市（定期市）の存在に着目してみよう。フランスの歴史家F. ブローデルをはじめ，都市の基本要素として，市の存在を挙げる研究者は多い。商品を交換するために人々が集散する市とはどのような場所なのだろうか。K. マルクスが『資本論』で，「商品交換は，共同体の果てるところで，共同体が他の共同体またはその成員と接触する点で，始まる」と指摘したように，市とは，自らの属する共同体を離れ，未知の他者同士が接触し，自分にとって必要な物と他者にとって必要な物を相互交換するという困難な行為が行われる場所であった。つまり市は定住の場ではなく，共同体とは異なる社会関係がその場を動かしていたと考えられる。

こうした市のなかから，人々が定住し，生産と消費の場が生まれてくるのだが，どのような市が定住的な都市へと成長を遂げたのだろうか。その代表例は，自然条件によって交通・運輸手段が変化する場や，荷物の積み下ろしが必要と

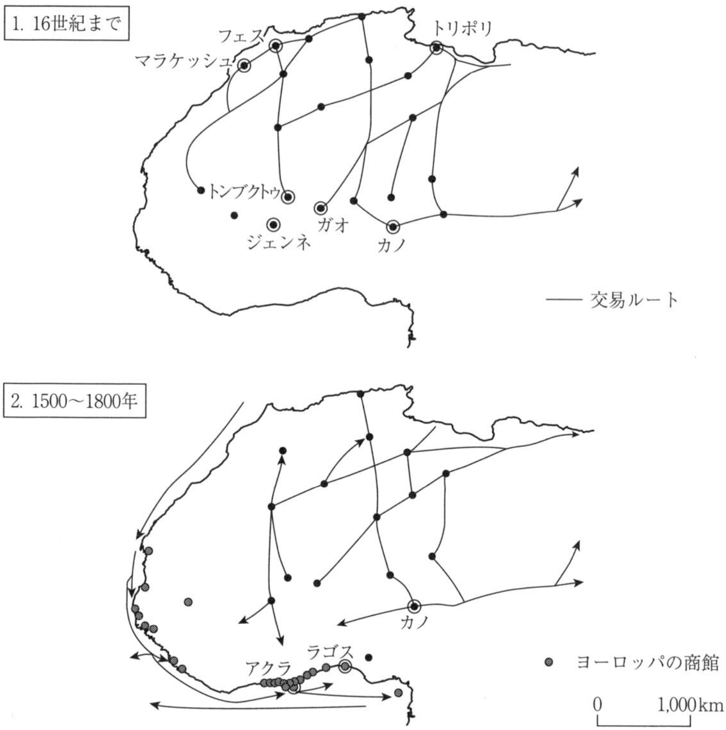

図1－1　西アフリカにおける交易ルートと拠点都市

資料：デュブレッソンほか（2017）に基づいて筆者作成。

なるような「結節点」である。20世紀初頭にフランス地理学派の基礎を築き，ブローデルにも影響を与えたP.ヴィダル・ドゥ・ラ・ブラーシュが，「沙漠の縁辺にもまた列をなして都市が並んでいる」（ブラーシュ，1940：245）と記したように，西アフリカ内陸部では，ニジェール川に沿ってトンブクトゥやジェンネといった都市が栄えてきた。これらの都市群は，地中海沿岸とギニア湾森林地帯との交易の結節点となっており，複数の商人集団が各地に宿営地を設け，独自の交易ネットワークを形成した（図1－1）。

ところがこのネットワークは，15・16世紀にヨーロッパ列強がギニア湾岸に奴隷交易の拠点を建設し，大西洋交易を始めたことで変貌を遂げた。数世紀にわたって推計約1,000万ともいわれる人々が，奴隷としてラテンアメリカやカリブ海地域に送り出されたが，こうした拠点のなかから，今日アクラ大都市圏

（ガーナ）など人口300万人を超える巨大都市が発達することになった。このように結節点の優位性は，交通手段の変化に伴う交通路の変遷や周囲の状況によってたえず変化するため，絶対的ではなくあくまでも相対的である。

（2）　システムのなかの都市

都市はまず，人，物，商品，貨幣，情報など流動性の異なる諸要素が集まる結節点として，位置づけることができる。結節点としての都市は，交換機能に加えて，複数の財とサービスの生産機能や金融機能などが相互に連関して成長を遂げることで，生産と消費の基盤の多様性を獲得し，この過程で都市間に分業や階層性が生じてくる。都市は，この多様なネットワークが絡み合う**都市システム***のなかで，どの位置を占めるかによって独自の機能を割り当てられ，逆にシステムに作用するようになるのである。したがって，システムから切り離された都市は，もはや都市的性格を有するとはいえないだろう。

現実の都市システムを考える際，経済的機能のほかに重要なのが政治権力や行政の機能分担，文化活動の拠点性といった諸機能である。例えば，国家スケールで都市システムを把握する場合，企業内部の階層性（本社－支社－支店－営業所）に加えて，階層的な政治領域と行政機構の立地（中央官庁－出先機関）や文化施設の集客性，NPO 活動の影響などの諸関係を解きほぐす必要がある。

1960年代後半以降，先進国の都市での産業構造の転換，金融業の国際化，いくつかの発展途上地域での急速な工業化，多国籍企業の生産施設の空間的分散，情報処理・通信技術の新たな革命などによって，グローバルスケールで都市システムにも変化が生じた。国際分業体制の再編により，グローバル化・複雑化した経済活動を統合して，新たな知識を創出する中枢管理機能（多国籍企業の本社やそれを支える生産者向けサービス業）の集中する都市群の重要性が，より高まったのである。ニューヨーク，ロンドン，東京などが，世界経済を牽引する「世界都市」や「グローバルシティ」として位置付けられ，国境を跨いだこれらの都市間ネットワークと領域国家との関係性や，グローバルシティ内部にお

都市システムとは，国家や世界など一定の空間的単位に分布する複数の都市を，集合体（システム）として把握する考え方で，都市間の相互依存関係や機能分担，階層関係などが研究対象となる。

ける社会・空間的不平等の拡大などの諸問題が，現代世界を理解するうえで重要な課題となっている（ノックス／テイラー，1997；サッセン，2018）。

ただし，結節性と流動性の高まりは，時に予想外の災禍を都市にもたらしてきた。2003年の新型鳥インフルエンザ（SARS）や2020年のCOVID-19が，都市内部で発生し，ビジネス客や旅行者を介して世界に不均等に拡散したように，都市はシステムのなかで機能するが故に，その脆弱性から逃れられないという両義性を持っているといえるだろう。

（3）　空間を組織する都市

都市形成は，周囲の人々の生活・生業や自然にも大きな影響を及ぼしてきた。一般的に都市と農村で**社会的分業***が進み，都市に定住する職人や商人が農村に財とサービスを提供するようになると，農村に点在していた職人による小規模製造業が衰退し，農村は都市への食料と労働力の供給源としての性格を強めていく。ただし，都市と農村の分業は，18世紀頃までさほど明確なものではなく，ヨーロッパの諸都市でも市壁の内側で農業が営まれており，村には鍛冶屋がいた。しかし，資本制的生産様式の発達によって，農村労働者の多くが都市に流出して工場労働者となり，また一部では肥料として活用されてきた都市住民の人糞尿や古着などの循環が滞ることで，農村での人間と土地との物質代謝が乱されるようになった。さらに労働過程の機械化や販売競争の激化などによって，農村労働者の労働強化も進むことになる。

このように都市は周囲の空間に様々な影響を及ぼすが，それが無秩序でないことを，私たちは日々の経験から知っている。19世紀前半（1826年）に，都市からの距離が農業経営にどのような影響を与えるかを考察した人物がいた。ドイツの農場経営者J.フォン・チューネンである。チューネンは，土地の肥沃さなど自然条件を捨象し，均質な空間を仮定して，都市は周辺の平野からのみ必要な食料の供給を受けるという設定の下で，場所ごとで利益が最大となる農業的土地利用を検討した。その結果チューネンは，都市から遠方に行くほど輸送費の安い作物が生産され，逆に都市近傍では輸送費が高く，腐敗しやすい作物が生産されることから，都市の周囲に同心円状に等質地域（自由式，林業，輪栽式，穀草式，三圃式，畜産圏）が形成されることを導き出した（チューネン，1989）。

今日，交通条件や輸送・保管技術の改良，移動費用の下落などによって，**距離の摩擦***は部分的に克服されつつある。たとえば生産者は，その時々の市場価格の差異によって，生鮮食料品の出荷先を判断するようになっており，距離を主な変数とする説明には修正が必要かもしれない。しかし，モデルの役割が予測と計画のみならず，現実の隠された側面を考えるための思考実験でもあるとするならば，チューネンの試みは，私たちが空間的不均等や都市的土地利用の特徴を考える上で，現在でも有効な示唆を与えてくれるように思われる。

2　資本制の発展と都市形成はどのような関係にあるのだろうか

（1）　距離の克服と人間の協働

これまで見たように，距離は人間の活動に様々な制約を課す（それは可能性も与えるのだが）。それゆえに，人類は距離の摩擦の克服に多くの努力を払ってきたが，それにはどのような方法があるだろうか。

第一は，交通やコミュニケーション手段の技術革新である。商品交換に基づく近代資本制の発展は，世界各地で資源を収奪し商品を販売するために，あらゆる空間的障壁を乗り越えて，より遠くへ，早く，安く移動することを促進し，技術革新を進めた。ただし，工場を労賃の安価な地域にたえず移動させる企業の戦略は，各国の法規制や生産基盤の相違など，むしろ国境を利用している場合も多く，経済活動は土地から切り離されて展開されているわけではない。

第二の方法は，生産・生活活動を狭い地域に集中して移動の時間と費用を減らすことである。人間は共同で生活・生産を行うために，自らの身体のみならず，動植物と多種多様な道具・ものを自らの周囲に配置し，相互に協働することで，自然から身を守りながら，それを利用し改変してきた。

しかし，狭い空間への人間や物の集中と生産過程の大規模化は，エネルギー循環を攪乱し，有害物質の大量排出の要因となった。資本制的な都市形成過程

社会的分業は，社会の労働が農・工・商・サービス業などに専門分化し，相互に協働することを指す。一般に農業から工業と商業が分離することで，都市と農村が分離する。

距離の摩擦は，距離が遠くなるにつれて，人，物，情報の移動費用がかさむため，地点間の相互作用が減少する傾向を指す。

は，それ以前とは異なる規模で，自然を改変，生産してきたのであり，その結果，多くの住民が劣悪な生活環境下に置かれると同時に，都市の生産・消費活動は，地球の生態系全体にも影響を及ぼすようになっている。都市形成の歴史は，長く複雑な社会―生態的過程の一部であり，近年その頻度を増したハリケーンや感染症といった都市の「自然災害」も，不平等な社会・経済・権力・文化の諸構造と切り離して理解することはできない（Heynen, Kaika and Swyngedouw eds., 2006）。

（2）　分業と集積からみた都市空間の変動

それでは近代資本制の発展とともに，生産活動はなぜ従来よりも都市に集積し，富の集積を生み出すようになったのだろうか。その一因を生産の組織形態の変化に探ってみることにしよう。都市と農村の社会的分業に続いて，19世紀には都市における職人の仕事場でも作業工程の細分化が始まった。需要の増大や競争の影響で，これまで熟練の職人が一人で行っていた工程が分割され，技術的分業が進んだのである。さらに専門化が進み，一部の工程を独立した作業場が担うようになって，作業場間の分業も発達していった。

競争下で不確実な市場への対応を迫られる企業にとって，生産工程をいかに組織するかを判断する上で重要な要素となるのが，企業内と企業間の結合関係である。作業工程を部分的に外部企業に委託した方が有利になる場合，企業間で取引関係が成立するが，一般にその主な判断基準は取引費用である。各企業は，部品の輸送費などの交通費，情報交換の頻度とその重要性（対面コミュニケーション），取引内容，企業間の連関規模などで変化する取引費用を節約するために，一定の地域に集積する傾向を持っており，さらにこの地域に，独自の技術を備えた労働者の集まる局所的労働市場が形成され，インフラストラクチャー（以下「インフラ」）の共有も進むことで，近現代都市の「原基形態」が形成されていった（スコット，1996）。

この空間的近接性は，費用削減だけでなく，産業発展の鍵となる知識創造過程を考察する際にも重要である。なぜなら，企業内の個人の知識創造とその共有化，企業間の情報交換を支える暗黙の慣習，企業間取引の対象とならない柔軟な社会関係，多様な情報交換を可能にする雰囲気の創出など，さまざまな場面で近接性が，既存の情報交換・共有にとどまらない新たなアイデアの創造を

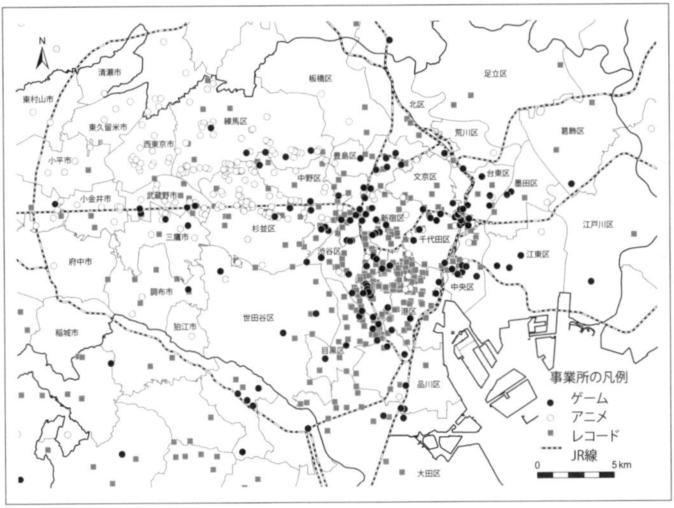

図1－2　東京都周辺のコンテンツ産業の立地

資料：半澤（2016）。

支える基盤になっているためである。また独創的な知識創造とその商品価値は，無数の失敗と試行錯誤の上に実現されるが，価値創造の実現までに被る不利益に対して，産業集積が企業に耐性を与える場合もある（半澤，2016）。以上の複数の要因から，すでに触れた「グローバルシティ」には，金融・保険・不動産業，生産者向けサービス業（マーケティング，広告，法律など），ゲーム・アニメ・映像といった文化コンテンツ産業，多国籍企業の中枢管理機能や研究開発部門などが集積していると考えられる（図1－2）。

ただし，集積は企業間の競争を激化させるのみならず，都市活動に**負の外部性***を生じさせる。企業は都市の中心部に留まるか，あるいは周辺部へ移動するか，またどの部門を残し，移動させるかを検討するようになり，日本では1980年代以降，大型商業施設やオフィスなどが郊外に建設され，都心から分散化することで，都市の空間構造も部分的な変動を遂げた。

負の外部性（外部不経済）は，ある経済活動が他の経済活動や社会全体に不利な影響を与えることで，環境破壊や交通問題などの現象がその代表例である。

（3）　土地に埋め込まれた生産と生活の基盤

生産と生活の諸活動は，工場やオフィスだけで完結しない。工場での生産には，原料や燃料を搬入し，生産工程を動かし，生産物を搬出するために，港湾，上下水道，送電線，鉄道，道路，ネット環境などが必要だし，労働者向け住宅や学校，公園などの生活基盤も整備されなければならない。社会で共同使用されるこれらの基本資源はインフラと呼ばれ，近代資本制の発展とともに，その内容は複雑化し，規模も巨大化してきた。

1970年代以降，アングロサクソン圏の**ラディカル地理学***研究を牽引してきたD.ハーヴェイは，近・現代都市をインフラという巨大な資源体系（「第二の自然」）が集約的に構築された空間と定義し，インフラの生産・再生産が資本主義という経済・社会システムのなかで，いかなる機能と役割を果たしているかを理論的に考察してきた（ハーヴェイ，1991）。

都市インフラの特徴を概観してみよう。第一に，インフラは都市形態の基本構造となり，比較的長期にわたって生産・生活の活動を，特定の仕方でパターン化する。多くのインフラは文字通り土地に埋め込まれているので，一度建設されるとその移動は難しい。たとえば，一本の道路が建設されると，人や自動車，自転車などがその上を日々反復して移動し，それに沿って店舗などが立地することで，都市空間は一定の方向に発展を遂げるようになる。

このためインフラの配置は，複数の空間スケールで社会集団間に対立を生む原因ともなる。「忌避・迷惑施設」とされるインフラの場合，社会全体にとって必要だが，自分の近所には立地してほしくないという姿勢NIMBY（Not in my backyard）が，地域紛争を昂じさせ，社会全体の合意形成を困難にする。また水の供給源となるダム建設の場合，集落の移転や水没など村落社会が強いられる負担は，都市住民にとって「遠方」の問題となり，強く意識されることは少ない。個人や集団間の対立と協調は，空間スケールによって規定される部分が大きいのである。したがって，インフラ建設の空間的不均等性と，そこで生じる受益と負担の社会的不平等や場所間の競争を議論する際，どの空間スケールで問題を設定するのか，またそれは他のスケールとどのような関係にあるのかに着目することが重要となる。

第二に，インフラに関わる複数の主体間の関係を調整する必要があるため，その建設・管理に計画性が求められる。地下鉄，トンネル，水道管，ガス管，下水道，貯水池，光ファイバーなど無数のネットワークが張り巡らされる，東京の地下風景の建設過程を想像してみよう。このため多くの場合，国家や自治体などがインフラ建設を担い，都市計画は政治権力が経済活動と日常生活に作用を及ぼすひとつの場となる。インフラをどこに，いつ，どのように供給するかは，権力者にとって支持者の獲得や支配強化のための主要な手段であり，権力者を称揚する記念碑や銅像，公園も，時にインフラの性格を与えられる。一方で，インフラ建設は経済の中に埋め込まれており，その影響を強く受ける。したがって，後述するように，その建設・管理を社会で共同して行う試みが重要となる。

第三に，複雑で長期にわたるインフラの建設過程は，時間面でも資本の流通など社会経済システム全体に影響を及ぼす独自な領域を形成する。信用・金融システムによる資本調達がないと，多額の資金の前借が必要で，また利益の回収まで長い期間を要するインフラの建設は難しい。したがって，信用・金融システムの拡大とインフラ建設には，内的な関連性があるといえる。

また資本制では競争状態の下で，商品が常に過剰生産される傾向にあるので，インフラ建設は商品への需要を管理する政策の重要な手段となる。先進国の郊外化について考えてみよう。第二次世界大戦後のアメリカの場合，道路整備，住宅建設と芝生の風景の生産，自動車や家電製品などの耐久消費財の消費によって，郊外化は莫大な需要と雇用の場となった。また住民は不動産によって利益を得る一方で，その人生設計は住宅ローンなど長期債務の影響を受けるようになる。ライフサイクルで同一段階にある人口集団の集住や自動車利用の日常化（モータリゼーション）の経験も含めると，郊外化は，経済成長や都市の社会・空間構造にとどまらず，人種やジェンダー間の帰属意識や価値観，行動様式の差異化にも影響を及ぼしてきたといえる（ハーヴェイ，1991）。

インフラの建設と利用は，各都市に類似した一定の空間構造と時間のリズムを生み出し，社会活動の可能性と限界，共同と競争の枠組みとなるだけでなく，社会経済システム全体の再生産にとっても特別な機能を果たしているのである。

ラディカル地理学は，1960年代末にアメリカでのベトナム反戦運動や公民権運動，世界的な学生運動の高まりのなかで，貧困や空間的不平等など社会問題に取り組むことのできなかった既存の地理学に対する不満と批判から生まれた。

3 資本制と都市の日常生活はどのような関係にあるのだろうか

（1） 日常生活の空間をめぐる矛盾

人間が営む日常生活は，生産と消費（再生産）という二つの活動領域から構成される。工場やオフィスで働くためには，翌日に向けて家で休養を取り身体を回復することが必要であり，この二つの領域は不可分な関係にある。再生産領域は，食事や睡眠など人間の基本的な生理欲求，言語など生活と生産に必要な基本的能力・知識の習得，既存の社会的諸関係や慣習の受容と承認など多岐にわたり，それを支えるインフラとして，公共住宅，交通，公園，歩道，病院などの物的インフラと，保険，社会保障，教育などの制度的インフラが挙げられる。

1970年代に**新都市社会学***の旗手となったM. カステルは，公共住宅や交通機関など日常生活の基礎となるインフラを「集合的消費手段」と名付け，その供給や管理の空間編成を「都市問題」として位置付けた。前述したように，これらのインフラは主に国家によって供給される。ただし，民間市場では住宅にアクセスできない人々を対象とする公共住宅政策も，市場の制約などを受けることで，質の悪い住宅団地を郊外の交通不便な場所に建設するなど，諸矛盾を内包していた。カステル（1997）は，民衆らによる都市社会運動に着目し，この草の根の動きが，不均等な都市空間と支配的な社会関係の諸矛盾を変革する力になりうる可能性と限界に関心を寄せてきた。

パリ郊外の場合，19世紀以降労働者階級が多く居住し，さらに1950年代以降，ポルトガルや植民地のアルジェリアなどから来た移民労働者が，自らの手で建設した民衆街（bidonville）が集中していた。その居住環境は劣悪で，冬場には凍死者が出る状況であり，政府はこうした住環境の改善も意図して，郊外に大規模高層集合住宅の形態で，「適正家賃住宅（H. L. M.)」を建設した。しかしこの政策は，都心と郊外の間で民族・階級間の居住分化の固定化につながった。政府も改善に乗り出したが，自治体ごとの適正家賃住宅の分布は現在でも不均等なままであり，郊外での交通機関や公共施設などの整備も十分に行われてこなかった。都市社会政策の矛盾が，移民系市民や低所得者層の空間・社会的不平等を拡大して政治・経済的排除を強化し，その社会統合を困難にしているのである。特にフランス育ちの移民出自の若者たちは，教育と就職の機会不平等や日常的差別に苦しめられており，2005年10月にフランス全土で起こった郊外の反乱は，現在も継続している。

1970年代以降，各国で新自由主義的政策により，集合的消費の供給・管理の方法に変化が生じてきた。従来，自治体は税金の再配分を通じて公共サービスを供給，維持してきたが，都市政策の基調が再分配機能から，開発を重視する**都市企業家主義***へと変容し，緊縮財政の下で，市場交換の役割が過大評価され，再分配の割合が大幅に縮小したのである。公共サービスの廃止と民営化は，税金で維持されてきたインフラの売却であり，社会格差の拡大にもつながる。こうした共有財（コモンズ）の収奪に対抗して，日常生活に必要な集合的消費をコミュニティやNPOで管理・運営する，新たな「共有化の実践」の試みも増加している（ハーヴェイ，2013）。

（2）「ジェントリフィケーション」とは？

先進国の多くの都市では1950年代以降，**インナーシティ***問題が深刻化したが，1960年代に社会学者R.グラスは，ロンドン・シティ地区に近接する労働者階級街区で起こっていた変化を発見する。中・上流階級が街区に流入し，労働者や移民など従来の居住者の多くが立ち退くことで，街区の社会的特徴が変化していたのであり，R.グラスはこの現象をジェントリフィケーション（gentrification）という造語で表現した。

ジェントリフィケーションをより一般的に，老朽化した建物の修繕や新築による住宅と街区の物理的な再価値化，住民の強制的な立ち退きにより生じる社会階層・階級と社会関係の変化，街区にある既存の店舗や施設の移転や廃止と，別タイプの商業・文化施設の進出による街区の社会・景観的特徴の変化，とし

新都市社会学とは，1970年代にシカゴ学派都市社会学を批判して登場した都市研究のことで，マルクス主義的立場から新ウェーバー的立場まで幅広い研究の潮流を含んでいる。

都市企業家主義は，都市間競争を背景に自治体が官民協力（第三セクター）などの手法を活用して，開発主義的な路線をとり，港湾開発や都市再開発，企業誘致などを推進する都市政策の潮流を意味する。

インナーシティは，位置は中心業務地区（CBD）に隣接しているが，工場移転や失業問題による経済的貧困，生活関連施設の機能低下，住宅などの老朽化が進行している地区を意味する。

て定義すると，この現象それ自体は19世紀の都市でも確認できる。たとえば，第２帝政期にオスマン（Haussmann, G.-E.）が行ったパリの大改造では，都心部の狭隘な街区が破壊され，新たな大通りが建設される一方で，労働者は住処と仕事場を失い，周辺部や郊外に移動を余儀なくされた。したがって，既存の都市社会・空間の「創造的破壊」と都市支配の再編成の反復は，インフラと同様に，政治家や金融資本家，地主，開発業者の個人的意図を超えた，資本制社会経済システムの再生産に深く関わる現象であるといえる（ハーヴェイ，2017）。

ジェントリフィケーションはなぜ，いつ，どこで発生するのか，という問いに関しては，大きく二つの立場からの説明がある。ひとつは，開発業者や資本家にとって，インナーシティの不動産が利潤をもたらす空間に変化したことを重視する立場である。郊外開発に資本が投資されていた時代，インナーシティではインフラへの再投資が滞り，また金融機関の貸付拒否などもあって，その空間価値は人為的に切り下げられた。しかしすでに見たように，都心部でオフィス需要が高まり，政府主導の企業家主義的な再開発計画も始まったことで，放棄されていた安価な建物や空地は，より高い利益を見込める不動産として再認識され，資本投資が再開されることになる（スミス，2014）。

もうひとつは，都心居住を選択する集団の登場に着目する立場である。1950年代以降均質的な郊外を嫌い，工場や事務所（「ロフト」）跡を仕事場兼住居として利用した芸術家たちや，1980年代以降ロフト居住のブームのなかで，職住近接を志向する金融・サービス業などに勤務する若年の高学歴・高所得者層などであり，その性向は異なるにもかかわらず，都心居住者の増加が，新タイプの住宅や商業施設への需要を高め，ジェントリフィケーションの要因になった。

供給と需要からの説明は，対立する部分もあるが相補的であり，ジェントリフィケーションを考察するための出発点となった。さらに近年では，「北」の中小都市や「南」の大都市をフィールドにした研究の増加により，比較を通じて新たな理論の構築が議論されている。また都市再開発事業や不動産価格の高騰をジェントリフィケーションと認識することで，住民などによる抗議運動が世界各地で活発化した。たとえば，中国系やマグレブ系などが多く居住するパリ市北東部20区の移民街ベルヴィル（Belleville）（図１-３）では，公共施設の高級な商業施設への転換などに対して，地域住民らによる「都市への権利 droit à la ville」を訴える運動が続けられている（図１-４）。このように理論と実践

図１－３　ベルヴィル地区の風景

資料：筆者撮影（2018年12月）。

図１－４　「都市（ベルヴィル）への権利」のビラ（ベルヴィル公園）

資料：筆者撮影（2018年12月）。

の両面で，ジェントリフィケーション研究の果たす役割は，その重要性を増しているといえるだろう。

（３）　場所イメージの生産と景観

都市は生産と同時に消費の場でもある。都市スペクタクル，たとえば権力者の力を誇示し，市民や国民の統合を図るパレードや祝典，西洋による世界支配を顕示した万国博覧会，オリンピックやワールドカップといった巨大イベントなどが，その時々の都市空間を「美化」，演出し，人々を熱狂させてきた。特に都市経済における観光業の重要性が増したことで，スペクタクルの開催頻度が高まり，その規模も拡大し，関連する施設群の更新スピードも早まっている。

福岡県北九州市八幡東区東田地区の変化を見ることにしょう。この地は，1901年日本で最初の近代製鉄業が誕生した場所であり，製鉄業の中心地として四大工業地帯の一角を占めていた。しかし，1970年代から，工場の閉鎖と移転によって多くの労働者が転勤，転職，失業を余儀なくされ，広大な遊休地が生じた。市と企業（新日鉄）は再開発事業に着手し，テーマパークのスペースワールドの開園（1990年）や環境をテーマとした博覧会の開催（2001年）などを経て，市立自然史・歴史博物館（いのちのたび博物館）（2002年）や環境ミュージアムといった公共施設と大型ショッピングモールが開業することで，かつての生産の場所は，消費とツーリズムの場所に変貌を遂げた。ただし，スペースワールドは2018年に閉園し，その跡地には新たな商業施設と新科学館の開設が進められている。人口減少や消費をめぐる都市間競争の激化の下で，消費の場も絶えず更新を迫られているのである。

さらに生活スタイルや景観の均質化が進むなかで，他とは異なる都市の場所イメージを演出するために，従来観光の対象として認知されなかったものが活用されるようになった。北九州市では，官営八幡製鉄所関連施設が2015年に世界遺産登録された「明治日本の産業革命遺産」の構成資産になったほか，稼働中の工場を巡る観光ツアーも人気を博しており，複雑に入り組んだパイプから構成された巨大な工場群とインフラの景観が，観光客を惹きつけている。

ただし，場所イメージの構築は矛盾をはらんだ過程である。スペクタクルの開催は，肥大化するオリンピックでの都市再開発に現れているように，ジェントリフィケーションを促進し，正当化するための手段となり，場所の個性を破壊する。また都市イメージの要素には，地域の人々の日常生活や記憶の蓄積なども含まれることから，何が場所の独自性を示す要素として選択されるのか，またその基準として誰の記憶と歴史の解釈が重視されるのか，をめぐって地域内に対立が生じる場合もある。たとえば，工場とインフラの景観のなかに，そこで働いていた／いる労働者の身体は必ずしも含まれていない。

私たちは，目の前のなにげない景観と場所に埋め込まれた葛藤と紛争を丁寧にすくい上げることで，経済・政治と文化および，世界と日常生活の錯綜した関係を考えるための手がかりを得ることができるだろう。

4　都市はどこへ向かうのだろうか

(1)「南」の都市化と越境する人々

20世紀後半以降，世界で都市化が急速に進んでいる地域は「南」の国々である（表1-1）。これらの**メガ・シティ**（**Mega City**）*は，今後も高い人口増加率の持続が予測されており，21世紀の都市化の中心となるのは，南の都市群である。南の都市化は，その歴史・地理的背景と社会・経済・政治の諸状況によって多様であり，北の都市化の歴史とも異なる。**都市の順位規模法則***によると，南の都市システムでは，人口が最大の首位都市（プライメイト・シティ）と2番目以降の都市の間で大きな格差が存在しており，対数正規型と異なる場合が多い。その結果，短期間で人口の一極集中が進んだことから，「過剰都市化」状態が生じ，住宅不足や交通渋滞といった都市社会問題が深刻化しているのである。

この状況下で，土地を奪われて農村や他国から流入した膨大な移住者たちは，正規雇用の機会が限定され，インフラが未整備な都市空間・社会において，いかに働き，生活を営んでいるのだろうか。1950年代以降，ヨーロッパの研究者の関心は，「工業化のない都市化」での失業者問題や，伝統的な生産的活動と近代的活動との関係性などに向けられてきた。このなかで重要な役割を果たした一人が，1960年代後半にアクラの移民地区ニマで労働調査を行った経済人類学者のK. ハートである。ハートは，移民たちが失業しているのではなく，農業，路上での行商や露店，食品加工，木材や金属の小規模加工，修理業，運輸関係，売春など，法的規制を受けたフォーマルな活動以外の多様な生業活動で暮らしていることに着目して，それを「インフォーマルな収入機会」という言葉で表現した。彼の主な関心は，昼間は会社で勤務し，夜間は夜警に従事するなど，フォーマルとインフォーマルをまたぎ，時にその区別を利用して生活を

メガ・シティは，東・南アジアやラテンアメリカで急速に成長する都市のことで，おおむね人口1,000万以上の都市で，周辺地域への著しい拡大によって，従来には見られなかった巨大都市圏が形成されつつある。

表1-1　世界の大都市圏の人口動態

大都市圏名	2000年	2018年	年平均増加率	国内の都市人口に占める割合
東　京	3,445	3,746	0.5	32.2
上　海	1,424	2,558	3.3	3.1
北　京	1,028	1,961	3.6	2.3
マニラ	995	1,348	1.7	27.0
ダッカ	1,028	1,957	3.6	32.1
デリー	1,569	2,851	3.3	6.2
ムンバイ	1,614	1,998	1.2	4.3
カラチ	982	1,540	2.5	20.9
イスタンブール	874	1,475	2.9	24.0
キンシャサ	614	1,317	4.2	35.3
カイロ	1,362	2,007	2.2	47.3
ラゴス	728	1,346	3.4	13.7
パ　リ	973	1,090	0.6	20.8
ニューヨーク	1,781	1,881	0.3	7.0
メキシコシティ	1,845	2,158	0.9	20.6
サンパウロ	1,701	2,165	1.3	11.9

注：人口の単位は万人。変化率と都市人口の比率は％。
資料：United Nations: 2018 Revision of World Urbanization Prospects に基づいて筆者作成。

維持する民衆の生活戦略を明らかにすることにあった。

また住まいについても，民衆は河川，道路，鉄道沿いなどの空き地を占拠して，スクオッター（自然発生的集落）を建設してきた。人口過密で上下水道や電気を欠く地区も多いが，居住者は自ら集めた資材で日常的に住まいの改良を続けている。居住者と家主や開発業者，国家の諸機関との関係は複雑で，強制的な立ち退きを迫られる地区も多く，集落は不安定な状況に置かれているが，居住者自身による運動や政治状況などで合法的地位を獲得できる場合もある。

1980年代以降，インフォーマルな活動は拡大傾向にあるが，その背景には世界銀行などによる構造調整政策の導入があった。この政策は，国家機関の諸サービスの民営化や関税撤廃など，世界市場への開放を促進する新自由主義的性格を持っており，国家の再分配機能は弱体化し，市場競争が激化した。このため民衆はインフォーマルな活動へ依存を強め，そこに可能性を見出すようになっていると同時に，国家もそれを利用し経済成長につなげようとしている。

インフォーマルな活動の多様性，それらの活動とフォーマルな経済活動および国家との関係などをめぐっては，現在まで多くの論争が続いているが，個人・集団間の信頼に基づく日常的な相互扶助のネットワークや駆け引き，独自の規範と正統性の意識など，ヨーロッパ的な形式合理性とは異質な社会関係とやり方に，この日々の戦略を理解するひとつの鍵があると思われる。現在，都市内部の社会・空間的分断は拡大しているが，都市と農村やフォーマルとインフォーマルといった二分法では捕捉できない民衆の創意工夫とエネルギーが，「下からの都市形成」の源となっているのである。

（2）　差異への権利と社会的連帯

国境を超える移民，都市と農村を行き交い，フォーマルとインフォーマルをまたぐ民衆など，さまざまな形で越境する人々の活動とは反対に，1970年代以降，世界各地の都市空間に新たな要塞が出現している。ゲーテッド・コミュニティ（gated community）と呼ばれるこの住宅地は，安全や快適さを求める富裕層に人気を博しており，多くの居住者は国境を跨いだ人的・物的ネットワークのなかでビジネスと生活を送っている。しかしこのコミュニティは，その名のとおり，周囲を壁，塀，フェンスで取り囲み，警備員を配置して内部へのアクセスを厳格に制限することで，公園や道路など本来市民に開かれていた公共空間を私有化する場合もあり，地域社会への無関心を助長する危険性も指摘されている（ブレークリー／スナイダー，2004）。

都市はその起源から，外壁を築き敵から身を守ることに腐心してきた。この伝統的な空間構造は，政治的調停の努力で無用となり，経済発展と都市空間の拡大によって破壊され，一部は歴史遺産となった。しかし，ゲーテッド・コミュニティの拡散に象徴されるように，万人を想像的な敵と見なすことで，物的・心理的な壁を築く都市が再び出現しているといえるだろう。

都市の順位規模法則（ランク・サイズルール）は，都市の規模分布に関する経験的規則性のことで，人口規模と順位の関係を両対数グラフ（縦軸に都市人口，横軸に順位）で示す。右下がりの直線は，先進国に多い対数正規型，低開発国に多い首位都市型，多極分散型の3つに区分される。

第1節で述べたように，都市は異質なもの（者・物）が出会う場であり，その機会の喪失は都市的なものの危機といえる。H. ルフェーブルは，「社会の完全な都市化」という仮説を提示しつつ，都市空間・社会とは生き物，自然と社会の産物，作品，記号，シンボルなどあらゆるものが，現実的かつ潜在的に出会い，集合し，差異を創り出す空間であり，この集中・集合に都市の「中心（枢）性」があると考えた（ルフェーブル，2000）。

近年，民衆による都市と差異への権利を求める動きが世界各地で高まっている。既存の社会・経済・政治的秩序から排除された人々が，路上でのデモや占拠など都市空間での協働行為を通して，自らの存在と主張を社会に可視化すること，また地域の人々が共同で植物を育てることで維持されている「コミュニティ・ガーデン」が，食料生産にとどまらず，人々の社会的連帯を紡ぎだす「共有化の実践」の場になっていることなど，その試みは多様である（ハーヴェイ，2013）。農村への都市的生活様式の浸透も含めて，都市形成が世界規模で進む現在，既存の社会経済システムの限界と問題点を日常生活の経験を通して批判的に理解し，生きる場としての都市のための新たな思考と実践を協働で紡ぎだす草の根の取り組みが，世界各地で進められている。

参考文献

カステル，M.（1997）『都市とグラスルーツ――都市社会運動の比較文化理論』石川淳志監訳，法政大学出版局。

サッセン，S.（2018）『グローバル・シティ――ニューヨーク・ロンドン・東京から世界を読む』伊豫谷登士翁監訳，筑摩書房。

スコット，A.（1996）『メトロポリス――分業から都市形態へ』水岡不二雄監訳，古今書院。

スミス，N.（2014）『ジェントリフィケーションと報復都市――新たなる都市のフロンティア』原口剛訳，ミネルヴァ書房。

チューネン，J.（1989）『孤立国』近藤康男・熊代幸雄訳，日本経済評論社。

デュブレッソン，A.／マルシャル，J.-Y.／レゾン，J.-P.（2017）『ベラン世界地理大系9　西部・中部アフリカ』田辺裕・竹内信夫監訳（末松壽・野澤秀樹編訳），朝倉書店。

ノックス，P.／テイラー，P.（1997）『世界都市の論理』藤田直晴監訳，鹿島出版会。
ハーヴェイ，D.（1991）『都市の資本論――都市空間形成の歴史と理論』水岡不二雄監訳，青木書店。
ハーヴェイ，D.（2013）『反乱する都市――資本のアーバナイゼーションと都市の再創造』森田成也・大屋定晴・中村好孝・新井大輔訳，作品社。
ハーヴェイ，D.（2017）『パリ――モダニティの首都（新装版）』大城直樹・遠城明雄訳，青土社。
半澤誠司（2016）『コンテンツ産業とイノベーション――テレビ・アニメ・ゲーム産業の集積』勁草書房。
ブラーシュ，P.（1940）『人文地理学原理（下）』飯塚浩二訳，岩波書店。
ブレークリー，E.／スナイダー，M.（2004）『ゲーテッド・コミュニティ――米国の要塞都市』竹井隆人訳，集文社。
ルフェーブル，H.（2000）『空間の生産』斉藤日出治訳，青木書店。
Heynen, N.; Kaika, M. and Swyngedouw, E. eds. (2006), *In the Nature of Cities.* Routledge.

第2章

現代社会における農村

高橋　誠

1　農村的な景観と場所

（1）　農村景観日本一の村

岐阜県恵那市岩村町富田地区（図2-1）は，こう呼ばれている。「農村景観日本一展望台」という名前の展望台に掲げられた由来書によれば，1988年に，全国の環境問題を研究していた当時京都教育大学教授の木村春彦氏からそう称され，マスコミが一斉に報道し一躍脚光を浴びたという。1998年には，**美しい日本のむら景観コンテスト***において，この地区を撮影した「田園の夕暮れ」と題する風景写真が集落部門の農林水産大臣賞を受けた。そのときの説明文には，次のように記されている。

> 富田地区は，岐阜県岩村町の城下町を取り巻く農村の北東にある。岩村城跡のある城山や水晶山及び三森山の山並みを背景に，広葉樹や針葉樹の森，瓦と白壁の農家，ため池が水田の中に程良く配置されており，古い日本の農村景観を残していることから，「農村景観日本一」を掛け声に各種むらづくり活動が展開されている。平成6年度からは，富田地区一帯に点在する5ヶ所のお堂と5ヶ所の石仏を巡るスタンプラリー「秋の月待ちお堂めぐり」を実施し，町内だけでなく都会の人にも秋の田園風景を散策し，地元の農産物を味わってもらうなど地元との交流，ふれあいの場となっており，地域の活性化につながっている。
>
> 農林水産省のウェブサイト（現在は閉鎖，2004年6月閲覧）

『角川日本地名大辞典（岐阜県）』（1980年）には，「豊かに富んだ田が古くから

図２－１　岐阜県恵那市岩村町富田地区
資料：筆者撮影（2021年11月）。

拓けたこと」が地名の由来になったと書かれている。ただ，これが，日本一という言葉で表されるほどの農村景観とどのような関係にあるかは明確ではない。実際，Google マップの「農村景観日本一展望台」のポイントには60件ほどのクチコミが掲載され（2021年11月18日閲覧），次のような書き込みが散見される。

> まあ日本一かどうかはさておき，展望台からの景色は日本の田舎の原風景な感じがして，心洗われる気がしました。（６か月前：★４）
> 日本一かどうかは別として，展望所からの眺めは古き日本の農村景観そのものです。（中略）車内から見るとただの農村風景ですが，展望所からは確かに懐かしさを感じます。（７か月前：★４）

このように，なぜここが農村景観日本一の村なのかは，元々のいきさつにおいても，来訪者の理解においても，必ずしも判然としていない。

（２）　圃場整備事業

富田地区がある旧本郷村は，農林水産省の**農業地域類型***では，中間農業地域の水田型に分類され，ほぼ全域が農業振興地域の農用地区域に指定されている。

美しい日本のむら景観コンテストは，農林水産省と各種農林漁業団体によって，1992～2002年度に実施された農村の景観写真のコンテストで，文化部門・集落部門・生産部門において農林水産大臣賞などが授与された。ドイツ連邦政府による「わが村は美しく」コンクールをモデルにしたと言われている。

恵那市の都市計画マスタープランは，旧岩村城下町を市南部の生活拠点や観光・交流拠点とし，富田地区などの農村部を住宅・農地・森林共存ゾーンまたは農業・農村・森林ゾーンと位置づけている。

農業集落カードによれば，地区中央部を構成する4農業集落の2010年の総戸数は160戸ほどであり，1970年の約150戸からほとんど変化していないが，農家数は147戸から118戸（農家率73％）に約20％減少した。過去の人口動態はわからないが，2010年の人口は589人，高齢化率はほぼ30％に達している。全農家数に占める販売農家比率は83％だが，そのうち57％は一世代家族のみによって経営され，三世代家族によるものは6％にすぎない。また，世帯員就業者のうち半数近くは，地区外での勤務者である。これらの数値だけを見れば，深刻な過疎地域というわけではないが，生産的な農業地域というわけでもない。

事実としては，ここは，日本の古い農村景観を残しているわけでも，田舎の原風景を呈しているわけでもない。東海農政局の資料によれば，富田地区を含む旧岩村町では，1974～1985年度に，総工費21億円余をかけて県営の圃場整備事業（区画整理，用排水路・農道の整備など）がおこなわれ，方形の広い水田区画が形成された。そのときに目指されたのは，農作業効率がよく，転作が容易な圃場を創出することであり，工事の際に景観が配慮されたわけではなかった。

展望台から俯瞰するとよくわからないが，不整形な棚田を広げたため，場所によっては法面が比高数メートルにも及んでいる。法面の草は短く刈り込まれ，比較的よく手入れされている。中央部を流れる富田川は，すべてではないが，**近自然河川工法***と思われるやり方で護岸が固められ，ダムの放流時の急な増水に対する注意喚起が掲げられている。収穫後の畦畔に残された電気柵の支柱からは，ここの暮らしが自然と調和的に営まれているわけでもないことが推察される。

（3）　地元の組織的対応

富田地区は，16世紀末に，岩村城下町が計画的につくられたのにともない，城下町を支える農業地帯として成立したという。「日本一」と称された翌1989年には，当時の岩村町まちづくり実行委員会が主体となって，「農村景観日本一」を理念に，旧城下町と農村部を一体とした地域づくりに着手している。展望台は，このときに建設されたものである。同じ頃，旧城下町の岩村地区では，江戸時代の面影を残す町家の具体的な保存対策が検討されるようになり，1993年の条例制定を経て，1998年に重要伝統的建造物群保存地区の指定を受けている。

農村部では，**中山間地域直接支払制度***の指定を受けた1994年に，「富田をよくする会」が発足し，最初のスタンプラリーを実施している。このイベントでは，「参加者から『日本一の農村景観といわれているだけありますね』などの景観に対する評価が地元住民に伝えられ，地元住民は『だれも来なかった村にカラフルな都会の人がたくさん来て，自慢できるようになった』など，自分の村に対する誇りが育成されていった」（馬上ほか，2011：3）という。また1998年には，小学校跡地に活動の拠点として「ふるさと富田会館」が建設されている。

2000年代に入ると，農地景観を守るために**集落営農***が検討され，2005年には富田営農組合が組織された。耕作放棄地の削減を目的に，農地の受託管理，農道・水路の整備，地元産米のブランド化などがおこなわれるようになった。また同じ年より，恵那市，JA，米卸企業など，外部の組織と協働して，民間企業や小学生を対象にした農業体験型研修・教室が実施され，2008年に設立された「農村景観日本一を守る会」（2009年にNOP法人化）が地元の窓口になり，営農組合が作業協力と農地提供をおこなっている（北澤，2009；馬上ほか，2011）。

しかし，そうした努力にもかかわらず，富田地区も耕作放棄地の問題と無縁ではない。農業集落カードによれば，2010年の耕作放棄率は５％ほどであり，岐阜県や恵那市の平均値より低いものの漸増傾向にある。実際，最近10年間に

農業地域類型は，農林統計分析と農政推進の基礎資料として，市区町村と旧市区町村（1950年時点）を，土地利用などに基づいて類型化したものであり，それぞれ，第１次分類として都市的地域・平地農業地域・中間農業地域・山間農業地域，第２次分類として水田型・田畑型・畑地型の区分がある。

近自然河川工法は，自然生態系の復元工法として欧州で生まれた。近代的な工法と自然材料を組み合わせて護岸等を構成する工法であり，「多自然型工法」とも言われる。

中山間地域直接支払制度は，農業の生産条件が不利な地域における農業生産活動を継続するため，国および地方自治体によって，協定を締結した集落団体等に交付金が支援される制度であり，2000年度から現在までかたちを変えながら続けられている。

集落営農とは，農業集落を単位として，農業生産過程における一部または全部が，その共同化や統一化に関する合意の下に実施される営農のことであり，農業機械の共同所有や共同利用，集落内農地の一括管理・運営，集落ぐるみの農作業の受委託など，様々な形態がある。

おける経営耕地の増加率はマイナス10％であり，1970年を基準にするとマイナス25％となっている。とはいえ，一部の中山間地域では，限界集落として，村そのものの消滅が危惧されるのに対して，富田の景観は全体として良好に保たれているように思われる。

2　農村性へのアプローチ

（1）何が「農村的」なのか

日本一かどうかは別として，景観に表出されるように，富田地区が農村的だと見なされることに，大方の異存はないと思われる。この場合，どのようなことがそれを農村的と思わせるのだろうか。空間が有する特質なのだろうか，空間に与えられた役割なのだろうか，あるいは，空間に対して人々が持つ感情なのだろうか。このように，ある種の空間が農村的と見なされることを，どのように理解したらよいのだろうか。

この「農村」とは何なのか，あるいは，空間の「農村らしい」性格がどのように生じるかという問いは，現代の農村地理学に一貫して通底する問題意識のように思われる。

農村は，かつて「可視的諸要素により『農村地域』として共通に確認される低人口密度地域」（クラウト，1983：1）として定義された。それは，理論的には，**シカゴ学派の都市社会学***に典型的に見られる都市・農村二分論に依拠していた。都市の生活様式は規模・密度・異質性という空間の特質によって決まり，コミュニティの都市性（逆に農村性）は，観念的には，都市と農村とが両端に置かれた社会・空間の連続体上の位置によって把握されると考えられた。

しかし，1980年代後半に，それまで「農村」と思われたところが，既存の農村性の指標によって理解できなくなった。この頃に産業の構造転換と経済のグローバル化が進展し，農村が地域的な不均等発展の様相を示すようになったこと，そして，人口流動の逆都市化がいよいよ顕著になり，コミュニティの社会構造が再編されたことが大きいと思われる。こうした再編は，農村だからとか，都市と農村との違いによるとかではなく，グローバル・ナショナル・ローカルという政治・経済の垂直的関係の視点からとらえられた。農村地域内の差異が大きく，都市と農村間の類似性が高いこともあるため，「分析上の構成概念として『農村』を捨て去ることが当然だ」(Hoggart, 1990：236) と主張された。

ところが，同じ年に，ベルギーの農村社会学者，マルク・モーモンは，空間をとらえるための思考のカテゴリーとして「農村」が生き残ると主張した (Mormont, 1990)。モーモンは，農村が単一の空間ではなく，同じ地理的エリアに，それぞれ独自の論理や制度やネットワークを有する多様な社会的空間が重なり合い，それらが必ずしも農村に本拠を置くものとは限らないと指摘した上で，「農村」という言葉によってどのようなことが連想され，そのことがどのような人たちをどの程度まで農村空間に惹き付けるかが分析の基本であり，「アプローチの中心に，農村性，すなわち『農村的』という用語の正当な定義をめぐる記号上の闘いがある」(Mormont, 1990：35) と述べている。

この論考は，後に，農村性の社会的構築論の嚆矢とされ，表象としての農村という考え方に道を拓くものとなった。しかし，これに対しては，いくつかの批判があった (ウッズ, 2018)。たとえば，空間を構成する要素には，生物や物質など，人間以外のものも含まれ，それらと農村の社会変動との関連は構築論では説明できない。また，環境に対する衝動や直感など，人間の身体的な知覚作用は必ずしも表象に還元されない。

以下，２人の農村研究者の考え方を紹介する。これらは，モーモンの問いかけに応じつつ，1990年代以降の人文地理学の研究動向に沿って，空間の物質性や身体性にも目を向けようとするものである。

(２)　農村空間の生産

1990年代以降の農村研究を主導してきた地理学者の一人，キース・ハルファクリー (Halfacree, 2006) は，農村空間を３つの部分からなる建築物になぞらえ (図2-2)，農村のロカリティ，農村の表象，農村の生活が折り重なったものとして理解している。それらは，空間を構成する部分というよりも，農村空間を分析したり解釈したりする際に，目を付ける刻面 (facet) としてとらえたほうがよいかもしれない。

シカゴ学派の都市社会学は，シカゴ大学の社会学研究者がフィールドワークを通して進めた人間生態学的な都市社会研究である。ルイス・ワース (Luis Wirth) の「生活様式としてのアーバニズム」など，多くの成果が生み出された。

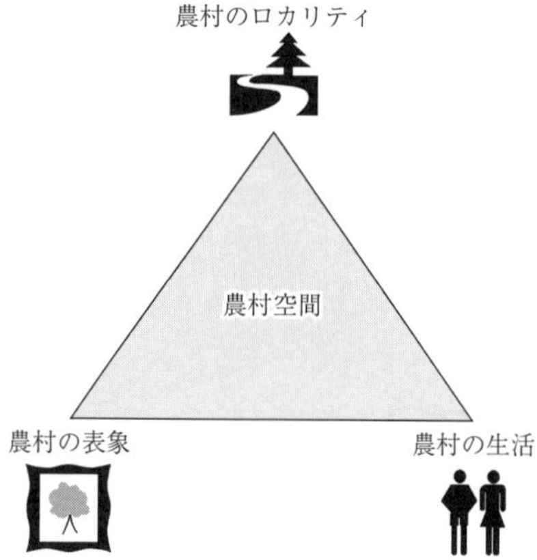

図2－2　農村空間の全体性

資料：Halfacree（2006：52）に基づいて筆者作成。

農村のロカリティは，近年のテキスト（ウッズ，2018：11）では「農村の地域性」と訳されているが，生産や消費といった空間的な実践によって特性が刻み込まれる物質的な場所として理解される。農村の表象は，「農村」とはこういうものだという想像が，政策や学問といった公式の手続きを踏んで言説として表現されるものであり，農村の社会的な理想像とも言える。農村の生活は，必ずしも地元住民に限らないが，人々の「生きられた経験」である。日常生活の解釈は，公式の表象によって影響を受けがちだが，個人的な要素と社会的な要素とがまぜこぜになっている。

ある場所が「農村的」と見なされる度合いは，これらの3部分が構造的にまとまり，全体として他の空間性を凌駕する程度にかかわっている。イギリスの農村は，第2次世界大戦後，生産主義農業という政策的言説の下で3部分が強固にまとめられた。食料生産のための空間という農村の表象は立法措置や政策文書の中で土台が固められ，**農業の工業化***というモデルに沿った農業経営が実践された。農民の経験レベルでは，地域振興や農業経営の利益と，土地の権利・利用上の安定感が享受された。しかし，生産主義農業の実際の進展には地域差があった上に，環境保全や動物福祉など，生産主義の合理性に異議が唱えられるようになり，生産主義言説と結び付いた農村性にほころびが生じた。こうして，生産主義以降（ポスト生産主義）という文脈が，農村性の議論に加わることになる（ウッズ，2018）。

（3） 関係性としての農村空間

夭逝の農村研究者，ジョナサン・マードック（Murdoch, 2003）は，ハルファクリーとは異なる観点から，人間，人間以外の生物や物質，技術的要素といった，多種多様な要素の混成的な関係性（hybridity）の中に農村性を見出している。マードックは，自然秩序が支配的と思われた農村空間の中で口蹄疫と牛海綿状脳症がなぜ同時発生したかを問いながら，その背景に食料生産の現場における人間と人間以外の生物と飼育技術との組み合わせがあったと指摘する。こうした異種混成的なネットワークは，農業生産のみならず，複雑な技術と特別な景観や風土とに依存するレクリエーション活動の展開，人間と機械との新しい関係にともなう交通手段の発達など，農村変動をもたらす様々なプロセスの中に見られるという。

農村のアイデンティティは，これらの複雑な関係の集合体として理解される。マードックは，そのことを明確化するために，地域・ネットワーク・流体という3つの空間タイプに沿って農村性が生成されるプロセスを議論している。地域とは，開発ゾーンや保全ゾーンなど，農村空間に境界が引かれ，利用法が決定されるようなものであり，比較的固定された座標軸上で既存の空間と相互に作用しながら関係性がつくられる。ネットワークの概念は，ここでは**アクターネットワーク論***に由来する。新しい飼養技術，集約的な生産，大規模フィードロットの結び付きによって現代畜産業の関係群がつくり出され，家畜・放牧・圃場からなる既存の安定した関係群から切り離された空間的な配列が生成される。流体の空間は，口蹄疫ウイルスやプリオンタンパク質によって例示され，

農業の工業化は，20世紀前半より欧州や北米などにおいて顕著に見られるようになり，生産の集約化と集中化，生産プロセスの機械化や化学化，生産部門と加工・流通部門との結び付きの強化，アグリビジネスの成長などによって特徴づけられる。

アクターネットワーク論は，ブルーノ・ラトゥール（Bruno Latour）などによって主唱された社会科学のアプローチである。世界を，様々な異質な要素（アクター）と，それらの作用（エージェンシー）の結び付き（ネットワーク）から構成されるものとしてとらえる。人や組織のような社会的要素と生物や物質のような自然的要素とを，等しくアクターとして扱う点に特徴がある。

ネットワークの空間にかかわりながらも，実体間の結び付きがもっとルーズであり，それにともなって多種多様なアイデンティティが次々に生成される。

農村性とその変化は，たとえば，偶発的に起こったように見える出来事によって，いくつかの要素間に新しい関係性が生じ，随伴的に，異種混成的な関係群が次々に生成されるプロセスとして理解される。要は，農村空間を理解するためには，社会システムあるいは自然秩序の片方だけでは不十分だという。とはいえ，人々を取り巻く関係群は，都会と田舎とか，ジェンダーや階級とか，因習的なカテゴリーの影響を引きずっており，既存のアプローチを置き換えるというよりも，理論的な多元主義を目指すべきだとされる。

（4）　農村地域の地理学研究

これらの２人のアプローチは，観点も立場も異なるが，いくつかの共通点を有する。まず，それらは，農村空間の性格を理解したり解釈したりするための概念的枠組み，あるいは，議論のためのプラットフォームに近いものと言える。**空間の生産論***やアクターネットワーク論といったフランス起源の理論をそれぞれ参照しつつ，それらをさほど観念的に詰めることなく眼前にあるイギリスの農村地域の理解に振り向けるといった，方法論的な折衷主義も共通している。

両人の議論では，実体としての農村の存在と，都市と農村ないし農村内の地域区分は前提とされない。はじめに何かの指標によって定義するというよりも，とりあえず「農村」と見えるところ，あるいは，「農村的」と思われる出来事に目が向けられる。

ハルファクリーは，政策や計画，資本流動が現実の農村景観や実際の人々の生活にどう影響し，そこに専門家の考える「農村」の理想像がどうかかわるかを問題にした。一方，マードックが取り上げたのは，人間と人間以外のものとの関係から，結果的に，農村的な場所が言説的のみならず物質的にも形成され，似たようなところが集まって「農村地域」として領域化されるプロセスであった（立川，2021）。これらには，ローカルとグローバル，都市と農村，自然と社会といった，現代地理学が抱える様々な二分論（Cloke et al., 2013）を克服しようとする意図がある。

農村地理学は，都市地理学や開発地理学とともに，「地域の地理学」（翻訳版では「地誌学」）として位置づけられ（ハーバート／マシューズ，2015：64），その羅列的な記述ゆえに理論の欠如が批判されてきた。ハルファクリーやマードックなどが着目した様々な要素や関係は，数字や言葉で表現されうるものもあるが，分析的というよりも記述的な方法によらざるをえない。農村地域の地理学研究は，計量分析から言説分析を通って地理学史を一周し，結果的に，再び記述的なものに回帰する傾向にある。しかし，それは，1990年代以降現在まで続く，農村性に関する理論的な議論を経てのことである。

3　現代日本における農村性

（1）　政府・自治体と地域社会

再び，富田地区の話に戻る。ここには，最近の数十年間だけを見ても，とりわけ地区外から，いくつかの視線が注がれてきた。主として3つの視線を取り上げよう。

まず，政府や自治体の地域政策や計画の視線があげられる。日本では，あるいは他の多くの国でも，農村の地域開発に政府の政策が中心的な役割を果たし，それは行政の仕組みを通じて履行される。一般に言われるように，行政の仕組みには領域的・階層的な特徴がある。

地域政策は，ある指標に基づいて空間を仕切り，ターゲットを地域的に明確にしようとする。たとえば，農業政策の基本になる農業地域類型区分は，市区町村を単位地区に，土地利用や人口密度，農地の傾斜など，農業構造の基盤的条件を表す指標に基づいて農村が都市から，そして，農村内が区分される。特定の法律に基づく特定農山村地域や振興山村などの指定地域や，都市計画区域や農業振興地域などもこれに類する。しかし，単位地区内は均質でなく，それらの指標と，農業生産や人口構造など，地域社会の特性との関連も明らかではない。

ゆえに，政府の政策は地域の実情に応じて柔軟に運用され，国と地方，地方と地域といった垂直的（政治的）な統治構造の中で，それぞれ，大枠の政策立

空間の生産論とは，主として社会学者のアンリ・ルフェーブル（Anri Lefebvre）によって，その主著『空間の生産』の中で展開された理論のことである。ルフェーブルは，資本主義の政治経済的なプロセスの中で空間が創造され記号化され利用される様式を問題にした。

案が政府，計画の策定が自治体，計画の履行が地元地域という役割分担がつくられてきた。この役割分担は，大都市圏（なかんずく東京）と地方圏，中心都市と中小都市，地域の中心部と農村部という水平的（地理的）な関係を反映した。国レベルの政策では，都市の需要を支えるために，農村に食料や繊維，木材といった第一次産品の生産・供給という役割が与えられた。地方や地域のレベルでは，農林漁業者の生産や生活を維持するために，生産物の流通や生活施設の立地拠点としての町と生産空間としての村という，計画の基本的な枠組みがつくられた。

地域政策は，いつも地元地域に対して，国や自治体の行政権力によって上から下にトップダウン式に押し付けられるわけでは必ずしもない。多くの場合，その履行は，地元住民の合意や動員を必要とする。地元住民の利害や要望を調整し，地域開発の具体的な方向性を定め，必要な実務的作業を担う役割は，環境社会学者の鳥越皓之（1994）によって概念化されたように，都市とか農村とかを問わず，コミュニティ組織（CBO：community-based organization）の機能に見出される。

富田地区の場合，先に素描したように，広く地域づくりを目標に掲げたコミュニティ組織が次から次へと創発的につくられてきた。これらは，補助金や交付金の受け皿になっただけではなく，政府・自治体の補助事業にボトムアップ方式によって申請する際の実質的な主体となった。こうした組織の形成によって，人的なネットワークや，その自然・建造環境との関係が固定され，活動に安定性と方向性が与えられた。

旧岩村町の恵那市への合併（2004年）後も，市街地（旧城下町）と農村部の3地区（大字）という，おそらく藩政時代にまで遡る旧来の統治機構が残り，補助金配分システムを通じて再生産されてきたという（萩原ほか，2012）。こうして，富田地区における農村景観と市街地における伝統的建造物群の保全事業は，伝統的な村と町との役割分担を反映し，各地区と旧岩村町全体をそれぞれ管轄するコミュニティ組織の水平的・垂直的な関係から理解される。

（2）　専門家の関与

農業・農村にかかわる政府・自治体の補助事業には，農業生産や住民生活のプロセスそれ自体を対象とするものもあるが，空間の特質にとっては，主として1960～70年代に進められた農業構造改善事業のように，圃場や農道・用排水路の改修，生産・生活施設の整備といった土木建設事業が重大な意味を持つ。技術官僚や土建業者を含む，農村計画学や土木工学などの専門家の視線は，補助事業の枠組みの中で１つめの地域政策・計画の視線と結び付き，インフラストラクチャーの整備を通じて空間の改変に直接かかわった。農業生産性の向上や農産物の選択的拡大といった**旧農業基本法***の生産主義の理念は，設計・施工のプロセスを通して空間のかたちに具体化された。

インフラストラクチャーは，空間に永続性を与えるように見えるが，建築物や土木構造物が経年劣化という性質を持つために，常に定期的なメンテナンスを必要とする。経年劣化の程度は，気温較差や降水強度，地殻変動や浸食速度といった自然環境の周期的な変化パターンと関連し，モンスーン変動帯に位置する日本列島では，欧州大陸に比べて相対的に大きい。また同じような環境下でも，材質や構造，工法によって異なる。

伝統的な農村社会では，こうしたインフラストラクチャーの共同管理は生産や生活と密接にかかわり，コミュニティの社会・空間秩序の基本をかたちづくった。たとえば，富田地区のような扇状地性の緩傾斜地では，水資源の遍在性ゆえに**田越し灌漑***のようなやり方が一般的であったと思われる。しかし，水流が河川内に固定され，棚田の区画整理や用排分離工事が施されることによって，農業生産や水利管理のあり方が大きく変わった。また，それらは，規模や技術の点で，いわば素人の手に負えないものも多く，建設のみならず，メンテナンスも専門業者に委ねられるようになった。

1990年代に，それとは異なる専門家の視線が加わった。ある故人のブログによれば，富田地区の農村景観を最初に発見し，日本一と価値づけた木村春彦氏は環境地学を専攻し，地域・国土づくりと科学技術のあり方を探求する国土問題研究会の理事長を長らく務めたという。日本一という個人的な評価はマスコミの報道によって社会的な事実となり，本来１番も２番もないはずの景観は，

旧農業基本法は，1961年に施行され，1999年の食料・農業・農村基本法（新農業基本法）の成立にともなって廃止されるまで，日本の農業政策の基本となった。農業生産基盤の近代化や農工間の所得格差の是正などを目標とした。

田越し灌漑とは，田の水を下流の田に，水路を通さずに直接引き入れる灌漑のやり方のことである。水田の伝統的な灌漑方式の一つとされ，現在でも棚田などにおいて見られることがある。

文字通りコンテストにおいて競わされ，順位を付けられた。環境学や生態学の研究者，写真家，農林業団体代表などが審査員としてかかわり，景観に環境的・審美的な価値が与えられた。

当時，農業基本法の全面的な改正が議論となり，農業・農村の多面的機能や都市・農村交流といった新しい考え方が注目されていた。環境に関する理念的な価値がやはり第一の視線と結び付き，地元地域における実践を通して，具体的な農村をかたちづくった。景観の価値を維持するために新しい事業が計画され，それを請け負うために新しい組織がつくられ，インフラストラクチャーの刷新をともないながら，既存の価値が維持され，また新たな価値が生み出されてきた。

（3） 来訪者と住民との交わり

古い街並みが全国的に有名な岩村地区と対比させると，富田地区はいわゆる観光地とは言えない。地区内の一般国道には自動車がひっきりなしに通るが，歩く人はほとんどまれである。外部からの来訪者は，イベントの参加者や住民の関係者以外，通りすがりに窓越しに眺めるか，たまたま立ち寄った展望台から一望するか，いくつかある民宿や喫茶店を訪れる人に限られる。つまり，ここで言う３つめの来訪者の視線は，流動的・俯瞰的・散在的である。それでも，こうした視線に触れることによって，地元住民は，自分たちのロカリティの新しいアイデンティティを自覚した。

たとえば，NPO 法人の拠点となっている農家民宿は，ウェブサイトによれば，国や市の補助金を得ながら茅葺きの古民家を譲り受けて改装し，2010年に開設された。ここを訪れる客は，束の間だが，古い家屋の土間や縁側，地元産の蕎麦や五平餅，茅葺きを燻す囲炉裏の煙，軒先に吊された干し柿，そしてNPO 法人の募金箱などと関係を持つ。ただ，来訪者の視線は，「此より先，生活空間にて御用のない方の立ち入りは御遠慮下さい」という立て看板に遮られ，地元の日常生活には入り込まない。鹿や猪が圃場から拒絶されるように，来訪者の選別がおこなわれる。農業体験も田舎暮らしも，「小鳥のさえずり，カエルの鳴き声，虫の羽音」やネットショッピングと同じように，ここでは観光アトラクションである。

国道沿いに１軒のベーカリーがある。ブログによれば，この店は2013年に開店し，夫婦手づくりの石窯，自家製フルーツ酵母，国産小麦100％を売り物にする。米粉パン用にもち米を植えたり，自家栽培の野菜を使ったり，石窯用の薪には近くの間伐材や広葉樹を用いたり，「エネルギーも地元産」であり，そして，「時間をかける」ことが大切なのだという。ただ，近くの製材所の閉鎖という情報に継続的な薪の調達が心配になり，恵那や中津川周辺に薪の提供をブログで呼びかけている。酵母用のリンゴが長野県産と明かされるが，国産小麦の具体的な産地はわからない。材料にはコーヒーやチョコレートもある。

ローカルでないことは「農村的」でないことかというと，どうもそうでもないらしい。必ずしも互酬関係によるものばかりではないが，様々な原材料が，東濃地域を中心に全国の農村から集められ，そして，この「郷の薪窯」という名前の場所で，特別なやり方で加工され，来訪者と関係をつくる。日本の伝統的な農村地域には，パン屋は決して存在しなかった。しかし，地元生まれの主人が店を開こうと思ったのに，ここのロカリティは無関係ではあるまい。言葉によって表現することは難しいが，新しく生じている農村性とは，このようなものなのかもしれない。

4　新しい農村性の生成

（1）　戦後日本の福祉レジーム

食と農の社会学を専門とする立川雅司は，このようにとらえどころのない現代日本の農村性について，戦後日本の福祉レジームや関連レジームの変質と，主として欧州における社会的構築論以降の農村研究とに関連づけながら議論している（立川，2021）。立川自身が15年ほど前に指摘した「消費される農村」（立川，2005）への転換が，なぜ1990年代頃に訪れたかがここでの問いである。

まず立川は，イエスタ・エスピン＝アンデルセン（Gøsta Esping-Andersen）の福祉レジーム論に依拠し，社会福祉がどのような枠組み（レジーム）の下で提供され，雇用や住宅，都市計画や土地政策など，他のレジームとどのように関連するかを確認した上で，それらの農村への含意を議論する。戦後から高度経済成長期に続く時期の日本社会では，企業（雇用）と家族に，福祉にかかわる大きな責任が付与されてきた。護送船団方式によって企業が保護され，安定的な終身雇用が提供された。また，男性を主な稼ぎ手として，家族が福祉の重要な担い手とされた。

立川によれば，都市と農村との関係性，農村で表面化する問題は，様々なレジームの下で日本社会が置かれてきた文脈と切り離せないという。たとえば，なぜ都市近郊農村でスプロール化や混住化が問題となったかは，持ち家主義に立った住宅レジームと，これから帰結される私事中心主義的傾向と密接に関係する。また，なぜ戦後日本において兼業農家が安定した農業の担い手になったかは，終身雇用制に加え，農村の工業誘致，地方における公共事業投資によって兼業先が安定的に確保できたことと関連する。定年帰農という議論も，この関連で理解できるという。

（２）　1990年代以降の変化

筆者は，かつて，主としてイギリスにおいて1960年代に指摘された農村地域の大幅な人口再増加が，少なくとも1990年代までの日本では不明瞭であると述べた（高橋，2015）。しかし，ほとんど等閑視されていた都市居住者の農村移住は，2000年代に入ると田園回帰として政策的・学術的に注目され，人口の大規模な増加に必ずしも至らないにせよ，量的に決して無視できるものでもなく，新しい都市・農村関係を示唆すると指摘された（小田切・筒井編，2016）。

再び立川（2021）によれば，1990年代は，それまで比較的安定的だった戦後日本の福祉レジームが大きく揺らぎ始めた時期である（図２－３）。この時期に顕著になるネオリベラリズムへの政策転換の中で，自己統治や自己責任，市場競争を通じた問題解決，選択と集中などが強調され，そのことが「消費される農村」を生み出す背景になった。

たとえば，終身雇用や公共事業が後退したことで農村の安定的な兼業機会が縮小し，結果として，新たな雇用創出を目指して観光振興への期待が高まった。地域的差異の上に成り立つ観光開発が競争的・選別的な補助事業を通して地域格差に至ることは，いわば必然であった。雇用のあり方が揺らいだことは，企業や家族基盤の脆弱化につながったが，それらの拘束（＝保障）から解き放された人々が，自由に仕事を組み合わせつつ，選択的に移動・定住できる自由度が増した。農村の空洞化と田園回帰の同時発生は，そのように理解できるという。

立川は，様々な制度的変化と，住宅や土地利用，施設配置といった空間の物

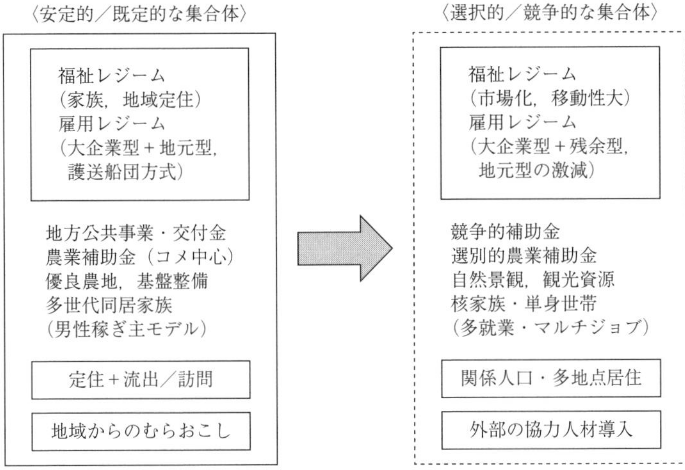

図２－３　1990年代前後における日本農村の変化

資料：立川（2021：67）による（一部改変）。

質的側面との関係をとらえるために，欧州の農村研究における関係性アプローチに注目する。そして，1990年代を境に，企業や家族と密接にかかわる安定的な集合体が崩れ，新たな集合体が生成されつつあるという。それは，地域ごとに様々なネットワークを動員しつつ，立地特性を活かそうとする高度に選択的・競争的な活動によってつくられた集合体であり，その要素は全国規模，あるいは，インバウンド観光客や外国人研修生によって例示されるように，海外にまで及ぶ関係性に依拠している。

このように，集合体概念と関係性アプローチという新たな観点をとることによって，農村性が，地域的・時間的に，文脈依存的に次々と生成される状況を理解できる。ハルファクリーは，生産主義とポスト生産主義という枠組みがイギリスにおいてでさえ完全に認められたものではなく，その枠組みによる議論が他の国や地域で妥当なのかは注意を要すると述べている（Halfacree, 2006）。しかし，日本における農村性の生成状況をそのように理解することによって，ハルファクリーがいったん保留した国際比較研究が，おそらく可能となるかもしれない。

ウッズ（2018）は，従来の農村地理学のテキストとは少し異なる書名が付けられている。確かに，同書が連なる Routledge 社の『Key Ideas in Geography』シリーズの中でも，他の巻がUrbanではなくCity，WildではなくWilderness，SustainableではなくSustainabilityなどとなっているのに対して，CountryやCountrysideあるいはRuralityではなくRuralと，形容詞の書名を持つものはこれだけである。立川の談話によれば，このことには，翻訳版の副題「農村とは何か」とは別の意味があるという。つまり，現代の農村研究は，「実体（あるいは結果）としての農村（と都市との関係）ではなく，農村性を生成させる作用や過程，さらにそのうえで都市性との相互連関や対比について具体的に解明すること」（立川，2021：72），換言すれば，先述の「どのようにして農村的となるのか」（Mormont, 1990）という宿題をずっと問い続けている。

参考文献

ウッズ，M.（2018）『ルーラル――農村とは何か』高柳長直・中川秀一監訳，農林統計協会。

小田切徳美・筒井一伸編（2016）『田園回帰の過去・現在・未来――移住者と創る新しい農山村』農山漁村文化協会。

北澤大佑（2009）「都市農村交流を活用した農村景観の保全・形成活動に関する分析」『農村計画学会誌』第27巻論文特集号。

クラウト，H.（1983）『農村地理学』石原潤ほか訳，大明堂。

高橋　誠（2015）「変動する農村の社会」竹中克行編著『人文地理学への招待』ミネルヴァ書房。

立川雅司（2005）「ポスト生産主義への移行と農村に対する『まなざし』の変容」『年報　村落社会研究』第41集。

立川雅司（2021）「『消費される農村』再論――集合体，関係性の視点から」『年報　村落社会研究』第57集。

鳥越皓之（1994）『地域自治会の研究――部落会・町内会・自治会の展開過程』ミネルヴァ書房。

ハーバート，J.／マシューズ，D.（2015）『地理学のすすめ』森島済ほか訳，丸善出版。

萩原　和・星野　敏・橋本　禅・九鬼康彰（2012）「再編後の住民自治組織に温存された既存組織の実態とその背景にある自治体行政の課題――岐阜県恵那市岩村地域のまちづくり実行組織を事例として」『農林業問題研究』第186号。

馬上和祥・横内憲久・岡田智秀・川島正嵩（2011）「農村地域における持続可能なまちづくりに関する研究——岩村町富田地区の景観まちづくり過程を通じて」『土木計画学研究発表会講演集』第43号。

Cloke, P.; Crang, P. and Goodwin, M. eds. (2013), *Introducing Human Geographies* (Third Edition), Routledge.

Halfacree, K. (2006), "Rural space: constructing a three-fold architecture", in Cloke, P. et al. eds., *Handbook of Rural Studies*, Sage.

Hoggart, K. (1990), "Let's do away with rural", *Journal of Rural Studies*, Vol. 6, No. 3.

Mormont, M. (1990), "Who is rural? or, how to be rural: towards a sociology of the rural", in Marsden, T. et al. eds., *Rural Restructuring: Global Processes and Their Responses,* David Fulton.

Murdoch, J. (2003), "Co-constructing the countryside: hybrid networks and the extensive self", in Cloke, P. ed., *Country Visions*, Pearson.

第3章

人と地域を結ぶランドスケープ

竹中克行

1 ランドスケープとは

（1） 地理学とランドスケープの縁

> 人文地理学の根幹をなす術語として，ランドスケープは，幾世代にもわたる研究者にとって，学究の中心対象，組織化の原理，そして解釈のレンズとして働いてきた。ランドスケープについて，優勢と劣勢の時期を通して一貫しているのは，文化と自然，そして主体と客体の関係を考究する地理学の焦点としての役割である。
>
> Gregory, D. et al. eds. (2009), *The Dictionary of Human Geography* (5th edition), Blackwell, 2009のlandscapeの項（執筆者J. Wylie）より。日本語訳は本章の筆者による。

これは，国際的に定番とされてきた地理学事典から，landscapeの項の冒頭部分を抜粋したものである。文化地理学者J. ワイリーの解説では，地理学とランドスケープの波乱含みの長年の縁がいたって短い言葉で綴られている。はたして，ランドスケープを学究の中心に置くとは，何を究明することを意味するのだろうか。ランドスケープと組織化はいかに関係し，ランドスケープを通して何を解釈するのか。

いかなる言語を用いた学問でも，既成の概念や用語のあり方から議論が大きく影響されることは珍しくない。たとえば日本では，「景観」をめぐって議論の噛み合わないことが多く，その一因は，景観の意味合いが英語のlandscapeとずれている点にあると思われる。景観は，まとまりをもつ地理的範域をさすドイツ語のラントシャフト（Landschaft）の訳語として考案されたといわれるが，日本の地理学では，地理的範域を意味する用語として「地域」が一般に使われる。他方，建築や都市計画などの工学系の分野では，町並み保全などの計画論的課題への対応を目的として景観の語が頻用され，景観をめぐる議論の関心が視覚的な統合性，つまり眺めとしてのまとまりや美しさの面へ傾斜していった。その結果，地理学流の地域論と工学系の景観論の狭間で，地理学の問題関心から景観が脱落しがちな状況が生じたと考えられる。

本章では，英語圏のランドスケープ研究を中心に置きつつ，ヨーロッパと日本を中心とする他の言語圏での研究にも視野を広げながら，ランドスケープ研究の視点と方法に関する基本的理解を得ることをめざす。そのさい，ランドスケープ研究の前進にとって，法制度の裏付けを得た政策実践が大きな意味をもったことに着目し，議論の足がかりとする。

（2）　ランドスケープの顕著性と遍在性

ランドスケープは，だれもが知り，経験しているあたりまえの存在である。ゆえに，ランドスケープ研究の方向性は，しばしば，ランドスケープに対して一個人である研究者がもつ感覚，あるいは研究者を含む社会が共有している感覚から大きく左右される。

たとえば読者自身は，ランドスケープあるいは日本語で景観というとき，何を思い浮かべるだろうか。町屋が軒を連ねる京都の街並みや白川郷の合掌造り集落だろうか。浮世絵に登場するような富士山のシルエットかもしれない。大阪の道頓堀や渋谷のスクランブル交差点の雑踏を想起する人もいるだろう。なかには，広大な水田地帯に囲まれた自然堤防上に集落が立地する，木曽三川下流の輪中をあげる人もいるかもしれない（図3-1）。ランドスケープに対する感覚は人それぞれである。京町家や合掌造りが有する希少価値に着目する人にとっては，道頓堀や渋谷の繁華街は平俗で取るに足らない存在と映ることだろう。世界遺産に登録された孤高の富士山とありふれた水田や民家が分布する輪中は，同じ土俵上では比較できないと思う人が多いのではないか。

実は，上にあげた例はいずれも，ランドスケープ研究の射程範囲にある。しかし，京町家，合掌造り，富士山等々，顕著性の強い事物に絞ってランドスケープを論じるか，あるいは道頓堀や渋谷，水田地帯などのように，遍在的な

図3－1　さまざまなランドスケープ

注：（左上）白川郷，（右上）大阪道頓堀，（左下）富士山，（右下）海津輪中
資料：左下は富士市資料，他は筆者撮影。

事物の集合体としてランドスケープを扱うかによって，調査・分析や応用的な研究実践のあり方が大きく変わる。ランドスケープを対象化した国際条約でいえば，ユネスコ（国際連合教育科学文化機関）の**世界遺産条約**[*]（1972年）は，顕著な普遍的価値を重んじる前者のアプローチを採用してきた。それに対して，本章で大きく取り上げる欧州評議会の**欧州ランドスケープ条約**[*]（2000年）は，遍く存在するランドスケープに対して，優劣を設けずに向き合う立場をとっている。

上にあげた２つの条約のうち日本で馴染みがあるのは，顕著性重視の世界遺産条約の方であろう。同条約の適用方法について定めた作業指針の1992年版は，新しい世界遺産のカテゴリとして「文化的ランドスケープ」を設け，文化的ランドスケープを次のように定義した。

> 文化的景観は，文化的資産であって，条約第１条のいう「自然と人間の共同作品」に相当するものである。人間社会又は人間の居住地が，自然環境

による物理的制約のなかで，社会的，経済的，文化的な内外の力に継続的に影響されながら，どのような進化をたどってきたのかを例証するものである。

UNESCO：Operational Guideline for the Implementation of the World Heritage Convention. 引用した文化庁仮訳（2017年版）は，landscapeを「景観」としている。

顕著な普遍的価値を有する文物の保護を目的とする世界遺産条約の趣旨に照らすと，多様なランドスケープから特別なものを選別し，文化的資産として価値づけることは，ユネスコによる正当な立場表明と考えられる。そうした顕著性に重きを置く文化的ランドスケープへの制度的承認は，地理学をはじめ，考古学，歴史学，建築史などを包含する学術的実践によって支えられてきた。日本の場合には，2004年の文化財保護法改正で文化財の新たなカテゴリとして「文化的景観」が導入され，文化的景観の選定に関わる調査・研究が積み重ねられている。

文化的ランドスケープの考え方を特徴づけるのは，「文化的」という限定句を付して，人間社会の蓄積の中から特定の資産を抽出し，遺産として価値評価することである。次節では，ランドスケープに限定を設けない欧州ランドスケープ条約について，研究の系譜に照らして検討する。

2　ランドスケープ研究の系譜

（1）　欧州ランドスケープ条約

欧州ランドスケープ条約（以下「ELC」）第１条は，ランドスケープを次のよ

世界遺産条約（World Heritage Convention）は，ユネスコが1972年に採択した国際条約であり，正式名称を「世界の文化遺産及び自然遺産の保護に関する条約」という。2022年５月現在，世界の194か国が世界遺産条約の締約国であり，登録遺産は自然遺産218件，文化遺産897件，複合遺産39件の計1,154件にのぼる。

欧州ランドスケープ条約（European Landscape Convention）は，欧州評議会が2000年に採択した条約で，ランドスケープを正面から扱った初の国際条約に位置づけられる。2022年５月現在，欧州評議会加盟国46か国のうち40か国が批准し，同条約に合わせた国内法の整備を進めてきた。

うに定義する。

> ランドスケープは，人びとによって知覚されたエリアを意味し，その性格は，自然的および人文的な要因の作用と相互作用の結果である。

いたって簡潔な定義であるが，吟味すると，ランドスケープ研究の鍵となる要素がいくつも盛り込まれている。第一に，ランドスケープに対して**エリア***としての定義づけを与えている。エリアという語を用いることには，傑出した特徴を有するか否かにかかわらず，物質的基盤をもった地域としてランドスケープをとらえる考え方が反映されている。第二に，ランドスケープを物質の集合体であると同時に，人間によって知覚された存在としてとらえている。知覚とは，むろん視覚に限定されるものではない。そして第三に，自然と人間の相互作用を重視している。これは，先にみた世界遺産条約における文化的ランドスケープのとらえ方に相通じる視点である。

国際条約の中でランドスケープを定義することには，ランドスケープを公共政策の対象に取り込もうとする政策的なねらいがある。「ランドスケープは，個人および社会の福祉の鍵となる要素であり，ランドスケープの保護，マネジメントおよび計画は，万人の権利であり，義務である」とするELCの前文には，ランドスケープを法制度の中に位置づける考え方が示されている。

ELCに関してもう一つ重要なのは，理論・実証から政策的応用にいたる幅広いランドスケープ研究の系譜と結ばれていることである。実際，条約の起草には，スペイン人地理学者のF.ソイドをはじめ，関連各分野の計６人の専門家が参加した。そこで，物質の集合体と人間の知覚というELCの定義に示された２つの側面について，各々の研究史に則して検討を加えることにする。

（2）　物質の集合体

ヨーロッパを中心とするランドスケープ研究において一つの大きな潮流をなしてきたのは，個別具体的なエリアが有する特質への探求心である。その先駆けは，土地に展開する人間の営みが生み出す空間的なまとまりをラントシャフトとして概念化した，A.フンボルト以来のドイツ地理学に見出される。第一次世界大戦後のドイツが拡張主義の道具とした地誌学において，ラントシャフトは利用価値の高い概念装置だった。ゆえに，ナチス・ドイツの敗北によって，ラントシャフトの研究は大きな痛手を受けることになる。その一方で，自然と文化の接点に成立する多様なランドスケープの同定に関わる学問的営為は，アメリカ合衆国のC.サウアーに始まるバークレー学派の文化地理学者の手によって続けられた。「文化的ランドスケープは，文化集団によって自然的ランドスケープからかたちづくられる。文化が営力，自然界のエリアが媒体，文化的ランドスケープが結果である」(Sauer, 1925) というよく知られたサウアーの論文の一節には，文化財保護と一体化した先述の文化的ランドスケープ概念よりも幅広い，地誌学の伝統を見出すことができる。

地図，文献資料，フィールド観察などの情報源に依拠した古典的なランドスケープ研究は，第二次世界大戦前後から，空中写真の実用化によって新たな展開を迎える。地図や地上からの観察では困難だった，地表面の事物がおりなすパタンやその階層的構造の認識が著しく進んだからである。とりわけ1930年代末，環境と人間の総体的な関係性の理解をめざす**ランドスケープエコロジー***がドイツの地理学者C.トロルによって提唱されたのは，空中写真の利用可能性によるところが大きい。空中写真判読はまた，先史時代に遡る人間の生活の痕跡や農地・集落の開拓を通じた土地利用変化の可視化に効果を発揮し，環境考古学や歴史地理学におけるランドスケープ研究への関心を惹起した。

ランドスケープに歴史の積層を読み解いた記念碑的な作品として，歴史家W. G. ホスキンズによる『イングランドのランドスケープのなりたち』(ホスキンズ, 2008。日本語訳書名は『景観の歴史学』) がある。ケルト人の定住から中世の開拓運動を経て，産業革命後の都市・インフラの建設にいたる考察のなかで，空中写真が最も威力を発揮した場面の一つが農村部における土地利用変化の分析である。たとえば，レスタシャーのキルビー村周辺では，18世紀の議会法に

エリア (area) は，特定の地理的範域としての地域を意味する語として，人文社会科学の広い分野で使われている。特定地域に関する分野横断的な研究をエリアスタディーズという。関連する用語として英語圏におけるリージョン (region) があり，地理学の分析概念としてリージョンに関する理論化が試みられた。

ランドスケープエコロジーは，人間とその活動を支える生態系の関わりについて，生態学的・地理学的視点から分析・総合・評価し，人間にとって望ましいランドスケープを保全し，創出する手法を考える研究分野である (武内, 2006)。

図3-2　レスタシャー（イギリス）農村の耕地パタン
資料：ホスキンズ（2008），図版46による。写真は F. L. Attenborough 撮影。

よる大規模な囲い込みにより，以前の開放耕地が畦畔林や垣根によって仕切られる小規模な牧草地へ変貌した（図3-2）。空中写真からは，縦横に走る畝立ての跡とともに，一部の畝が垣根を横切って連続する様子から，かつての開放耕地の区画割りが窺い知れる。写真中ほどを蛇行して流れる小川の両側に畝跡がないのは，中世からその場所が放牧地として使われてきたからだろう。そして，上部にみえる運河を横切って連続する耕地パタンは，運河が後の時代に開削されたことを物語る。

（3）　人間の知覚

もう一つの研究の潮流をなす人間の知覚をめぐっては，J. K. ライトなどを淵源とする人文主義地理学が議論の主役となってきた。とくに，『トポフィリア』（トゥアン，1992）などの作品で広く知られるトゥアンは，人間の経験を切り口として，環境と身体がとり結ぶ関係とそれを通じて生起する場所について考究した。たとえば，トゥアンの出身地である中国の伝統社会において，村人たちは目に見える輪郭を有する個々の村のみならず，数十の村にまたがる市場地域の存在について，市の立つ町を訪れるさいに出会う他の村から来た人とのつきあいを通じて認識しているという。そうした考察は，必ずしもランドスケープを正面から対象化しているわけではない。しかし，トゥアンの著作では，人間と環境の関わりを動機づける空間的な設定として，またそうした関係性を通して心に宿された環境のイメージとして，ランドスケープの語が頻出する。

知覚に関する研究は，さらに，人間による事物への意味の埋め込みに焦点を当てる認知論的な研究へと展開してゆく。その行き着いた先が，人間の意味づけによって地上の事物が特定の形象を有する集合体として立ち現れるとみなす，社会的構築物としてのランドスケープ理解であった。とりわけ，D. コスグローブらによる『風景の図像学』（コスグローブ／ダニエルス編，2001）は，地図のみならず，絵画，文学作品，建築などを分析対象に取り込むことで，住まいや庭園はもとより，土地制度や都市の形態的特徴を人間の思考の空間的な投影として読む方法を示した。権力を手にし，特定の文化を身に纏った人間集団が表象する世界としてランドスケープをとらえるコスグローブらの議論は，文化理論との接点で地理学の新たな関心領域を開いたといえよう。

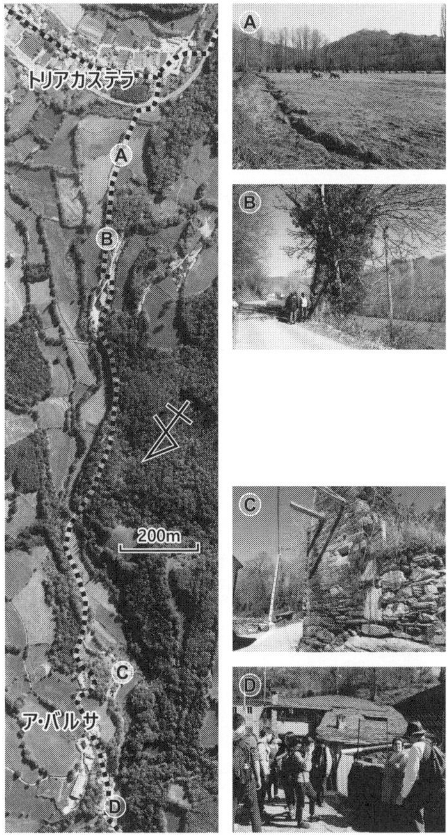

図3－3　サンティアゴ巡礼路のランドスケープ
資料：竹中（2017），図2を一部改変。

人間の知覚がランドスケープの形成において決定的な意味をもつ事例として，筆者は，サンティアゴ巡礼路の調査を行ったことがある。スペイン北西の聖地サンティアゴ・デ・コンポステラへ各方面から向かうルートの中で，フランスからピレネー山脈を越え，スペインの北部内陸を縦断する「フランスの道」は，世界からとりわけ多くの巡礼者を集めている。旅の途次，ルゴ県の中山間地域に差し掛かった旅人は，放牧地や渓流沿いの木立を眺め，巨大化した栗の木の姿に驚き，廃屋化したスレート造りの民家の脇を抜けて，行き会った人びとと言葉を交わす（図3－3）。中世から受け継がれた聖人譚を想像上の導線とし，宿場や案内標識などのインフラに支えに旅路を共にする巡礼者らは，見たもの，感じたことを鮮明なイメージとして自らの記憶に蓄積してゆく。巡礼路を地図や空中写真で観察したのでは，大地の上に垂らされた紐のようにしかみえない。サンティアゴ巡礼路は，歩く人の経験を通じて像を結び，意味づけられることで，ランドスケープとしての存在を獲得する。また，そうして姿を現した巡礼路のランドスケープは，経験を伝える人びとやメディアの語りに取り込まれ，毎年数十万人におよぶ巡礼者にサービスを提供する事業者の工夫と相俟って，巡礼路の物質的基盤の進化を導き，支えることだろう。

3 ランドスケープへの権利

（1） ランドスケープ特性評価

物質の集合体をなすランドスケープは，人間の知覚に媒介されることで明瞭な姿かたちを現す。では，そうしたランドスケープの特性を意識化し，個人や社会の福祉向上にいかすことはできるだろうか。

1990年代のイギリスでは，ランドスケープ形成に関わる政策実践の基礎資料づくりとして，**ランドスケープ特性評価***（以下「LCA」）の方法論が開発された。政府の外郭団体としてLCAの実施にあたるナチュラル・イングランドは，LCAについて，ランドスケープの自然的・人文的構成要素がおりなすパタンに着目し，個々のランドスケープを識別可能とする固有の特徴の組合せについて同定・記述するプロセスと説明する（Tudor, 2014）。地質・地形・水文・気候・土壌などの自然的要素，土地利用・集落・土地所有・時間の厚みなどの人文的要素，そして，それらと関わる人間の感覚・選好・記憶といった知覚の側面を統合し，人と場所の相互作用の関係性のうちにランドスケープを位置づけるのが，LCAの方法論である。

一例として，イングランドのチェシャー州が作成したLCAの地図を参照してみよう（図3-4）。LCAでは，自然的・人文的構成要素の特徴を共有する空間的範域をタイプとエリアの2層に分けて整理する。タイプが河谷，湿地，平野，丘陵，高地といった一般名詞で特徴づけられる単位であるのに対して，エリアには，各地域の生態環境や生活と結ばれた都市・村落や自然地名に関わる名称が与えられる。ランドスケープは，地形・水文や土地利用などに関する一般性のあるパラメータで性格づけされると同時に，そうした枠組みの中で，固有名詞で表現すべきまとまりを構成している，というのがLCAによるランドスケープ識別の考え方である。

LCAは，イギリス各地域で土地利用，環境保全，地域づくりに関わる計画

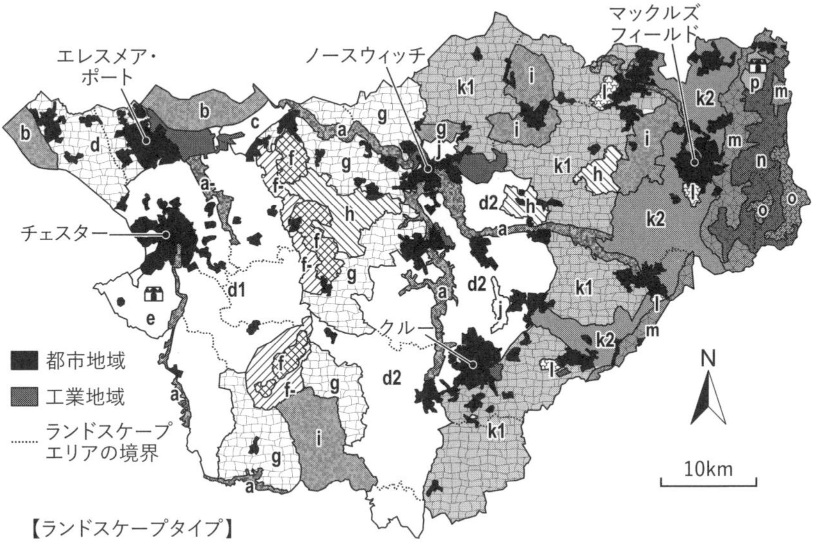

【ランドスケープタイプ】

a 河谷
a- 浅い河谷
b 干潟・塩沼
c 排水された湿地
d1 西部平野
d2 東部平野
e 低地の大地所
f 砂岩丘
f- 砂岩丘の縁辺部
g 波状丘陵農地
h 砂地林
i 低地の地所・湖水
j 製塩跡地
k1 波状丘陵農林地（低所）
k2 波状丘陵農林地（高所）
l コケ地
m 裾野傾斜地
n 高地の縁辺部
o 高原のコケ地
p 高地の大地所

図3－4　チェシャー州（イギリス）のランドスケープ特性評価地図

注：州北部のウォリントンおよびハルトンは，本資料では除外されている。破線の境界線が入っていないランドスケープタイプの範囲は，各々が一つのランドスケープエリアを構成する。都市地域と工業地域は，ランドスケープ／エリアの区分とは別扱いになっていることに注意されたい。
資料：東チェシャー議会（https://www.cheshireeast.gov.uk）（2021年9月28日閲覧）の資料に基づいて筆者作成。

を推進する行政，各種団体，住民などのステークホルダーに対し，基盤知識を提供する役割を果たしてきた。ランドスケープの質目標の設定にもとづく保護，マネジメント，計画の方針決定をランドスケープ政策として定義し，その実施を加盟国に対して求めたELCのもとでも，ランドスケープの質目標を導くた

ランドスケープ特性評価（Landscape Character Assessment）は，ランドスケープに関わる政策実践を支える調査・分析の方法論である。LCAで得られるランドスケープ理解は価値中立的なもので，それをランドスケープの形成に関わる意思決定に導くためには市民参加のプロセスが不可欠とされる（Fairclough et al. eds., 2018）。

めの中心的な道具立てとなったのは，特性評価の方法論である。たとえば，筆者がフィールド調査を蓄積してきたスペインの場合，カタルーニャ自治州がいち早くELCに準拠した制度づくりに着手し，イギリスのLCAを参考として，独自のランドスケープカタログを開発した（齊藤・竹中，2015）。

ELCによるランドスケープの定義に取り込まれた人間の知覚は，とりわけランドスケープの質目標の設定に関わる市民参加を通じて，政策実践の重要な一部に位置づけられている。そして，LCAに代表される方法論を土台に市民参加の実践をいかに導き出すかは，ELC締結以来，数多くの研究者や行政の専門家，NGOなどがともに向き合ってきた課題である。

（2）人間が組織する範域

LCAなどの制度化された特性評価の取組みに関しては，ヨーロッパを中心にすでに一定程度の蓄積がみられる。しかし筆者は，市民によるランドスケープへの価値づけにとって，予測困難なプロセスとして立ち現れる社会運動の力の方がより根源的な意味をもつのではないかと考えている。

ランドスケープ政策への市民参加の理論と実践に関する書物を編んだM.ジョーンズらは，ELCの中に「形態（morphology）」，「眺め（scenery）」，「政治的組織体（polity）」の３つのランドスケープの側面が包摂されているという（Jones and Stenseke，2011）。形態と眺めは，先に述べた物質の集合体と人間の知覚に各々対応する。そして，ランドスケープの形成への人びとの参加を考えるために重要な切り口となるのが，３つ目の政治的組織体の側面である。これについては，北欧を活動基盤とする地理学者で，ランドスケープ理論家としても知られるK.オルヴィックの議論から学ぶべきところが大きい（Olwig，2019）。

オルヴィックによれば，ELCのランドスケープ理解の深部には，慣習法を共有する人びとが特定の土地の上で培った関係性の表れとしての場所があるという。そして，慣習法の長い歴史を有する北欧やイギリスの文脈を念頭に，自律性を有する政治的組織体が近代国家建設の過程で県といった上からの国土管理の枠組みに置き換えられたとする。ならば，国土管理的なランドスケープ概念を超えて，土地に対する共同的な関わりとしてランドスケープを蘇生させるにはどうすればよいのか。

ランドスケープに対する共同的な権利要求に関しては，林野の囲い込みによる労働者の排除を非難するイギリス共産党青年部のメンバーらが実行した，キンダー・スカウトの集団侵入（1932年）などの歴史的な出来事が知られる。それらの記憶をよすがとして，イギリスなどの北西ヨーロッパ諸国では，フットパスへのアクセス権要求運動が通行権への制度的承認へと結実した。筆者がフィールド調査を行ったスペインでも，地元で神聖視されてきた山岳での**風力発電***施設の開発計画や地中海岸での不動産開発プロジェクトに対する糾弾のように，ランドスケープの防衛に向けた活発な社会運動が見出された。

それらの運動に関して見落とせないのは，視覚的な形象としての景観の保護のみを目的化するのではなく，場所と結ばれた生活の質を脅かす開発行為への異議申立てとして立ち現れたということである。カタルーニャ自治州の地域計画担当長官を務めた地理学者 O. ネッルによれば，ランドスケープの防衛に向けられた運動は，ローカルアイデンティティが突き動かす地域紛争の発現形態の一つとしてとらえるべきものである（Nel·lo, 2003）。そしてそれは，議会制民主主義に支えられた統治の仕組みに対する挑戦を伴うという意味で社会運動，つまりタローがいう「たたかいによる挑戦」（タロー，2006）としての性格を強く帯びている。カタルーニャの事例から，組織化に成功したプリウラット郡における風力開発計画への抵抗運動を取り上げてみよう。

（３）　風力開発計画への抵抗

カタルーニャ自治州南西部のプリウラット郡は，人口１万足らずで傾斜角20％以上の土地が86％を占める中山間地域であるが，1990年代以降，良質ワイン産地として国際的な知名度を上げた。天に昇る階段に譬えられるモンサン（「聖なる山」の意）の山並みを背景に，赤味を帯びたスレート質土壌の自然傾斜を利用したブドウ畑が展開し，谷間にはオリーブ，ハシバミ，アーモンドを組み合わせた樹木栽培地が分布する（図３−５左）。そして，計23の基礎自治体が各々，山の斜面や谷間に集落をかたちづくっている。プリウラット産ワインの

風力発電は，自然の風の力を利用した発電で，形態的には，プロペラを取りつけた風車型の風力原動機が一般的である。再生可能エネルギーによる発電方式の一つとして20世紀末から世界的に開発が進み，風車のサイズ，施設ごとの設置台数ともに大規模化が進んでいる。2020年時点において，世界の風力発電能力の総量は733ギガワットにおよぶ。

原産地呼称委員会を中心とする広報活動でも，ランドスケープとの関連づけによって，産地イメージの定着をはかろうとする戦略が垣間見える。

プリウラットにおける風力開発反対運動の発端は，1990年代末，モンサンをはじめとする主要な山稜に数百基もの発電用風車を設置する計画が明るみになったことにあった。これに抗する運動主体の統一行動を推進するために，「プリウラット自然遺産防衛プラットフォーム」が結成され，2001年には，発電施設の配置と数の両面で適切な風力開発のあり方を提案する合意文書の署名を達成した。翌年には，プラットフォームが掲げた主張の一つ，モンサン山脈自然公園が自治州によって設置された。

しかし，プラットフォームの合意には法的拘束力が欠けていたうえ，オリーブ栽培農家が多い郡北西部の基礎自治体は，風力発電誘致を推進する動きをみせた。背景には，ワインとオリーブという生業基盤の違いのほか，固定資産税などの増収をねらう自治体の利害関心があった。風力発電問題に関して地域社会が最初から結束していたわけではない。限界に直面したプラットフォームは，次の戦略として，プリウラット・ランドスケープ憲章の作成に着手する。8年におよぶ準備期間を経て合意された憲章には，郡内19の基礎自治体とともに，自治州農水・環境省，タラゴナ県，モンサン山脈自然公園が履行義務を伴う署名団体として名を連ねた。並行して，ワイン原産地呼称統制委員会では，段々畑の造成などに伴う大規模な地形改変を抑制する規約を定め，ランドスケープの一部というべき生業文化の継承に積極的に取り組んだ。

行政の垂直的連携が実現したこと以上に大きな意味をもったのは，郡内のオリーブ事業者を憲章の枠組みに引き込んだことである。そのためにプラットフォームは，「地中海山地の農業・文化的ランドスケープ」の看板で世界遺産登録をめざすという，ある意味，実利的な戦略を打ち出した。プリウラットのランドスケープ防衛運動は，世界遺産条約の文化的ランドスケープというわかりやすい目標を示すことで，地域経済の基盤をなすランドスケープに人びとの意識を向けさせると同時に，風力開発反対に懐疑的な態度を示していたステークホルダーの取込みに成功した。2021年現在，プリウラットの世界遺産登録は実現していないが，郡内への風力施設設置の抑止には効果を上げている。

プリウラットの事例は，利害関心を異にする主体の存在を前提としつつ，ボトムアップによりランドスケープの防衛へと意識を糾合してゆく社会運動の実

図3-5　カタルーニャ南西ブドウ栽培地域のランドスケープ

注：風力開発阻止に成功したプリウラット郡（左）に対して，テラ・アルタ郡（右）では，ブドウ畑の合間に風車が林立する状況が生じた。
資料：筆者撮影。

践として注目に値する。風力開発反対という課題の周りに結束した運動は，当初，既存の統治の仕組みに挑戦するたたかいとして顕在化した。しかしやがて，プリウラットのランドスケープの価値づけを包括的なテーマとして幅広い主体の関心と懸念を集約し，目標達成のために，自治州や基礎自治体といった行政の力を利用する知恵を獲得していった。

もっとも，ランドスケープの防衛を動機づけとする社会運動が有意な結果に結びつくとはかぎらない。それは，アソシエーションの文化が社会に深く根を下ろしたカタルーニャでも同じことである。同自治州のテラ・アルタ郡では，ワイン事業者を中心に風力開発への抵抗運動が巻き起こったが，ランドスケープの質向上に向けて官民の広範な主体を巻き込むことができず，風力発電施設の林立を防ぐことができなかった（図3-5右)。

4　ランドスケープの中の人びと

（1）　文化的ランドスケープのジレンマ

ランドスケープ研究では，顕著性と遍在性のいずれを重んじるかによって，大きく2つの方向性があることを先に述べた。そして，ランドスケープを選別しないELCの考え方に力点を置き，動態的な存在としてランドスケープを理解し，その形成プロセスに主体的に関わる方法について説明してきた。本章の最後に提起したいのは，ランドスケープに対する2つの異なる向き合い方の間には，はたして収斂する余地はないのかということである。世界遺産条約を典型として，顕著性に重きを置く文化的ランドスケープの政策実践は，「自然と人間の共同作品」に対する顕彰意識に動かされ，選別された特定の遺産を保存することに終始するのだろうか。この問いをめぐっては，地理学者を含む専門家の間でジレンマに満ちた試行錯誤が続けられてきた。

すでに言及したように，日本では，2004年の文化財保護法改正によって文化的景観が文化財のカテゴリに加わった。文化的景観は，「地域における人々の生活又は生業及び当該地域の風土により形成された景観地」と定義され，ユネスコの文化的ランドスケープに影響されつつも，日本の生業文化や生活様式に重きを置いている。「景観地」という聞きなれない概念は，建築物などの上物だけでなく，地域の景観システム全体を対象化することをねらったものと考えられる。とすれば，文化的景観制度が推進するのは静態的な保存のみなのか，それとも動態的なマネジメントも含まれるのか。

日本における文化的景観制度の構築・運用に地理学の立場から大きく貢献した金田は，変化する生きたシステムとして景観を理解すべきと主張する。そして景観，とりわけ文化的景観を地域固有の資産とみなし，その価値を維持・創出しようと努める人びとの意識を抜きに，景観への取組みは考えられないと言う。たとえば，沖縄県竹富島を特徴づける寄棟造の赤瓦の民家がおりなす景観は，近代以降に「造られた伝統」であることが研究で明らかにされている（福田，1996）。そうした「沖縄らしさ」の創出について金田は，住民自らが富の象徴だった建築様式をわがものとし，想像力を働かせて創り出した文化的景観と解釈する（金田，2012）。とはいえ，文化的景観のマネジメントに関わる現実の政策では，民家や石積みといった対象物を指定して経費補助を行う方法がとられる。そのため，現在の住民の経済活動から遊離した保存が文化財保護の名目のもとに正当化されている，という批判もある。文化的景観を住民の意識が支える動態的なものとする議論は，あくまで理論的な立場であって，社会実装は困難なのだろうか。

そこで想起したいのは，プリウラットのランドスケープ防衛運動において，世界遺産条約の文化的ランドスケープへの登録を目標として掲げることで，運動の求心力が高まったという事実である。そうした選択が制度としての世界遺産への支持と信頼に動かされたものか，利害関心を異にするステークホルダーをまとめるための冷徹な戦略なのか，あるいは，観光振興をねらった世界遺産登録の動きなのかについては，安易な判断を下すことを控えよう。重要なのは，ランドスケープを市民の共有材ととらえ，ともにその恩恵に与ろうとする営為を通じて，人びとと地域の関係性が日々更新され，進化してゆくことである。そうした関係性のなかに埋め込まれているかぎり，掲げられている目標が世界遺産条約の文化的ランドスケープであるか否かは，本質的な問題ではない。

（2）　生活世界としてのランドスケープ

以上のように考察を進めると，本章の冒頭に引用した地理学辞典において，学究の中心対象，組織化の原理，解釈のレンズという3つの角度からランドケープを説明していることの意味が理解できるのではないだろうか。ランドスケープは，土地に対する人びとの共同的な関わりによって姿かたちを表すとともに，立ち現れる形象に対して人間はさまざまな意味づけを行う。そうした人と土地の関係性に対して関心を寄せるのは，地理学の営為として当然のことのように思われる。

地理学の視点からのランドスケープ研究において，筆者がとりわけ重要と考えるのは，組織化の原理と解釈のレンズを可能なかぎり統合的に扱うことである。農地の開墾や都市の建設，あるいは土地利用のルールづくりなど，人間による土地の物質的・制度的な組織化の側面と，人を寄せ付けない山岳や砂漠に対する畏怖の念，人びとが田園に求める安らぎやなつかしさの感覚といった意味づけの側面は，ランドスケープの動態においては不即不離の関係にある。そうした観点から，人間をランドスケープに対峙する観察者とするのではなく，人間と環境の関係性を包括する生活世界としてランドスケープをとらえる，**現象学***的立場からの議論に論及しておきたい。

現象学の知見を統合したランドスケープ研究に関しては，人類学者 T. インゴルドによる『環境の知覚』（Ingold，2000）が金字塔的な著作として知られる。

現象学は，人間の経験を通じて形成される意識の構造を通じて事物の核心理解に到達することをめざす学問の方法であり，哲学者フッサールなどが今日の現象学の創始者とされる。現象学的視点を取り入れた地理学研究としては，1970年代以降，空間科学が標榜する客観性への挑戦として，知覚や感情といった人間の経験を重視した人文主義地理学が頻繁に参照される。

その影響を受けた組織的な研究では，オランダを中心とする地理学者，歴史学者，考古学者の学際的グループが推進する「ランドスケープの履歴（Landscape Biography）」研究（Kolen et al. eds., 2015）が特筆に値する。ランドスケープの履歴分析にさいしては，ランドスケープの形成に関わる主体，すなわち「つくり手（author）」として，計画家や開発業者などの大きな力をもつ主体だけでなく，農民，都市の住民，小事業主といった普通の人びとの働きに光が当てられる。そして，農地の区画，都市の街区パタン，巨石のモニュメントといった物質文化が人間に働きかけることで，多様なつくり手の間に時を超えた繋がりが生み出されると考える。

ランドスケープの履歴研究は，たとえば輪中のように，自然環境が有する絶大な営力とそれを受容し，ときにたたかいを挑んだ人間の営為の狭間で姿かたちを現し，変化してきたランドスケープの理解において，とりわけ高い有効性を発揮するだろう。世界遺産に登録されたストーンヘンジで知られるイギリスのエーヴベリーでは，好古家が創り出した大衆的な伝説と考古学者が提示する科学的知見の鬩ぎ合いを通じて形成された場所のイメージが，修復保存や観光化のマネジメントを大きく既定してきた。そうした物的な存在と人間の認識の相互交渉的な関係に切り込むために，ランドスケープの履歴分析から多くの知見を得ることができる。企業やプランナーとともに，住民や労働者といった普通の人びとをつくり手として分析に取り込むランドスケープの履歴研究は，将来に向けた地域づくりの政策実践にも，重要な貢献ができるはずである。

ランドスケープと地理学の関わりにおいて一貫しているのは，文化と自然，そして主体と客体の関係を考究しようとする地理学の不断の営為である。関心をもった読者には，ランドスケープと地理学の切れぬ縁を繙き，育てる作業に研究や実務を通じて，あるいは一教養人として参加してもらいたい。

●参考文献

金田章裕（2012）『文化的景観――生活となりわいの物語』日本経済新聞出版社。
コスグローブ，D.／ダニエルス，S. 編（2001）『風景の図像学』千田稔・内田忠賢監訳，地人書房。

齊藤由香・竹中克行（2015）「景観をつくる人々」竹中克行編著『人文地理学への招待』ミネルヴァ書房。

竹中克行（2017）「サンティアゴ巡礼路の景観をとらえる視点——経験世界としての景観」『地理学報告』第119号。

武内和彦（2006）『ランドスケープエコロジー』朝倉書店。

タロー，シドニー（2006）『社会運動の力——集合行為の比較社会学』大畑裕嗣訳，彩流社。

トゥアン，イーフー（1992）『トポフィリア——人間と環境』小野有五・阿部一訳，せりか書房。

福田珠己（1996）「赤瓦は何を語るか——沖縄県八重山諸島竹富島における町並み保存運動」『地理学評論』69A 巻 9 号。

ホスキンズ，W. G.（2008）『景観の歴史学』柴田忠作訳，東海大学出版会。

Fairclough, Graham; Sarlöv Herlin, Ingrid and Swanwick, Carys eds. (2018), *Routledge Handbook of Landscape Character Assessment: Current Approaches to Characterisation and Assessment*, Routledge.

Ingold, Tim (2000), *The Perception of the Environment: Essays on Livelihood, Dwelling and Skill*, Routledge.

Jones, Michael and Stenseke, Marie (2011), *The European Landscape Convention: Challenges of Participation*, Springer.

Koken, Jan; Renes, Hans and Hermans, Rita eds. (2015), *Landscape Biographies: Geographical, Historical and Archaeological Perspectives on the Production and Transmission of Landscapes*, Amsterdam University Press.

Nel·lo, Oriol (2003), *Aquí, No! Els Conflictes Territorials a Catalunya*, Editorial Empúries.

Olwig, Kenneth R. (2019), *The Meaning of Landscape: Essays on Place, Space, Environment and Justice*, Routledge.

Sauer, Carl Ortwin (1925), "The Morphology of Landscape" (The University of California Publications in Geography, Vol. 2, No. 2), University of California Press.

Tudor, Christine (2014), *An Approach to Landscape Character Assessment*, Natural England.

第Ⅱ部

社会と空間をモデル化する

第4章

経済活動のグローバル化とローカル化

水野真彦

1 グローバル化のなかのローカル化

（1） 産業活動からみる世界の変化

現代世界はグローバル化したとよくいわれる。例えばモノの生産について，身の回りの服やスマホが海外で作られて日本に輸入されていることは身近に実感できるだろう。情報についても，インターネットのウェブサイトで世界中のニュースや流行を知ることができる。

しかし，グローバル化が進むからといって，世界がどこでも同じになる，均質化するということでは必ずしもない。同時に，産業が特定の都市や地域に集中するというローカル化も起こり，発展する地域とそうでない地域の差は拡大している。産業のグローバル化は，ローカル化と同時並行的に起こっているといえる。こうした現実は，経済地理学でどのように説明できるのか，本章で考えてみたい。

（2） 古典的工業立地論とその限界

現在のように航空機やコンテナ船，トラックが発達していなかった時代には，モノの生産において，原料や製品の輸送にかかる費用が重要な位置を占めていた。そうした時代に工場の立地について論じた先駆者がアルフレット・ウェーバーである（ウェーバー，1986，原著は1909）。輸送費は原料と製品の重量およびそれらを輸送する距離で決まり，その輸送費が最も小さくなる場所に工場が立地することをウェーバーは強調した。そのなかでも，生産過程で重量が減る場合と増える場合に分けた議論を行っているので，それを一例として紹介しよう。

まず生産過程で重量が減る場合，例えばセメント生産のように，石炭と石灰石などの原料を投入してできるセメントがもとの原料の合計よりも軽くなるような場合は，原料の採れる場所に工場を立地し，軽くなった製品を市場（顧客のいる場所）に輸送した方が輸送費は節約できる。一方，生産過程で重量が増える場合，例えばソフトドリンクのように，原料の大半がどこでも得られる水で，それに少量の香料や甘味料を加えるような工程の場合，市場の近くに工場を立地し，重い製品（ソフトドリンク）を輸送する距離を減らした方が輸送費を節約できる。なお，生産過程で重量が変わらない場合は，原料が採れる場所と市場の間でどこに立地しても輸送費は同じとなる。

高度成長期において，鉄鋼業や石油化学工業のような輸入原料に依存する工場が主要港湾に隣接した臨海部に立地したのも，輸送費によって説明できるであろう。しかし，輸送費に基づいた立地論は，輸送技術の発達で生産費用に占める輸送費の割合が小さくなってしまうと，工場の立地を説明する力が弱くなる。

ウェーバーは，輸送費を最小にする点が工場の最適立地点となることを基本として，その最適な立地点からズレる要因として労働費（労働者の賃金）と集積（集まって立地すること）を加えて議論を展開した。輸送技術の発展は，ズレる要因である労働費や集積の重要性を増すように作用した。その労働費と集積こそがグローバル化とローカル化を大きく動かす要因となるのであり，それらについてより時代背景と地理的文脈を踏まえた詳細な考察が求められるようになった。

2　生産のグローバル化の地理

（1）　一国内部での空間的分業

表4-1は年代ごとに，電気機械産業に代表される製造業における日本企業の特徴的な立地形態とそれに対応する経済地理学の理論を示したものである。グローバル化の進展にともない，企業の立地のあり方は変化し，それを説明する枠組みも異なってくる。以下ではこの表の時系列に沿って説明していく。

生産のグローバル化の話に入る前に，まずは国内での工場の地方分散について説明しておきたい。そこに工場のグローバル化のプロセスと共通する要素があるからである。

表４-１　日本企業の立地形態と経済地理学理論の対応関係

時　期	日本企業の特徴的な立地の形態	対応する理論
1920年代～1960年代	三大都市圏での重化学工業化	古典的立地論
1970年代～1980年代後半	日本国内での地方への分工場立地	空間的分業論
1980年代後半～2000年代	アジア諸国への直接投資による海外生産	新国際分業論
2010年代～	OEM, ODM などによる新興国企業への生産委託	GVC, GPN

資料：筆者作成。

高度成長期の日本では，大都市圏が重化学工業，地方圏が農林業や軽工業という形の分業が成立していた。高度成長が終わった1970年代から1980年代にかけて，製造業，特に家庭用電気機械産業では地方圏への**分工場***立地が増加した。それは，大都市から地方へ工場をまるごと移転させるのではなく，意志決定と研究開発，試作部門は大都市圏に残したまま，ルーティン的でスキルを必要としない工程のみを低賃金の非大都市圏の農村部に移転させるという形をとった。このように生産のプロセスが分割され，機能や工程ごとに地理的に分離し立地することは同時期のイギリスでもおこっており，D. マッシーはそれを「空間的分業」と呼んだ（マッシー，2000，原著は1984）。高度成長期までにすでに大都市と農村の間には所得格差が存在したが，企業はその格差を利用して，地方に存在する低賃金で勤勉に働く労働力を利用したわけである。特に低賃金労働力として女性のパートタイム労働力を重用した点で，ジェンダー間の賃金格差も利用したといえる。この空間的分業を可能にしたものは輸送手段の発達で，同時期に東京から放射状に建設された高速道路網が製品，材料・部品の輸送時間と費用を下げた。

こうした空間的分業による工場の地方分散を地方圏からみると，農業以外の収入を得る場が生まれることで世帯収入の地域間格差が量的に縮小したというポジティブな面がある。その一方で，意志決定や研究開発など「頭脳」をとりのぞいた「手足」のみの機能という限界がある。空間的分業は，国内の地域間格差を質的に再生産したともいえる。

分工場とは，地域外に意志決定機能があり，製造機能しかもたない工場を指す。分工場は一般に，外部環境の変化によって縮小や閉鎖などの影響を受けやすいとされている。

（2）　国境を超える分業

この空間的分業は，国のなかだけでなく，国境を越えたスケールに広げられるようになる。特に日本では1980年代後半以降にそれが本格化する。意志決定や研究開発機能を大都市圏に残したまま，ルーティン的な生産工程を日本国内の地方圏からアジア諸国に移転するようになった。立地の理由が低賃金である工場は，より低い賃金を求めて移動していくものである。こうした国境を越えた分業は**新国際分業***と呼ばれる。

日本でそうした国境を越えた工程間分業が進展した背景には，いくつかの要因がある。第1に，1985年以降の円高によって日本の賃金などの生産コストが相対的に上昇したことである。第2に，アジア NIES* 諸国に始まり，東南アジア諸国，1990年代以降の中国など，アジア諸国の経済発展がある。それらの国々では，輸出主導型の開発政策を採用し，**輸出加工区***などの制度を整え，外国企業を誘致していった。第3に，輸送通信手段のさらなる発達である。コンテナ輸送の発達に加え，国境を越えた企業活動をコントロールするには通信手段の発達も欠かせない。1990年以降の情報技術の革新は通信コストを低下させ，グローバルな企業活動のコントロールや調整をさらに容易にした。例えば，情報技術によって工場における生産の監視や調整が長距離を隔てても容易になった。

これらの要因によって，低コスト化を追求する企業は，日本国内の地方圏からアジア諸国へとルーティン的生産工程を移転させていった。それらの多くは海外に現地法人を設立し，工場を設立する直接投資という形をとった。例えば，日本の電気機械メーカーは1980年代後半以降，東南アジアや中国に多くの工場を設立し，それらで生産した製品を日本に逆輸入するか，あるいはアメリカなど第三国に輸出するなどの戦略をとった。

（3）　低賃金の供給地から成長する市場へ

2000年代以降になるとさらに中国をはじめとするアジア諸国は成長し，一人当たり所得の上昇が顕著となった。それにともない，生産拠点だけでなく製品を販売する市場としての意味が強くなっている。日本が少子化とそれに伴う人口減少社会への転換を迎える一方で，アジア諸国は人口増加と所得の上昇を見込むことができる。そのため企業は人口と所得の両面で成長するアジア諸国を市場として重視するようになり，立地の目的は，低賃金労働の確保から現地の市場確保へと徐々に移ってきている。それにともない，現地の嗜好に合わせた製品を開発するために，現地に開発拠点を置く企業も増えている。そして，中国やタイ，マレーシアにおいて経済発展により賃金が上昇するにつれ，衣服の縫製などより低賃金がもとめられる産業はカンボジア，バングラデシュなど，さらに賃金水準の低い国々へ移動していくことになる。

なお，自動車のように規模が大きく国の政治によって左右される産業では，費用以外の要因が立地に大きな影響を与えることもある。例えば，1980年代には日本の自動車メーカーによるアメリカ合衆国への輸出が急増し，アメリカの自動車メーカーが苦境に陥ったため，アメリカ政府は日本の政府と自動車メーカーに関税など様々な圧力をかけた。それに対応するため，日本の自動車メーカー各社は日本からの輸出を自主規制するとともに，アメリカに工場を設立し，アメリカの労働者を雇うことでアメリカ政府の圧力を和らげる戦略をとった。中国についても同様で，中国政府は中国企業との合弁を義務付けたうえで中国への工場設立を促した。これらは安い賃金を求めた立地とは異なるもので，市場確保のための立地の１つといえる。

（4）　企業内分業からアウトソーシングへ

2000年代以降になると，新興国の企業が技術力を上げ，相対的に高品質な製品の生産が可能になってきた。そうした状況のもと，先進国の企業のなかには，新興国の企業に製品の生産を委託していくものも増えてくる。先進国の企業が開発やブランド管理，マーケティングのみに専念し，新興国企業が**OEM***によって生産することで，先進国の企業にとっては，柔軟かつ低コストでの生産が

新国際分業とは，製造業内部での工程や機能ごとに国を超えて分業することを指す。それに対し「旧」国際分業は，先進国（旧宗主国）が工業製品，途上国（旧植民地）が天然資源や農産物，という産業間の分業を指す。

NIESとはNewly Industrializing Economiesの略で，台湾や韓国，香港など1980年代に急速に工業化と経済成長をとげた国・地域を指す。

輸出加工区とは，雇用と外貨獲得のため，立地する外国企業に対し税金の減免などの優遇措置を与えた地区を指す。

OEMとは，Original Equipment Manufacturingの略で，ブランドの権利を有する企業と契約し，そのブランドの製品を受託生産することを指す。

可能になるなどのメリットがある。

例えば，アメリカ合衆国オレゴン州に本社があるスポーツシューズメーカーのナイキは，開発とマーケティングの機能だけを保有している。生産機能はもっておらず，製品の生産はアジア諸国の協力企業に外注している。製品の価格帯や機能によってその外注先は異なり，製品の変化，賃金など経済環境の変化に応じて外注先を柔軟に変更している（Coe et al., 2020）。

こうした現象は，巨大企業が企業内部ですべてを行うという考え方から，企業は資源を得意分野に絞り込んで特化し，それ以外のものはアウトソーシング（外注）するべきであるという，企業経営に関する思想の変化を背景とするものである。企業内部を論じる従来の多国籍企業論では対応しきれない新しい現象を理解するには，国境を越えた企業間のネットワークに焦点を当てる必要がある。そのための枠組みとして，次にみるグローバル価値連鎖（Global Value Chains：GVC）論やグローバル生産ネットワーク（Global Production Networks：GPN）論がある。

（5）グローバル価値連鎖論（GVC）

商品が原材料から生産され，流通し，消費されるまで，地球規模で展開する経済活動の一連のつながりは，「グローバル商品連鎖（Global Commodity Chains：GCC）」として理解することができる。原材料から消費までのそれぞれの段階で経済主体は価値（利潤）を得ていて，価値の分布もまたグローバルに広がる。それを分析する枠組みが「グローバル価値連鎖（以下「GVC」）」である。GVCという枠組みが重要となるのは，それぞれの段階における価値の分配がしばしば不均等なものとなっているからである。例えば，日本のカフェにおいて419円で売られるコーヒーのうち，タンザニアのコーヒー農家が手にする価値（利潤）は，1.7円，全体の0.4％でしかない（荒木，2013）。残りの価値は日本の喫茶店や，流通業者，焙煎業者が獲得しており，その分配はきわめて不均等といえる（図4-1）。農家が生産する生豆がコーヒーの香味の約7割を決めるとわれており，その意味において農家は重要な価値を作り出しているといえるが（辻村，2012），価値を作り出すことと作り出した価値を自らが獲得することは必ずしも一致しない。

このようにコーヒー豆の売り手であるコーヒー農家の取り分が小さく，買い

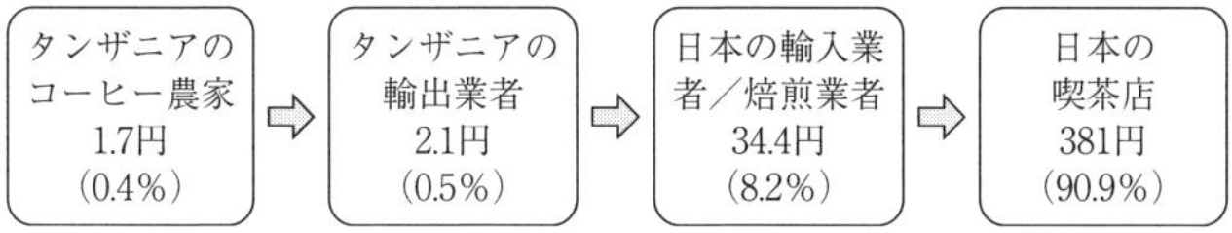

図４－１　コーヒーの価格連鎖（１杯419円の内訳）

注：数値は獲得できる価値の取り分（カッコ内は全体に占める割合）。
資料：荒木（2013）に基づいて筆者作成。

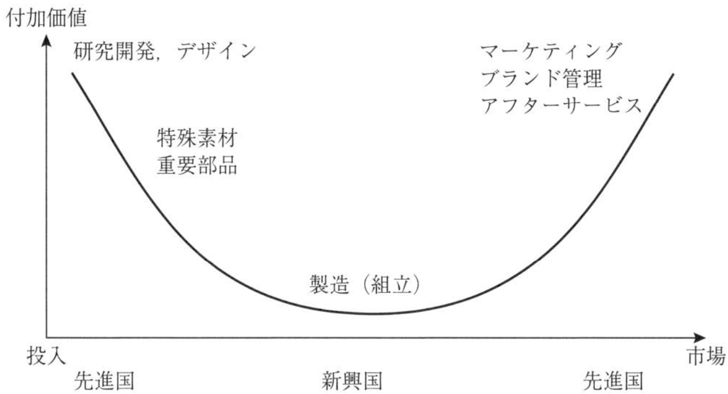

図４－２　スマイルカーブ

資料：Mackinnon and Cumbers（2019）に基づいて筆者作成。

手である流通企業側の獲得する価値が大きいケースは，「買い手主導型 GVC」と分類され，食料品や衣服など非熟練労働に依存する多数の売り手が存在する場合が多い。それに対して，「生産者主導型 GVC」は，技術・資本を備えた少数の大規模製造企業が価格をある程度決定できる場合で，自動車や航空機，コンピューターなどが例として挙げられる。

こうした GVC の考え方から生まれた考え方に「スマイルカーブ」がある（図４－２）。研究開発から製造，アフターサービスまでを一連の価値連鎖とし，縦軸に付加価値，横軸に価値連鎖を順番に配置すると，両端つまり最初の研究開発と最後のマーケティング，アフターサービスにおいて付加価値が高く，真ん中の組立のプロセスの付加価値は低くなる。両端が上がって真ん中が下り，笑う人の口に見えることから「スマイルカーブ」と呼ばれ，両端の高付加価値の領域は先進国で，真ん中は低賃金の新興国に立地するとされる（Mackinnon and Cumbers, 2019）。例えば，アップル社のスマートフォンの生産において，研究開発とマーケティング，アフターサービスのみをアメリカ合衆国カリフォルニア州の自社で行い，付加価値の低い組立は台湾企業が請け負っている。そして，実際の組立工場は中国に立地し，そこで低賃金労働力を利用して生産を行っている。

ただし，このスマイルカーブの図式によれば，組立などの製造のプロセスは低付加価値とみなされてしまい，製造業すべてが低付加価値で新興国に立地するのが当然という印象をもつおそれがある。しかし，それは必ずしも正しい認識ではない。例えば，液晶や電子部品など製品を構成する重要な部品や特殊な素材は，研究開発と組立の中間に位置づけられ，一定の価値を得ているとされている。先ほどのスマートフォンの GVC において，日本の電子部品製造企業のなかには部品供給という形で組み込まれているものもある。

さらに，スマイルカーブは主に消費財（消費者向け製品）を念頭に置いたものであることには注意が必要で，製品を製造するための機械・装置の生産など生産財（企業向けの製品）は，付加価値が高く少量生産であることから，ドイツや日本など先進国で生産することが多い。スマートフォンや衣服などの消費財は身近なためイメージしやすいが，製造業はそれらだけではない。

（6） アップグレーディング

GVC における価値の分配構造は必ずしも固定的なものではない。ある主体が連鎖のなかでより付加価値の高い活動に移行することで地位を改善し，より多くの価値を得ることができるようになることを「アップグレーディング」と呼び，製品や機能など様々なタイプのアップグレーディングがある（表4-2）。国や地域において企業がアップグレーディングに成功すれば，その国や地域でより多くの価値を獲得できる。

台湾のパソコン生産を例に挙げよう。当初，台湾のパソコン生産企業は，アメリカ企業が提示する仕様にしたがって組立を行うだけの低付加価値の活動のみを行っていた。前述の OEM 生産である。しかし，台湾企業が生産や開発に関わる技術を蓄積させていき，自社でパソコンを開発できるまでになっていく。そのためアメリカ企業は，開発も含めて台湾企業に委託する **ODM*** 生産に移行することで，より低コスト化と柔軟な生産を図るようになった。これは台湾企業側からみると，自社でより多くの価値を獲得できることとなり，アップグレーディングを達成したといえる。さらには，台湾企業では広告や宣伝により

表4-2　グローバル価値連鎖におけるアップグレーディングの分類

アップグレーディングの分類	内　容
工程アップグレーディング	生産工程の改良や高度技術の導入による生産効率の改善
製品アップグレーディング	高度な製品・サービスへの移行
機能的アップグレーディング	ネットワークにおける新たな役割の獲得（例：研究開発への進出）
部門間アップグレーディング	別の産業部門への進出

資料：Coe, Kelly and Yeung(2020) に基づいて筆者作成。

自社のブランド力を高め，パソコンや関連製品を自社のブランド（Acer や ASUS などが知られている）で世界的に販売するようになった。このことは，台湾企業が先述のスマイルカーブの両端へと活動を広げることで，さらなるアップグレーディングを実現した例といえる（Coe et al., 2020）。

（7）　GPN と地域発展

経済地理学者のコーとユンは，連鎖（chains）という言葉が一方向的なイメージをもつことや，あるいは GVC が企業以外の主体（国家や国際機関など）の役割を軽視する傾向にあることを指摘したうえで，グローバル生産ネットワーク（以下「GPN」）というアプローチを提起し，地域発展とより直接的に関連付けた議論を行っている（Coe and Yeung, 2015）。GPN と GVC は，その議論において重なるところは多いが，GPN の方がより地理的な視点が強く，経済地理学ではこの GPN の枠組みを用いた研究が増加している（宮町，2022）。

GPN の議論では，地域の企業が GPN にいかに接続し，地域の企業がどれだけの価値を獲得できるか，という点から地域発展を理解する。つまり，GPN において地域の企業が獲得した価値を合計したものによって地域の経済発展が決まるという考え方である。地域発展のためには，GPN を主導する企業のニーズに適応しながら地域の企業が GPN に組み込まれ，そのなかでアップグレーディングを果たすことが重要ということになる。前述した台湾のパソコン産業や，サムソンに代表される韓国の電子部品産業などは，アメリカ企業の GPN に組み込まれ，アップグレーディングをすることで獲得する価値を増や

ODM とは，Original Design Manufacturing の略で，OEM からさらに発展し，製品の開発設計から製造までを請け負い，契約相手企業のブランドで提供すること。

し地域発展につなげた例として挙げられている。

こうした主張に対してはGPN論の内部でも異論がある（Mackinnon and Cumbers, 2019）。GPNに接続すれば，地域が発展するというのは楽観的すぎであり，企業間のネットワークには非対称的な力関係があり，弱い立場の企業は十分な価値を得られず，価値の多くは主導企業が獲得する場合も多いことが指摘されている。特に，前述のコーヒー農家のように，農産物など一次産品の場合，アップグレーディングは容易ではなく，非対称的な取引関係から抜け出すことが難しいことがしばしばである。さらに，アップグレーディングによって獲得された価値は，必ずしも賃金の上昇や労働環境・権利の改善につながらないこともある。

あるいは，GPNにつながっている少数の企業にのみ恩恵がとどまり，地域全体に波及しない場合には地域内の格差拡大という問題をもたらすこともある。例えば，インドではバンガロール等の都市を中心に，コールセンターやソフトウェアなどのサービス業の立地がみられる。それらは，通信ネットワークを通じてアメリカなど先進国の顧客に対し，相対的な低賃金を利用してサービスを低コストで提供することで成長している。それらはサービス産業においてGPNに接続することによる地域発展といえよう。しかし，ソフトウェアなどのサービス産業は高いスキルが必要とされるため，周辺の農村における，教育を十分に受けられずスキルがない貧しい住民との格差は拡大している。

GPNをめぐってはこうした考え方の対立がある。地域の企業がGPNにつながれば必ず地域が発展するという楽観論は正しくないし，GPNはすべて非対称な関係であって発展の遅れた地域がそこから抜け出すことは不可能という悲観論もおそらく誤りであろう。GPNに組み込まれることで，どのような場合に発展し，どういう場合に発展が阻害されるのかを考えることが重要である。

3　生産のローカル化の地理

（1）　集積の利益

前節でみてきたように，産業のグローバル化が進展し，より低賃金を求めた生産拠点の立地移動がみられる。しかし，賃金の高い先進国の都市・地域がすべて経済的に衰退しているわけではなく，むしろ発展を続ける都市・地域は先進国にも多い。その根底にある要因の１つとして，産業が集まること（＝集積）によって生じる「集積の利益」があると考えられる。本節ではそれについて考えてみたい。

特定の産業が集積することのメリットについて先駆的に論じたのは A. マーシャル（1985，原著は1920）である。彼の議論は後の経済学者によって３つの要因に要約された。まず①関連産業の成立である。企業が集まることによって１つの企業だけでは成立しなかったような関連産業（例えば材料や部品の販売，機械の修理など）が生まれ，低コストで材料や部品を入手できるなど，分業による利益を得ることができる。次に，②労働市場の成立である。雇う側の企業と雇われる側の労働者が地域に多く存在することで，企業側も適した労働者を見つけやすく，労働者側も適した企業を見つけやすいというメリットがある。３つめは，③知識の波及である。地理的に近いことで，噂や観察など様々なことで知識が漏れる。これは漏れた側にとってはマイナスかもしれないが，地域全体はそれによってプラスの利益を得る。これらの３つがマーシャルのいう集積の利益で，特に同業種が集まることによる利益であり，地域特化の経済（localization economies）と呼ばれる。

一方，集積には不利益がある。それは交通の混雑，環境汚染，地価・賃料や賃金の上昇などである。こうした要因は企業にとっての費用を増加させる。これらの集積の利益と不利益のバランスによって産業が集積するか分散するかが左右される。例えば，賃金については，他に産業が乏しい（産業が集積していない）ところは，少ない雇用をめぐる労働者どうしの競争になり，賃金は低くなる。だからこそ近年のグローバル化によって産業は低賃金労働を求めて新興国へと分散していったわけである。

では，なぜモノや人の移動が容易になった現在において，賃金も地価も高い場所に企業は立地しているのだろうか，という問いが生まれる。トラックやコンテナ船，インターネットがない時代において産業が集積していることと，現在のように容易にモノや情報が流通する時代の集積では当然その意味は異なるだろう。現在の集積を考えるなら現在的な文脈での議論が求められる。そこでは，どういう場合に企業は集積し，どういう場合に企業は分散するのか，という問題が重要となる。

（2） 現代の集積論

どういう場合に企業は集積するのか，その問いに答えた研究者の1人がA.スコットである（スコット，1996）。市場の不確実性が高まると，**生産工程の分割***が起こり，企業間の分業が進展する。そうすると，企業間の分業に伴う連関費用（linkage cost）が増大することになる。連関費用とは，輸送の費用と企業間の取引にかかる費用の合計を指し，地理的な距離に応じて増加する。さらに，連関費用は，形状や数量などの点で標準化され安定すると低下し，逆にそれらが不安定で標準化されていない場合は増大するとされている。

とすると，不確実性が高まると工程分割が進み，連関費用を削減するためにお互いが近接して立地することにより集積が発生する。逆に不確実性が低下し，標準化が進むと，生産工程が統合され，少数の企業内で生産されるようになることで，連関費用は低下し，生産は分散することになる。

その図式で考えるならば，市場が不確実化し，多品種少量生産の優位性が増すような状況では集積が形成されやすいということになる。1950〜1960年代は先進国の経済が成長し，画一的な少品種大量生産であっても製品は売れた時代であった。しかし，1970代以降の低成長期の先進国においては，消費者の嗜好が多様化，製品が短サイクル化し，市場の不確実性が増大したとされている。そうした時代において集積の優位性が再発見されたとスコットは位置づける。

例えばスコットが挙げている例としては，ロサンゼルス郊外ハリウッドの映画産業がある。1950年代までの映画制作は，少数の大きな映画制作会社の内部で完結する形をとっていた。しかし1980年代までに，映画制作の工程は分割され，大手制作スタジオ，独立系制作会社，照明・衣装・撮影などの専門サービス会社の様々な企業のネットワークによる制作という形態に変化した。そこでは映画関連のスキルを持った人材の地域的労働市場が形成されていった。これによってハリウッドに映画産業の集積が形成され，リスクを抑えつつ多様化する需要に合わせた柔軟な映画制作が可能になった。比較的標準化された作品の撮影工程の一部をカナダなど安価な場所で行うという動きはあるものの，映画制作全体でのハリウッドの優位性は保たれている（Scott, 2002）。

さらに，ストーパーは，目に見えるモノを直接取引する企業どうしの関係だけでなく，目に見えない非公式の関係の存在に注目した。集積内に広がる社会的ネットワーク（人脈）やそれを通じて広がる噂などが重要であり，それを支える制度的要素に焦点を当てる必要を強調した（Storper, 1997）。こうした考え方は近年，制度派経済地理学と呼ばれ，研究が進展している。そこでは，国や地域の制度など地理的文脈が地域の経済発展や**イノベーション***にとって重要であることが強調されている。つまり，産業をどんどん集めれば，集積の利益によって生産性が上がり経済は成長する，という単純な議論ではなく，集積していても衰退する地域と発展する地域があり，その集積の中身に注目すべきという考え方である。

（3）　制度派経済地理学における集積論

制度とは，相互の期待に基づいて日常の生活を安定的で予測可能なものにする行動や思考のルールやパターンであると定義できる。わかりやすい制度としては，政府が定める法律や行政組織が挙げられ，これらは「フォーマルな」制度と呼ばれる。それに加えて，人々が自然と従っているような慣行・規範や，信念などもまた制度である。言い換えるなら，ある状況で人はどのように考え，どのように振る舞うのか，という思考や行動の習慣を指し，これは「インフォーマルな」制度と呼ばれる。こうした諸制度は地理的領域の形をとって現れることが多い。フォーマルな制度は，国というスケールで形成されることが多いのに対して，インフォーマルな制度は，地理的に近接した人々の間のやりとりから時間をかけて形成されてきたものであるため，より狭い地域スケールのものも多い。

集積を考えるうえで制度が重要となるのが，知識の学習やイノベーションの問題との関連である。イノベーションは，１つの企業研究所の中から生まれるのではなく，生産者とユーザーとの間，完成品メーカーと部品メーカーとの間など様々な主体の関係から生まれることが多い。イノベーションの創出は，それら様々な主体の相互作用的なプロセスであり，イノベーションはそうした関

生産工程の分割とは，１つの企業の内部にあった工程が，複数企業に分けられること。そのため，企業どうしで相手の情報を集め，交渉し監視することが必要となり，取引にかかる費用が発生する。

イノベーションとは，新たな製品やサービスの創出，新しい生産方法の導入や市場の開拓などを行うことを指す。単なるアイデアや発明とは，商業的に実用化されることが求められる点で異なる。

係からなるシステムとして考えなければならない。そして，ここで知識の暗黙性の問題が重要となってくる。通信技術の発達で情報が瞬時に世界中で入手できる時代であるが，知識の中には，スキルやノウハウのような，文字で書き表すことができない暗黙的な部分がある。そうした性質をもつ知識を相互に移転するには，継続的な対面接触や経験の共有が必要である。したがって，様々な主体がお互い地理的に近接していることが有効である。それに加えて，インフォーマルな制度（つまりものの考え方）を共有し，信頼関係が存在していることが，知識学習をより効果的なものとする。以上のことから，様々な主体が地域スケールでネットワークを形成し，制度を共有することがイノベーションを促すとされている。

例えば，イタリア北東・中央部の「サード・イタリー」と呼ばれるエリアには，いくつもの産地（industrial districts）があり，繊維・衣服，革製品や眼鏡など特定の製品に特化し，家族経営の中小企業が地域内で細かい工程ごとの分業を行って，高価格ながら高品質な製品の生産を行っている。これらの高品質な製品を可能にしているのは，暗黙的な知識の学習とそこから生じる漸進的なイノベーションの蓄積によるものととらえることができよう。この知識学習を支えているのが，地区内の共同体的な結びつき（つまり社会的ネットワーク）とそれに基づく信頼関係，業界団体などの地域組織の存在，地方行政体による教育訓練などの支援制度であるといわれている。この事例は，スキルなどの暗黙的な知識の学習とその積み重ねから生まれるイノベーションにとって，社会的ネットワークの存在とインフォーマルな制度の共有が重要な意味をもつことを示している。

（4）　発展にプラスな制度とマイナスな制度

制度の違いが地域の経済発展を左右した例として，サクセニアン（2009）によるシリコンバレーの事例が知られている。シリコンバレーでは，1960年代ごろ，フェアチャイルド半導体という会社から技術者たちが次々に独立創業して成功する事例が相次ぎ（インテルがその例），そうしたことをきっかけに地域全体に起業家的な行動や考え方が一種の「地域文化」として広まっていった。そうした起業家たちによる，企業の境界を越えた社会的ネットワークが存在し，そこで重要な知識が地域内に流通していくことが，革新的な製品・サービスの開発を促し，地域全体の発展につながってきた。一方，東海岸のボストンにあるルート128地区は，1960年代頃まではアメリカのエレクトロニクス産業の中心であったが，技術者は大企業で働き続けるのが一般的であった。そのため企業が自己完結的で，地域の他の企業や大学との関わりが少なかった。そうした地域文化，つまりインフォーマルな制度の違いによって，1970年代以降，ルート128の大企業は不振に陥るものが多かったのに対し，ICやパソコンを中心とする技術的イノベーションがシリコンバレーの新規創業企業を中心に生み出されていったとされている。

このボストンルート128の例が示すのは，制度が常に発展をもたらすわけではなく，逆に発展の妨げになることもあるということである。制度，とりわけインフォーマルな制度は，一度形成されると変えることが容易ではない。特に，地域が特定の産業に特化してしまうと，それに適した制度が形成され，固定化してしまうことがある。一度定着した制度は，時代遅れになってもなかなか捨てられないものである。これを「負のロックイン（固定化）」と呼ぶ。その例として，G. グラブハによるドイツのルール工業地帯の研究がある（Grabher, 1993）。同地域は重工業の集積によって発展してきたが，1970年代から1980年代にかけて衰退していった。衰退した要因として，それまでの重工業に適した制度が形成され定着しすぎて，新しい産業への転換にとって妨げとなったことが挙げられている。例えば，特定の取引先との関係に特化してそこに固執してしまう，ものの見方が均質化して環境変化を軽視してしまう，地域の政治・行政システムが特定の産業と結託してしまう，などである。これにより，同地域の制度が既存産業にロックインされてしまい，時代に合わせた産業の転換への障壁となってしまったことが指摘されている。

しかし，この負のロックインは宿命ではない。というのも，人は制度に基づいて行動するだけでなく，熟慮によって制度を反省し，変えることができるからである。具体的には，社会的ネットワークを組み換え，地域の外部とのつながりから，あるいは地域内に多様な産業が存在すれば，そうした他の産業とのつながりから，新しい知識を学習し，それによって制度を変えることは可能である。このように制度を固定的・静態的なものとしてとらえるのではなく，制度は動態的に変化しうるものと認識し，その変化あるいは歴史的な経路について考察することが求められている（水野，2019）。

（5）　ローカルな集積とグローバルなネットワーク

先のロックインの議論では，新しい知識が入ってこないことによって，集積内部の知識が均質化してしまい，負のロックインをもたらし集積の衰退を招くことが指摘された。それを防ぐためには，出張などの人の移動と電子コミュニケーションの組合せによって，集積の外側との知識のやりとりが重要となる。こうした外とのつながりをH.バーテルトらは「グローバル・パイプライン」と呼び，集積の持続的発展にとって重要であることを指摘している（Bathelt et al., 2004）。例えば，先述のシリコンバレーであっても集積内だけで完結しているわけではなく，シリコンバレーとインドのバンガロール，台湾の新竹などとの間で技術者・企業家の往来が頻繁にあることで，集積間での新たな知識の流通が行われ，お互いにとっての利益となっている。

制度派経済地理学の集積論は，ローカルな集積の内部に焦点を当てて，その内部の要因（制度，ネットワーク，知識学習など）に注目することによって，地域を発展させる政策の議論に貢献してきた。しかし，地域の内部に注目するあまり，地域外との関係について考慮がおろそかになる傾向も指摘される。その点は，前半部で述べたGPNの議論が補完する役割を果たすと思われる。

4　グローバル化とローカル化の相克

（1）　グローバル化とローカル化がもたらす不均等な発展

これまでみてきたように，企業は生産のグローバル化を進めている一方で，特定の工程や機能を先進国に残しており，それらはむしろ特定の地域に集積する傾向にある。

企業が研究開発拠点などの高付加価値部門を先進国の大都市圏に置くのは，前節でみてきたような様々な集積の利益の存在によって新しい知識やイノベーションを生み出すのに適しているからである。一方，比較的知識やスキルを必要としない生産工程に関して，企業は賃金の格差を利用した低コスト化のために発展途上国に移転させてきた。それをきっかけに一部の発展途上国では経済発展がもたらされ，新興国として経済的な存在感を高めている。生産拠点の先進国から新興国への移転は，先進国と新興国の賃金格差を縮めることもあるが，その一方では先進国内で知識集約的な産業への転換に成功した地域とそうでない地域の格差を拡大することもある。また，新しい知識を生み出す機能が特定の場所に集積・集中することは，それ以外の地域との差を広げることになる。例えば日本において，東京とその周辺が経済的に発展する一方で，国土縁辺部などでは新しい産業への転換が進まず，人口や雇用が停滞している地域も多いことは身近に感じられるだろう。

あるいは新興国の内部でも，前述のインドのIT 産業の事例のように，GPN につながっている少数の企業および経営者・従業員にのみ発展の恩恵がとどまり，そうした企業が立地する都市とそうでない農村の格差を拡大させることもある。

グローバル化は世界を均質化するという考え方がある。しかし，ローカルな違いがあるからこそ，それを求めて資本はグローバル化するものである。本章でみてきたように，資本主義のダイナミズムは，国・地域の発展を不均等なものにする性質があり，グローバル化が進めば世界がフラットで均質的になるというのは正しくはないだろう。それらのダイナミズムをとらえ，グローバル化とローカル化の両面から地域の不均等な発展を考える必要がある。

（２）　不均等な発展の問題

不均等な発展は，発展する地域と取り残された地域の差を拡大する。2016年アメリカ大統領選挙におけるトランプ候補の勝利や同年のイギリスの国民投票による EU 離脱の決定は，そうした取り残された地域の不満の表現であるとされている。EU 離脱自体の是非はともかく，地域間格差は社会の安定を損なうことが指摘されている（Rodriguez-Pose, 2018）。社会の安定という観点からみると，地域間の不均等な発展とその結果としての地域間格差に対する方策が必要であり，それを考えることも地理学の課題であろう。

その方策の主体としては，まず国家ないし政府が挙げられる。しばしばグローバリゼーションによって国家の役割は縮小するといわれる。しかし，自由貿易の拡大による恩恵は一律ではなく，輸入品との競争による悪影響は特定の地域や階層に偏る傾向がある。その対応のためにむしろ国家や地方自治体による公共政策の役割が重要になる。また，2008年のリーマンショックによるグローバル金融危機や2020年の新型コロナウイルスの世界的感染拡大の際には，国家による対応の必要性が再認識されており，国家ないし政府の役割は，その中身が変わることはあっても，縮小していくことはないであろう。

その他，取り残された地域とその地域の人々を支えるために，NPO，NGOなどの非営利組織や協同組合，**社会的企業***の活動や，**フェアトレード***などのオルタナティブの運動にも注目が集まっている。例えば長期失業者や障がい者のような，社会的に排除されている人々に就労の機会を提供するなど，社会的課題を解決することを目的とする社会的企業や非営利組織の活動が世界中で行われている。また，途上国の生産者の生活を改善することに貢献すると認められた製品にフェアトレードの認証マークを付けて消費者に販売するなどの運動も盛んである。こうした取り組みの実態の考察も求められよう。

参考文献

荒木一視（2013）『食料の地理学の小さな教科書』ナカニシヤ出版。

ウェーバー，A.（1986）『工業立地論』篠原泰三訳，大明堂。

サクセニアン，A.（2009）『現代の二都物語』山形浩生・柏木亮二訳，日経 BP 社。

スコット，A.（1996）『メトロポリス――分業から都市形態へ』水岡不二雄監訳，古今書院。

辻村英之（2012）『おいしいコーヒーの経済論――「キリマンジャロ」の苦い現実（増補版）』太田出版。

マーシャル，A.（1985）『経済学原理　第二分冊』永澤越郎訳，岩波ブックサービスセンター。

マッシー，D.（2000）『空間的分業――イギリス経済社会のリストラクチャリング』富樫幸一・松橋公治訳，古今書院。

水野真彦（2019）「産業集積とネットワークへの進化的アプローチ」『経済地理学年報』第65巻第3号。

宮町良広（2022）「グローバル生産ネットワーク論の発展と論争――英語圏の経済地理学理論における『ヘゲモニー化』？」，『経済地理学年報』第68巻第1号。

Bathelt, H.; Malmberg, A. and Maskell, P. (2004), “Clusters and knowledge: local buzz, global pipelines and the process of knowledge creation”, *Progress in Human Geography*, Vol. 28, No. 1.

Coe, N. M.; Kelly, P. F and Yeung, H. W. C. (2020), *Economic Geography: a Contemporary Introduction* (Third Edition), Wiley Blackwell.

Coe, N. M. and Yeung, H.W.C. (2015), *Global Production Networks*, Oxford University Press.

Grabher, G. (1993), "The weakness of strong ties: the lock-in of regional development in the Ruhr area", In Grabher, G. ed. *The Embedded Firm: On the Socio-economics of Industrial Networks*, Routledge.

Mackinnon, D. and Cumbers, A. (2019), *An Introduction to Economic Geography* (Third Edition), Routledge.

Rodriguez-Pose, A. (2018), "The revenge of the places that don't matter (and what to do about it)", *Cambridge Journal of Regions, Economy and Society*, Vol. 11, No. 1.

Scott, A. (2002), "A new map of Hollywood: the production and distribution of American motion pictures", *Regional Studies*, Vol. 36, No. 9.

Storper, M. (1997), *The Regional World*, Guilford Press.

社会的企業とは，利益を第一の目的とせず，社会的課題の解決に取り組み企業体のこと。

フェアトレードとは，生産者の労働環境や生活水準あるいは自然環境に配慮された製品を，適正な価格で継続的に購入することにより，立場の弱い途上国の生産者や労働者の生活改善と自立を目指す運動を指す。

第5章

キャリア形成と労働の空間

中澤高志

1 キャリアを地理学的に分析する意義

（1） 生きられた経験としてのキャリア

本章では，個人の仕事に関連する経験の連鎖をキャリアと呼ぶ。それならば，職歴という言葉でよさそうであるが，あえてキャリアという言葉を使う意図について説明しておきたい。一般にビジネスの世界で「キャリア」という言葉が使われるとき，そこには個人の労働市場における価値という観点において，「より良い状態への歩み」という含意がある。本稿のいうキャリアは，そうした含意を排除しないし，人間の価値観と切り離せない点でビジネスの世界での語法と共通点を持つ。しかし本章では，キャリアという言葉にもっと広い意味を持たせたい。

労働力を販売して生活あるいは生存のために賃金を得ることを「労働」と呼ぶ。そしてそれだけには止まらない，個人のアイデンティティや価値観と切り離せない具体的な活動を「仕事」と呼ぶ。ここでいうキャリアとは，この仕事の連鎖である。

キャリアは個人が仕事を通じて「何者か」になっていくダイナミックな生成の過程であるが，仕事に対して抱く感情や期待は人それぞれである。人が職業上の知識や技術を習得しようとする目的は，より高い給料を手にすることである場合もあれば，自分の成長を実感することである場合もある。好きなことを仕事にするために知識や技術の習得に励む人もいる。何らかの知識や技術を身に着けることには興味がなく，安定した職業に就くことを最優先する人もいれば，とりあえず食っていければいいという人もいる。個人の思い描くキャリアがどんな形であれ，目標を達成できずに終わることもある。本章のいうキャリアとは，人々の多様な価値観を前提として生きられた経験であり，そこには挫折や失敗も含まれる。そしてキャリアは，生きられた経験の総体の軌跡であるライフコースの重要な一部分をなす。

生きられた経験は，人間性を中心に据えた人文主義地理学において重視されてきた概念である。人文主義地理学は，主体から切り離して客観的・科学的にとらえられた世界ではなく，生身の人間によって経験された世界を理解しようとする。本章では，履歴書に書かれるような職歴ではなく，その人が経験してきた仕事の連なりに関心があることを表すために，キャリアという言葉を使うのである。

今日では，経済学，経営学，社会学，教育学などの学際領域に，キャリアを固有の対象とする学問であるキャリア学あるいはキャリア研究が成立している。これに対して地理学は，固有の対象ではなく分析視角によって特徴づけられる学問である。地理学的な分析視角の基本は，物事の地理的多様性に着目し，その態様を記述したうえで，地理的多様性が生じてくる理由を説明することである。

ほぼすべての物事は，多かれ少なかれ地理的多様性を持つ。したがって，転職率，平均勤続年数，年齢階級別の賃金，女性労働力率など，キャリアに関連する指標を用いてキャリアの地理的多様性を記述することは難しくない。問題は，描き出された地理的多様性を説明するロジックである。これがはっきりしていない限り，キャリアを地理学的に分析する積極的な意義は主張できない。そこで以下では，労働市場の特性から説き起こして，この点を理論的に明らかにしておきたい。

（2）　抽象概念としての労働力と労働市場

資本主義社会の構成員の大多数を占める労働者は，何らかの事業を行う元手（資本）を持っておらず，自らの労働力を資本家に販売し，その対価として得た賃金によって生活している。労働力は労働市場において賃金と交換される商品であるが，その内実は人間の肉体的・精神的能力であり，それを疑似的に商品とみなしているに過ぎない。仕事が個人の経験と結びついた具体的なものであるとするならば，労働力はそれを持つ労働者の個性とは無関係の抽象概念である。

労働力は人間の肉体的・精神的能力であってモノではないので，それが賃金と交換される場である労働市場は，抽象レベルにおいてすら，他の商品・市場とは異なった特殊性を帯びる。まず，労働者と労働力の不可分性という特徴がある。これは，労働者から労働力だけを取り出すことができないことを意味する。したがって，労働力を貯蔵したり輸送したりすることはできず，労働力の移動は労働者の移動を必ず伴う。住居と職場が離れていること，すなわち**職住分離***も資本主義社会の特徴であるから，ここに通勤という移動の必要が生じる。

次に，労働力は国家や資本が直接生産することができないため，労働者による再生産にゆだねられているという特徴がある。労働力の再生産には，労働者個人が食事や睡眠，余暇によって労働力を回復させることと，次の世代を生み育てる世代の再生産の両方を含む。通勤に必要な時間や労力が増大すると，労働力の再生産がうまくいかなくなるため，労働市場は雇用が集まっている場所から一定の範囲つまりは通勤圏として領域化される。

（3）　現実のキャリアに地理的多様性をもたらすもの

抽象概念のレベルであれば，雇用が集積する都市とその通勤圏が領域内部のニーズをすべて満たし，経済地域として完結している自給自足的な状態も想定できる。しかし，現実の資本主義社会の下では，それはあり得ない。資本主義社会は，個人や社会集団が特定の職業に特化し，全体として社会のニーズに対応する社会的分業を特徴としている。そして現実の世界は，立地論が想定するような均質空間とは異なり，自然環境，資源の賦存状況，歴史，文化などからもたらされる差異にあふれている。あらかじめ差異化された世界における社会的分業は，必ず空間的分業の形態をとる。その結果，国土の内部は農業地域，鉱業地域，工業地域，大都市圏などの経済地域に分かれ，資本主義以前の自給自足的な経済地域に代わって，国民経済の社会的分業に対応する地域的分業体系すなわち**地域構造***の一角を占めるようになる。こうして，それぞれの経済地域の労働市場は，それぞれの地域に立地する主要な産業の労働力需要を核として編成されていくことになる。

資本主義の発展に伴って産業構造は高度化し，産業部門ごとの成長性は変化していくから，社会的分業が空間的分業として現れる資本主義社会において，地域的不均等発展は避けられない。どんな地域政策が行われようと，地域間の産業構造を完全に均一化することはできないため，仕事に関する選択肢は，量的にも質的にも常に地理的多様性を持つ。

このように，資本主義社会においてキャリアに地理的多様性がもたらされる最大の理由は，社会的分業を反映した空間的分業にあり，地域的不均等発展によってキャリア形成に関する可能性と制約が地理的に偏っているからである。しかし，それですべてを説明しようとする経済決定論は適切でない。労働力が特殊な商品であることに起因して，労働市場は価格メカニズムという純粋な経済原理よりは，むしろ法（労働基準法など）や制度（公共職業紹介など），慣習（終身雇用など）や文化（サービス残業をいとわないことなど），ジェンダー関係（性別役割分業など）といった，さまざまな社会関係によって成り立っているからである。以下で見ていくように，ローカルな雇用慣行や家族規範，自然環境や歴史とも関連する人々の価値観や慣習など，社会や文化の次元における地理的多様性は，社会的分業および空間的分業のあり方そのものを規定すると同時に，キャリアが地理的多様性を帯びる直接の要因にもなっているのである。

（４）　地理的に多様な可能性と制約

もしここで，経済・社会・文化の地理的多様性がキャリアの地理的多様性に一対一で対応すると考えるならば，今度は環境決定論に陥ってしまうことになる。経済・社会・文化の地理的多様性は，あくまでもキャリア形成の可能性と制約であって，決定的要因ではない。一人一人の人間は，地理的に多様な可能性と制約の中で，自分なりのキャリアを形成していく主体性を持っている。

とはいえ，キャリアに関する可能性と制約は不均等に分布しているから，通勤可能な範囲内では希望する仕事を見つけられない人がどうしてもでてくる。こうして，より良い賃金や自分にふさわしい仕事を求める人々の移動が発生する。人々の移動の積み重ねは，移動元地域と移動先地域の両方を少しずつ変えていく。可能性と制約が不均等に分布する地理的現実における人々の営みは，

職住分離とは，賃労働の広がりに伴って労働者の職場と住居が分離することである。都心と郊外からなる大都市圏を成立させ，性別役割分業の確立にも関係する。

地域構造，正しくは「国民経済の地域構造」（矢田，2015）とは，国土を自然的基礎として歴史的に形成されてきた国民経済の地域的分業体系であり，世界経済の地域的分業体系のなかに組み込まれている。

「いま・ここ」において新しい地理的現実を常に生み出していくのである。地理的現実の下にあって新しい地理的現実を生み出す人々の営みは，仕事の領域にとどまらない。しかし，労働力を労働市場で販売し生活の糧を得るのが基本構造である資本主義社会では，キャリア形成を主な要因とする移動と地域構造との関係性を解明することが特に重要となる。第3節では，移動とキャリアとの関係について論じる。

より良い仕事や自己実現を求めて主体的に地域間を移動する人がいる一方で，キャリアに関する選択肢が量的にも質的にも乏しい地域に取り残される人もいる。産業構造の高度化に伴い，かつては地域を引っ張ってきた産業が斜陽化して，労働者の失業や不安定就労が問題化している地域も少なくない。とりわけ1990年代以降，日本においては若者のキャリアを取り巻く環境が悪化した。こうした時代の要請が，キャリア学・キャリア研究を誕生させたといっても過言ではない。キャリアデザインなどの実学的な領域では，キャリアに関わる問題解決に際して，場所的な制約が大きいスキルよりも，普遍的な市場価値を持つポータブルなスキルを養成することが重視される。しかし，労働者のスキルを高めることばかりを追求する姿勢には問題がある。第4節では，キャリアに関する政策にまつわる概念のうち，地理学に親和性の高いものを紹介する。

2　地域性とキャリア
——女性のライフコースにみる地理的多様性——

（1）　金沢市の高校を卒業した女性

ある地域の住民，あるいはある地域出身者のキャリアのあり方は，国民経済の地域構造におけるその地域の位置づけに加え，社会や文化の次元での地域性の影響を受ける。金沢市のK高校と横浜市のY高校を卒業した女性のライフコースを比較した中澤・神谷（2005）を例にとろう。対象者が卒業した高校は，同レベルの進学校である。K高校では，きわめて積極的な進路指導が行われており，教員は生徒に対して地元国立大学やその医療短期大学部の受験を熱心に勧めていた。大都市圏に比べて高学歴女性にふさわしい職が不足しているとの認識のもと，将来を見据えての進路指導がなされた側面もあるのだろう。しかし，K高校を卒業した女性の目には，生徒本人の適性や希望を十分考慮しない進路指導であると映った。背景には，ライバル校との国公立大学進学者数をめぐる熾烈な競争があり，結果として比較的合格しやすい教育学部や医療短期大学部の受験が推奨されていたのである。一人暮らしをさせたくないという親の意向も働き，実際に地元国立大学に進学した人が多く，新規学卒の時点で80%以上が石川県内に就職していた。

学校の意向が強く働く進路指導が行われたことに対しては，多くのK高校卒業生が違和感を表明し，それに従ったことにわだかまりを持つ人も少なからずいた。しかし，そうした進路指導が，結果的に教員や看護師の職に就く女性を増やし，結婚・出産後の継続就業率を高めたことは確かである。大都市圏に比べると，**拡大家族***世帯が多く同居する親世代と育児や家事が分担できることや，通勤時間が短いこともまた，結婚・出産後の就労を容易にしている（図5-1）。

（2） 横浜市の高校を卒業した女性

Y高校の場合，進路指導に類する教員からの働きかけはほとんどなされなかった。そのため，Y高校を卒業した女性は，就職するときの有利不利はあまり考えず，興味のある学部・学科や，学校のネームバリューを重視して進学先を決定していた。就職についても，民間企業を中心にやはりイメージや社名を重視しながら決定する傾向にあった。関連する情報も実際の選択肢も恵まれた大都市圏に育ち，進学・就職について自由な意思決定ができたことを好意的に振り返った人が多い。

しかし，Y高校を卒業した女性の中には，キャリアを見据えずに進学し，イメージ重視の就職先を選択した結果，現実との齟齬に直面して離転職した人が少なくない。彼女たちのほとんどが暮らす東京圏では，核家族世帯が卓越し，公共交通機関による長時間の通勤が普通である。そのため，ワーク・ライフ・バランスの確保の難しさから結婚や出産と同時に退職する人が多く，子供が成長した後，復職する割合はK高校卒業生よりも低い（図5-1）。

拡大家族とは，夫婦と未婚の子を基本単位とする核家族に対し，多世代同居型の家族を指し，日本では，東北，北陸，山陰に多く見られる。

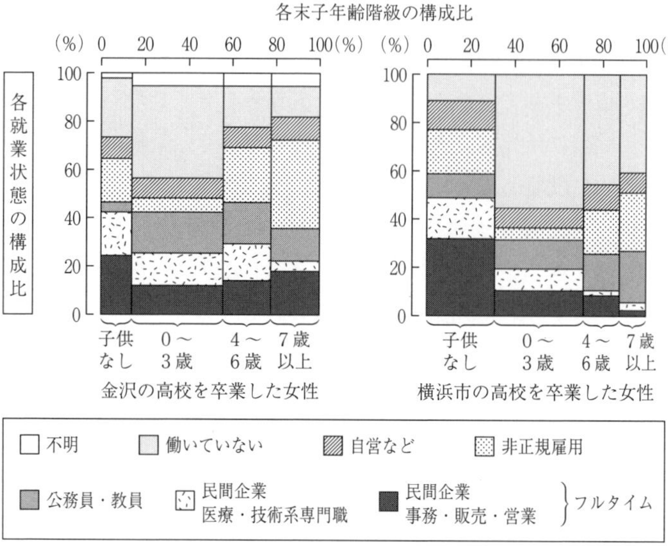

図5-1　金沢市・横浜市の高校を卒業した既婚女性における末子の年齢別の就業状態

注：1982年3月〜1991年3月に石川県立K高校および神奈川県立Y高校を卒業した女性に対して，2003年に実施したアンケート調査に基づく。それぞれ476人（26.5%）および485人（26.2%）から回答（回収率）が得られた。ここではK高校卒業者については石川県，Y高校卒業者については埼玉県，千葉県，東京都，神奈川県に居住する既婚者について図化している。

資料：中澤・神谷（2005：575）。

（3）　意図せざる結果としてのキャリア

このようなK高校およびY高校を卒業した女性のキャリアの違いには，おおざっぱに言って大都市圏と地方圏（北陸）におけるキャリアの可能性と制約の違いが反映されている。しかし，当の女性たちが自らキャリアを取り巻く可能性と限界を的確に認識し，主体的かつ合理的な意思決定をしてきたとはとても言えない。結婚・出産後も働き続けるK高校の卒業生が多いのは，一定規模の地方都市でよく見られる高校のライバル意識や，北陸における拡大家族志向などの意図せざる結果の側面が強い。Y高校の卒業生は，大都市圏ならではの多様な選択肢を背景に自由な意思決定をしてきたが，これまた大都市圏ならではの制約もあり，結婚・出産による退職という典型的なキャリアをたどる人が多くなった。ある時点での制約が意図せずして後のキャリアを切り拓くこともあれば，自由な意思決定がかえってキャリアの中断につながることもある。

このように，個人のキャリアは，地域における可能性と制約の中で，過去の意思決定に規定されつつ，形成されていくのである。

3 移動とキャリア
――移動を通じてなされるキャリア形成――

（1）空間的ミスマッチによる移動

自営にせよ，賃労働に従事するにせよ，一定の領域の内部で再生産を可能とする所得が得られなければ，人は所得を求めて住まいを移動せざるを得ない。高度成長期に起こった向都離村すなわち地方圏から大都市圏への大量の人口移動は，このような経済的要因による移動の典型例である。これは，農業の省力化や相対所得の低下による地方圏の余剰労働力の増加（プッシュ要因）と，高度経済成長の下における大都市圏の労働力需要（プル要因）の高まりによるプッシュ―プル型の移動である。

必ずしも経済的要因によらず，一定の領域の内部で自分が希望する仕事が得られないために，住まいを移す移動が行われることもある。近年取りざたされている**田園回帰***は，都会で培ったキャリアを棚上げしてでも，農業などの自然と直接かかわっている感触が得られる仕事を求めてなされることが多い。そうした仕事は，所得の面では見劣りするかもしれないが，大都市圏では経験できないものである。この場合の仕事は，まさに生活の糧を得るためだけの労働とは異なり，その人の追い求める生活のあり方と切り離すことができない。その意味において，田園回帰は**ライフスタイル移住***の一類型であるといえる（石川，2018）。

以上２つの移動は，要因は大きく異なるが，共通点もある。まず，移動元地

田園回帰とは，狭い意味では都市から農山村への移住をさすが，筒井編（2021）は，狭義の「人口移動論的田園回帰」に加え，移住者が地域住民とともに移住先に変革をもたらすことに注目した「地域づくり論的田園回帰」や，都市と農山村の交流が深まり，都市農村関係そのものが変化することに注目した「都市農村関係論的田園回帰」の３つの次元に整理している。

ライフスタイル移住とは，プッシュ―プル要因による移動やキャリア形成を目的とした移動のような経済合理性を基準とする理由付けが難しく，特定のライフスタイルの追求が主たる目的であると考えられる移住のことである。

表5-1 労働市場における3つのミスマッチ

	労働者と労働力の不可分性の影響	ミスマッチの発生
空間的ミスマッチ	労働力だけを輸送することはできない	労働者の生活は土地固着的に営まれるため，労働者の自発的な移動による需給の調整は起こりにくい
時間的ミスマッチ	労働力だけを貯蔵することはできない	時間，曜日，季節，景気などによる労働力需給の変動に雇用と解雇で対応することは制度的・現実的に難しい
スキルミスマッチ	労働力は労働者個人の肉体的・精神的能力である	労働者を教育・訓練することもできるが，産業・職業構造の変化に素早く対応することが難しい

資料：筆者作成。

域にない仕事を移動先地域に求める移動であることが挙げられる。すでに述べた労働者と労働力の不可分性により，労働市場においては需要と供給の空間的乖離である空間的ミスマッチのほか，時間的乖離である時間的ミスマッチ，スキルの需要と供給がかみ合わないスキルミスマッチの発生が避けられない（表5-1）。プッシュ―プル型の移動は所得機会そのものの量的ミスマッチによるものであるのに対し，ライフスタイル移住は仕事の内容に基づく質的ミスマッチによるものであるという違いはあるが，いずれも労働市場における空間的ミスマッチに基づく移動である。

次に，移動が移動元・移動先地域の両方に変化をもたらす点である。高度成長期の向都離村は，都市の過密と農村の過疎をもたらし，それは東京一極集中と**地方消滅***という現代の地理的・社会的課題の発端となった。田園回帰は，この課題の解消に向かう動きとして期待されがちであるが，少なくともコロナ禍以前の段階では，東京一極集中が止むことはなかった。しかし，田園回帰というムーブメントによって，今まで地方圏には珍しかった経歴や知識・技術を持つ人が農村や地方都市に移り住むようになり，ローカルなスケールでみれば移動先地域に与えるインパクトは大きい。

（2） キャリア形成を目的とした移動

2つの地域間において得られる仕事の量的・質的ミスマッチというよりは，複数の職場を経験することを通じたキャリア形成が主たる目的でなされる移動もある。労働市場価値の向上という意味でのキャリア形成は継続してなされるものであるから，こうした移動は連鎖的になされることが多い。日本の企業でよくみられる転勤は，人事異動を通じて組織内部での適材適所を達成する目的，いいかえれば内部労働市場における部署間のスキルミスマッチを解消する目的も持っている。それと同時に，さまざまな仕事を経験することによって従業員のスキルを高めていくことも重要な目的である。

1980年代後半以降，欧米を中心に積み重ねられてきた高度人材の国際移動（HSIMs：Highly Skilled International Migrations）に関する研究の問題意識は，まさに移動とキャリア形成の関係性を探ることにあった（中澤，2018）。HSIMsは，多国籍企業内部における海外転勤の場合もあれば，金融やICTのスペシャリストが企業組織を股にかけて行う場合もある。2000年頃までは，**人的資本論***を理論的背景として，国際移動を経験することによってスキルが向上し，スキルに対する報酬である賃金も上がるというやや単純な因果関係を想定して，HSIMsに向き合う研究が多かった。しかし，2000年以降になると，ジェンダーやエスニシティに目が向けられるようになり，ライフスタイル移住に近いHSIMsもあることや，移動の目的がライフスタイルの追求からキャリア形成に変化する（あるいはその逆）こともあることなどが意識されるようになり，移動の意味の多様性に関心が向けられるようになった（中澤，2018）。

また，HSIMsと労働市場における価値との関係についても，移動によってさまざまな職場を経験した結果，新しいタスクがこなせるようになるとか生産性が高まるとかといった意味でのスキル向上とは異なる価値に焦点が当たるようになった。現代は，フットワークが軽いこと，移動慣れしていること，環境の変化に適応できること，要するにモバイルであることが礼賛されるモバイル社会である（アーリ，2015）。そのため，頻繁に移動してきたキャリアが，それ自体として象徴的価値を持つというのである。特にアジアにおいて，就職市場において留学した経験が大学のレベルとは独立のプレミアムを持つのも，キャ

地方消滅とは，増田編著（2014）によって広まった言葉であり，若年女性の転出によって人口再生産力が損なわれた自治体が地方圏に多い状況に対する危機意識を表している。「地方消滅」とその背景で進む東京一極集中に歯止めをかけることは，現在も続く「地方創生」政策において重要とされている課題である。

人的資本論とは，労働者に教育や職業訓練を施すコストを人的資本への投資と捉え，そのリターンとして労働生産性の向上が得られるとする考え方である。人的資本論では，賃金格差は労働者の労働生産性の差によって説明される。

リアに対して移動が与える象徴的価値である（Brooks and Waters, 2011）。

キャリア形成を目指した移動が移動元地域および移動先地域に与える影響についても，強い関心が寄せられている。途上国における**頭脳流出***（brain drain）は，前者の好例である。後者については，創造性を有する高度人材の存在が都市経済の競争力の源泉であるとされ，その誘致がグローバル都市の一大関心事になっていることを挙げておこう。

4　政策とキャリア
――キャリアをめぐる問題にどう対処するか――

（1）　ワークフェアの時代

その人がどの程度モバイルでありうるかは，出身地域や社会階層の影響を強く受ける。高卒で地元に就職し，他出した経験がない人にとって，高い賃金や自己実現につながる仕事を求めた移動やキャリア形成のための移動を思い立ち，実行することは難しい。1990年代の就職氷河期以降，日本では地元定着型の若者の失業や不安定就労が社会問題化した。この問題は，欧米先進国ではずっと早くから顕在化していた。

1980年代，欧米では**ケインズ主義福祉国家***から**シュンペーター主義勤労福祉（ワークフェア）国家***への転換が起こったとされる（表5-2）。ケインズ主義福祉国家の下では，完全雇用が政策の最重要課題であり，万一失業の憂き目に遭っても，普遍的な福祉を受けることができた。これに対してシュンペーター主義勤労福祉国家は，福祉が生む依存心と財政負担を問題視し，端的に言えば「働かざる者食うべからず」をモットーとする。これまで完全雇用と福祉に護られていた労働者は，所得を得るために主体的に自分に投資してスキルを身に着け，労働市場における自分の価値を高めることが求められる。シュンペーター主義勤労福祉国家への転換によって，失業手当や最低所得補償などのセーフティネットを用意する消極的労働市場政策から，失業者や不安定就労者をできる限り労働市場に包摂しようとする積極的労働市場政策への転換が起こった。

ワークフェアを支持する主流派の労働研究者によれば，労働市場における失業や不安定就労は，労働力を供給する労働者の側のスキル不足によって発生する問題，つまりサプライ・サイドの問題である。ワークフェアの文脈では，

表5-2　ケインズ主義福祉国家からシュンペーター主義勤労福祉国家へ

	ケインズ主義福祉国家	危　機	シュンペーター主義勤労福祉国家
貨幣形態	完結した国民経済において国家が貨幣の循環を制御	マネーフローのグローバル化 国家が金融を制御する力の弱体化	金融資本の国境を越えた流れを促進
労使関係	団体交渉 大量消費を推進する	国際競争の激化によって利潤率が低下し，賃金に圧力	柔軟な賃金システム，社会の二極化，労働市場の分断
国家の言説	生産性と計画	マネタリズム	柔軟性と起業家主義
マクロ経済政策の方向性	好不況の波と逆に需要を管理 規模の経済・基礎科学・生産性向上を支える介入	利潤率の低下・税収の悪化・福祉需要の増大による財政危機	カネになるイノベーションの支援 競争優位・範囲の経済・たえざるイノベーションという目的
労働市場の調整	労働力の社会的再生産への介入 完全雇用	失業率上昇 スタグフレーション	エンプロイアビリティの向上，規制緩和と「働かざる者食うべからず」
社会政策	再分配，福祉を受ける権利と社会的ニーズに関する普遍主義	財政悪化と福祉の削減	生産性重視のコスト削減，ビジネスのニーズと労働力のフレキシビリティを重視
空間関係	合衆国の覇権の下で強固に調整された国際関係に支えられた一国ケインズ主義	カネとモノのグローバル化 国家の弱体化	国家の空洞化 （超国家連合，脱国境，権限移譲）

資料：Peck（1996：196-197）に基づいて筆者作成。

「雇う側からみた雇いたくなるような魅力度」といったような意味で，エンプロイアビリティという言葉がよく使われる。その場合のエンプロイアビリティ

頭脳流出とは，主として途上国が直面する問題であり，政情不安や生活環境の悪さ，所得やキャリア形成機会の格差を背景として，高度な知識・技術を有する人材が先進国へと流出し，国内の経済・社会の発展が阻害される現象である。

ケインズ主義福祉国家とは，市場が機能し，持続的な経済発展を実現するためには，政府がマクロ経済政策を通じて有効需要を創出し，完全雇用を達成する必要があると考えるケインズ主義に立脚し，国民の自発的な行動を阻害しない範囲で普遍的な福祉を提供する国家である。

シュンペーター主義勤労福祉国家とは，市場における均衡状態は沈滞状態であり，起業家によるたえざるイノベーションが経済発展をもたらすと考えたシュンペーターにならい，イノベーションの促進をマクロ経済政策の軸に据えるとともに，福祉がもたらす依存心や財政負担を憂慮し，就労による自立を支援することを福祉の軸に据える国家である。

は，おおむね表5－3の個人的要因の一部に限定され，大学生の就職活動などでは，具体的なスキルよりも，むしろ積極性，協調性，コミュニケーション能力などの「人間力」「生きる力」なるものが重視されることになる。つまり，エンプロイアビリティは，スキルよりも人格とじかに関わる概念であり，どうしたらそれを高められるのかは判然とせず，そもそもそこに高低をみる発想の妥当性そのものが疑わしい。しかしながら主流派経済学の主張に従えば，人的資本に投資してエンプロイアビリティを高めることが，失業や不安定就労の問題に対する処方箋となる。

（2）　スキル・エコシステムとは何か

もっぱらサプライ・サイドに問題を求める積極的労働市場政策に異を唱える反主流派の労働研究者もいる。失業や不安定就労は，労働力を需要する側つまりディマンド・サイドの問題でもある。人的資本への投資が活発になされ，高いスキルを備えた労働者を教育機関が育成していても，地域の労働力需要がスキルをほとんど必要としないものばかりであったり，スキルに対する需要と供給が質的にミスマッチを起こしていたりすれば，失業や不安定就労の発生は避けられない。労働市場の状態として望ましいのは，教育・訓練を通じて育成されるスキルが，その地域の需要にうまく適合し，それが地域の労働市場の安定や地域経済の発展につながっている状態である。そのような状態は，食物連鎖などを通じた生物間の関係とそれをめぐって起こる物質代謝が調和している生態系になぞらえて，スキル・エコシステムと呼ばれる（中澤，2014；Buchanan et al., 2017）。

スキル・エコシステムは，先端的な分野におけるスキル需要と大学などが輩出する高度人材が地域においてかみ合い，その状況に惹かれて優れた企業や人材が世界中から集まる相乗効果によって，地域経済が進化していくシリコンバレーのような状況をとらえるための分析概念として提起された（Finegold, 1999）。その後，スキル・エコシステムの概念はどちらかというと実践的な方面からの注目を集め，短期間のうちにオーストラリア，アメリカ合衆国，スコットランドなどにおける労働市場政策に適用されていった。その際には，地域の産業構造に目配りしながら，相対的に低いスキルに対する需要と供給をマッチさせ，失業や不安定就労の解消を目指すものが多かった。オーストラリアで

表5-3　エンプロイアビリティの構成要素

個人的要因	個人的環境	外的要因
・仕事に関するスキルと属性 仕事に対する意識・態度・行動特性 移転可能なスキル 学歴・資格 仕事に対する知識・経験 労働市場への参加度合い ・人口学的特性 年齢・性別など ・心身の健康状態 健康状態・障害の程度 ・求職の技能・求職行動 ・順応性・移動性	・世帯の状況 ケアの義務 住宅へのアクセス ・家族・コミュニティの労働文化 ・諸資源へのアクセス可能性 交通手段 経済資本 社会資本	・需要側の要因 労働市場 マクロ経済 労働力需要の特性 求人方法 ・サポート要因 雇用政策 公共交通整備や育児支援など

資料：McQuaid and Lindsay（2005：209-210）に基づいて筆者作成。

は，新興国の成長などに伴う資源ブームに伴って好条件となった鉱業に労働者が流れたことに対処するため，地域を支える産業の現業職を育成し確保するプログラムも立ち上がった（Cooney et al., 2010；Martinez-Fernandez, 2009）。重点が置かれたスキルの種類や政策の具体的な展開は，国や地域によって異なるが，労働力の供給に関わる教育機関や職業訓練施設，労働力を需要する雇用者，そして行政や支援組織が協力して，労働市場の安定化を目指した点は共通している。また，いずれのプログラムも，短期的な労働市場の均衡化を目指すだけでなく，多かれ少なかれ，労働者のキャリアを念頭において展開された。

スキル・エコシステムという言葉を使うかどうかはともかく，今日では積極的労働市場政策といえども，労働者のスキル向上というサプライ・サイドへの対応に限定せず，ディマンド・サイドへの働きかけが不可欠であると認識されるようになってきた。エンプロイアビリティに関しても，個人属性に回収できない状況依存性が意識され，表5-3全体がその構成要素であると主張されるようになった。日本の例を挙げると，**ジョブカフェ***や**サポートステーション***などを拠点とする若年雇用政策に自治体が主体となって取り組み，地元の企業や

ジョブカフェは，国が2003年に策定した「若者自立・挑戦プラン」に基づき，若者の就職支援をワンストップで行う施設として設立され，都道府県によって運営されている。

サポートステーションは，ジョブカフェよりも要支援の度合いが高い若者を対象としており，厚生労働省が各種団体に事業委託する形で2006年から始められた。

教育機関，支援組織と連携しながら，一人一人の相談者・要支援者に向き合う経験が蓄積されてきた。

5 キャリアアップを問い直す

（1）キャリアラダーがある仕事とない仕事

フィッツジェラルド（2008）は，特定の職種について労働者が教育や訓練の成果を実感できるような客観的なスキルの段階をキャリアラダーと呼んだ。しかし，コンビニエンスストアやファストフード店には，そのようなラダー（梯子）は存在しない。したがって，その梯子を登るキャリアアップもまた，あり得ないことになる。

今の日本社会を客観的に見渡してみよう。すぐに気づくように，私たちの日常生活を支えている人たちの多くは，キャリアラダーを想定できない仕事に就いている。長期的なキャリア形成が可能となるような仕事，あるいはそのようにして形成されたキャリアが必要とされる仕事は，今日の社会的分業のなかではそれほど多くないのである。

概念としてのスキル・エコシステムを政策的実践に引き寄せる重要な役割を果たしたBuchanan et al.（2001）が気にかけていたのは，このことであった。そこではハンナ・アーレントの『人間の条件』（アーレント，1994）に基づいて「仕事」と「労働」の区別がなされている。仕事とは，創造的・概念的・分析的な思考と作業能力の行使が組み合わさった調和的な活動である。これに対して労働は，語源からして労苦や苦痛，困難を意味するものであり，他者や制度，技術などによって支配され，強制されている感覚の下でなされる活動である。より多くの人が労働を超えた仕事の機会を得られるように，キャリア形成を支援しその活用機会を拡大することは，間違いなく労働市場政策の重要な課題である。

しかし，残念なことに，労働市場に存在する就労機会の多くはごく短期間のトレーニングで十分なものであり，あくまで労働の機会を提供するだけである。こうした就労機会は賃金が低く，生活のためには長時間労働が必要となるため，職場外で教育・訓練を受けてスキルを高めることは難しい。つまり職業の世界は，すべての労働者がキャリアアップしたり，自己実現したりできる場ではない。だからこそ，労働者が職業以外の世界で自分の能力を開花させたり，生の充実を実感したりする「活動」ができるように，適切な賃金や労働時間を守っていくことは，経済政策の範疇を超えた労働市場政策の重要な使命なのである。

（2） 経済地理学の課題

キャリアアップという概念は，優れて近代的な発想である。社会や経済が連続的に拡大・成長している時代であれば，その波に乗って上昇する自分の姿を展望しやすい。しかし現在は人口も経済も縮小・停滞を基調としており，東日本大震災やコロナ禍のような予測できない不連続の変化に満ちている。こうした時代に求められるのは，キャリアアップよりもむしろキャリアを柔軟に横展開していくことであろう。世の中の変化に器用についていける人はいいが，今まで以上に多くの人が取り残されることは避けられない。

今や地域的分業体系はグローバルに広がり，人口減少による人手不足が深刻化している。取り立ててスキルを必要としない労働は，海外に流出したり，AIに取って代わられたりする。そのような就労機会が大半を占める地域では，スキル向上によるキャリアアップは，達成の見込みがない。

地理学は，もともと生態学的なものの見方と親和性が高い。経済地理学に求められているのは，スキル・エコシステムのように，労働者と雇用者をはじめとする労働市場に関与する様々な主体の関係性を地理的に多様な文脈の中でとらえる視点を養うことである。キャリアにおいて自己実現を達成することは，衰退する地方圏では一層難しくなっている。筆者は，東北や九州において多くの若者にインタビューする中で，そのことを痛感した（石井・宮本・阿部編，2017）。緻密な実証研究を積み重ねるのはもちろんのこと，その枠を越えて，経済的には厳しい地理的現実の下にあっても，生きられた経験の総体であるライフコースが充実したものとなる条件について深く考えることもまた，筆者にとって不可欠の任務であると考えている。

◉参考文献

アーリ，J.（2015）『モビリティーズ——移動の社会学』吉原直樹・伊藤嘉高訳，作品社。
アーレント，H.（1994）『人間の条件』志水速雄訳，筑摩書房。
石井まこと・宮本みち子・阿部 誠編（2017）『地方に生きる若者たち――インタビューからみえてくる仕事・結婚・暮らしの未来』旬報社。
石川菜緒（2018）「ライフスタイル移住の観点から見た日本の田園回帰」『広島大学総合博物館研究報告』第10巻。
筒井一伸編（2021）『田園回帰がひらく新しい都市農村関係――現場から理論まで』ナカニシヤ出版。
中澤高志（2014）『労働の経済地理学』日本経済評論社。
中澤高志（2018）「グローバル中間層の国際移動と日本人の海外就職」神谷浩夫・丹羽孝仁編著『若者たちの海外就職――「グローバル人材」の現在』ナカニシヤ出版。
中澤高志・神谷浩夫（2005）「女性のライフコースにみられる地域差とその要因――金沢市と横浜市の進学高校卒業生の事例」『地理学評論』第78巻第9号。
フィッツジェラルド，J.（2008）『キャリアラダーとは何か――アメリカにおける地域と企業の戦略転換』筒井美紀・阿部真大・居郷至伸訳，勁草書房。
増田寛也編著（2014）『地方消滅――東京一極集中が招く人口急減』中央公論新社。
矢田俊文（2015）『矢田俊文著作集第二巻 地域構造論《上》理論編』原書房。
Brooks, R. and Waters, J. (2011), *Student Mobilities, Migration and the Internationalization of Higher Education*, Palgrave Macmillan.
Buchanan, J.; Anderson, P. and Power, G. (2017), "Skill ecosystems", In Buchanan, J.; Finegold, D.; Mayhew, K. and Warhurst, C. eds., *The Oxford Handbook of Skills and Training*, Oxford University Press.
Buchanan, J.; Schofield, K.; Briggs, C.; Considine, G.; Hager, P.; Hawke, G.; Kitay, J.; Meagher, G.; Macintyre, J.; Mounier, A. and Ryan, S. (2001), *Beyond Flexibility: Skills and Work in the Future*, New South Wales Department of Education and Training.
Cooney, R.; Jerrard, M.; Donohue, R. and Kimberly, N. (2010), "Exploring skill ecosystems in the Australian meat processing industry: unions, employers and institutional change", *The Economic and Labour Relations Review*, Vol. 21, No. 2.
Finegold, D. (1999), "Creating self-sustaining high-skill ecosystems", *Oxford Review of Economic Policy*, Vol. 15, No. 1.
Martinez-Fernandez, C. (2009), "Addressing skills shortfalls in Mackay, Australia", In Froy, F.; Giguère, S. and Hofer, A. R. eds. (2009), *Designing Local Skills Strategies*, OECD.

McQuaid, R. W. and Lindsay, C. (2005), "The concept of employability", *Urban Studies*, Vol. 42, No. 2.

Peck, J. (1996), *Work-Place: The Social Regulation of Labor Markets*, The Guilford Press.

第6章

企業の立地戦略と消費生活

川端基夫

1 経済活動と空間問題

（1） 経済活動は空間問題から逃れられない

あらゆる経済活動は，空間的な問題と切り離しては成立しない。製造業なら，工場をどこに建設すべきかが問題になるが，それは原材料をどこから調達するのか，完成した製品をどこの市場に出荷するのか，といった問題とも関係してくる。小売業も同じであり，店舗の立地によって来店する顧客の特性が大きく変わるし，売り上げも大きく左右される。チェーン店の場合は，特定地域に集中展開するのか広域に分散展開するのか，といったことも課題となる。

近年拡大してきたインターネット取引を行う企業も，空間問題から逃れられない。インターネット取引では，取引自体は空間に縛られることはないが，購入された商品の配送は空間に縛られるからである。「アマゾン」も巨大な物流施設を国内に何か所も所有しており，それらをどこに立地させるのかという空間問題が発生する。さらに，商品移動を伴わないインターネットでの金融取引も空間問題から逃れられない。というのも，取引のデータ処理を行うサーバーを設置する場所やデータを保管しておく場所が問題となるからである。つまり，サーバーやデータを地震や洪水あるいはテロによる被害から守れる安全な場所を探すという空間問題が存在しているのである。

（2） 伝統的な立地論と戦略的な立地

このように経済活動と空間とは不可分の関係にあるが，両者の関係性を理論化したものが「立地論」（経済立地論）である。

立地論は，立地を左右する多様な要因を「費用」と「収入」の２つの変数に還元（収斂）させて理論化・モデル化を図ってきた。たとえば，20世紀初頭に工業立地論を打ち立てたA.ウェーバー（1868-1958）は，当時は輸送費用が非常に高かったことを踏まえて，輸送費用を最小にする地点こそが工場の最適な立地点と考えた。この輸送費用には，各種の原材料を工場に運ぶ費用と，工場で生産された製品を市場に運ぶ費用とがあるため，その総和が最小になる地点こそが最適な工場立地点とした。この輸送費のように立地する企業の費用を左右するファクターは，費用因子と総称される。しかし，その後は費用因子だけでなく収入を左右する収入因子も重視されるようになり，さらには費用と収入の差である利潤が着目されるようにもなっていき，さまざまな理論的なモデルが考え出されてきた。

ところが，1990年になって，このような伝統的な立地論に一石を投じる著書が出される。それが，M.ポーターの『国の競争優位』（ポーター，1992）であった。ポーターは，グローバルな競争力を有した世界各国の企業を多数調査し，それらの競争優位性やイノベーション力がどこから生まれているのかを研究した。その結果，グローバルな競争力は，その企業の本拠地が立地する国の経営環境特性から生まれていることを突き止めた。経営環境特性とは，その国の熟練労働力や天然資源の分布状況，国内市場（消費者）の特性，素材・部品メーカーや関連産業の蓄積度，国内競争を左右する政策や規制の内容などのことである。つまり，本拠地を戦略的にどの国に立地させるのかが，企業のグローバルな競争力やイノベーション力にとって，極めて重要となることを示したのである。

これは，伝統的な立地論で重視されてきた費用因子や収入因子だけでは，現代の企業立地が十分に説明できないことを示している。企業は目先の利益だけでなく，将来的な成長力も視野に入れながら，きわめて戦略的に立地選択をしているのであり，そのことを十分に理解する必要がある（川端，2013）。

立地が，費用因子や収入因子だけを見て決定されているわけではないことは，商業の立地を見るとよくわかる。たとえば，飲食店の場合，高級なブランドイメージを付けようとするなら，東京では銀座や青山が，関西では芦屋や京都の祇園が候補になるであろう。お洒落なブランドイメージを付けようとするなら，東京では恵比寿が，大阪では堀江あたりが候補になるであろう。これは，場所自体がブランド性を有しており，それが立地する店にブランドイメージという付加価値を与えるからに他ならない。

2　場所が持つ３つのチカラと立地戦略

（1）　場所のチカラ

このように，企業の経営戦略の視点からとらえると，立地はその場所が生み出す競争力やイノベーション力，あるいは場所のブランド力といったものも考慮して選定されていることが分かる。それらのファクターは，いわば場所の付加価値因子と総称することができる。従来の立地論は，費用因子と収入因子の２つの因子のバランスで（均衡理論的に）立地を説明するものであった。しかし，企業の経営戦略を考慮した現実的な立地を説明するためには，費用因子と収入因子に付加価値因子を加えた３つの視点から立地を考える必要がある。

そもそも場所は，この３つの因子に基づいたチカラを持っている。すなわち，費用を節減するチカラ，収入を増大させるチカラ，付加価値を増大させるチカラの３つである。これらを「場所のチカラ」と呼ぶ。それらが，そこに立地する企業に対して，大なり小なり何らかの利益を与えていると考えられる。つまり，立地を考える場合は，１つの場所が有している３つのチカラに着目する必要がある。

本章では，伝統的な立地論の枠組みから一歩踏み出して，場所のチカラの観点から企業の立地戦略を読み解いていくことにしたい。以下，３つのチカラとはどのようなものなのかを順に説明していきたい。

（2）　費用節減のチカラ

日本の製造業は，1990年代後半から2000年代前半にかけて，怒涛の如く中国大陸に進出した。その理由は，中国の賃金が日本より圧倒的に安かったことや，政府の税制優遇措置が大きかったこと，工場建設コストが安かったことなどがある。すなわち，中国の費用節減のチカラの大きさが，中国への工場移転を促進させたのであった。

しかし，2000年代後半になると，中国で賃金の上昇が始まり，待遇改善を要求する労働者のストライキも頻発するようになった。また，中国政府の外資製造業への優遇措置も次第に無くなっていき，中国における費用節減のチカラは徐々に低下していった。さらに，2012年には大規模な反日暴動も生じ，中国における政治的なリスクが問題視されるようになった。

そこで注目されるようになったのが，東南アジアの場所のチカラであった。日本の製造業は，中国よりも早い1980年代から東南アジアに進出していたが，中国の費用節減のチカラがあまりに大きかったため，その後は優位性が低下していた。しかし，2000年代後半以降は，中国のコスト増により相対的な差が縮小したことから，政治的な安定度が高い東南アジアへの進出が増大したのである。特に，ベトナムが中国の代替地となってきた。

ただし，費用節減のチカラの測定に際しては，為替レートの変動が大きく影響することも忘れてはならない。

（3） 収入増大のチカラ

中国は，2000年代後半以降，消費市場が急拡大したことで14億人の巨大市場へと変貌を遂げていった。つまり，中国における収入増大のチカラが急激に高まったのである。それにより，消費財メーカーの立地行動に変化が現れた。

たとえば，アパレルの「オンワード」は，2000年頃までは中国の費用節減のチカラの大きさを利用して，中国を日本市場向けの衣料品生産の場としていた。しかし，2000年代後半以降は中国の収入増大のチカラに着目して，中国の国内市場向けの生産と販売に注力するようになった。とくに，中国の若い女性をターゲットとした商品を開発，「ICB」や「23区」の中国での出店を強化してきている。

この収入増大のチカラの大きさを重視した立地は，製造業よりもむしろ小売業や飲食業で顕著にみられる。小売業や飲食業にとっては，販売額の大きさが重要になるからである。近年注目を集めているのが，**駅ナカ***の収入増大のチカラの大きさである。とくに，ターミナル駅は利用客が多いため，集客力が極めて高く，大きな売上げにつながることが多い。鉄道各社は，駅ナカだけでなく，

駅ナカとは，正確には「鉄軌道用地」内であることをさす。改札の内側か外側かは問わない。鉄軌道用地の外に建つ駅ビルは「駅ソト」と呼ばれる。駅ナカでの商業開発を戦略的に本格化させたのはJR東日本が最初で，2002年の「アトレ上野」の開発がその先駆けとなった。宮本（2008）を参照のこと。

「駅チカ」「駅ソト」と呼ばれる駅に隣接するゾーンの商業開発にも力を入れている。さらには，地下鉄の駅ナカや「空ナカ」（空港のターミナルビル）や「道ナカ」（高速道路のサービスエリア）の商業ゾーンが有する収入増大のチカラも注目されてきている。

（4） 付加価値増大のチカラ

先述の中国から東南アジアへの工場移転では，東南アジアの政治的な安定度の高さが評価された。政治的な安定（リスクの小ささ）は，企業に持続的な成長をもたらすことから，付加価値増大のチカラの1つと見なせる。

付加価値増大のチカラには，このほかにも多様なものが存在する。都心の高層オフィスビルが有するチカラ，すなわちそこに本社を置くことで企業の信頼性やイメージが向上し優秀な人材が確保できる可能性を高めるチカラ，香港やシンガポールといったアジアの**ハブ都市***が有する企業の国際展開力を高めるチカラ，さらにはアメリカのシリコンバレーが有するイノベーション力を高めるチカラなども，付加価値増大のチカラである。

ただし，費用や収入はその増減が明確に数値で測れるが，付加価値はその効果を測る尺度が曖昧であり，立地選定が恣意的になりがちだという問題がある。

（5） 立地戦略と3つのチカラ

重要なことは，上に述べた3つのチカラのどれを重視するのか，3つチカラのバランスをどのように考えるのかで，場所の評価が変わってくることである。

たとえば，ラーメン店の場合は，目立たない裏路地や商業地区や駅から離れた住宅地に立つことも多い。個人経営のラーメン店では仕込み（スープなど）の量に限界があるため，多くの来店客に対応できない。また，資金的な余力も小さい。したがって，何より少ない客数でも利益が確保できる家賃の安さが求められる。つまり，収入増大のチカラが大きいことよりも，費用節減のチカラの大きさこそが重要となる。これが裏路地立地の理由である。ただし，目立たない裏路地の立地は，必ずしも不利とは限らない。その中には，付加価値増大のチカラが高い場所もある。というのも，裏路地の意外な立地が隠れ家的な魅力を生んだり，SNSで話題を呼んだりするからである。そのようなチカラを重視して，あえて目立たない場所に立地する店もある。

このように，立地を選定するにあたっては，3つのチカラのバランスをどのように考えるのかが重要なのであり，それを考えることが立地戦略なのである。

3 立地戦略の3つの方向性

（1） 立地選択と立地適応

場所が有する3つのチカラのバランスを考える立地戦略を検討するにあたっては，大きくは2つの方向性がある。それは，立地選択と立地適応である。

立地選択とは，必要とする場所のチカラを有した候補地の中から，最適なものを選択して移動することである。しかし，立地は選択した時点では最適であっても，時間が経つにつれて，最適でなくなる場合も多い。工場なら賃金が上昇したり，周囲にマンションが建設されて騒音が問題化したりすることもある。小売店なら近隣に競合店が多数立地したり，店舗周辺の人口が高齢化あるいは減少したりすることもある。しかし，立地移動には多額の費用がかかるため，現実には難しいことが多い。そこで，立地を移動させずに，現在の立地場所の3つのチカラの状況を踏まえて，工場や店舗の事業内容や機能を転換させる戦略も考えられる。これが，立地適応というもう1つの方向である。

現実の立地戦略は，この立地選択と立地適応の両方を併用することも多い。たとえば，百貨店の「高島屋」は東京日本橋を今後の成長拠点として立地選択し，旧店舗を大幅に増床して6.3万平米の巨大店として2019年に全面開業したが，一方で郊外の立川店については，2018年にショッピングセンター（SC）への転換を行って立地適応化させている。さらに，同社は東南アジアを新たな戦略市場として位置付け，2016年にはベトナムのホーチミンに，2018年にはタイのバンコクに新規出店（立地選択）をしたが，一方で国内の高島屋大阪店東館は2019年に事務所からホテルに転換（立地適応化）している。

ハブ都市とは，ネットワークの中継地となる都市をさし，アジアでは香港やシンガポールが典型である。これらの都市は貿易や金融の自由度が高く，巨大な空港も備えて世界の航空ネットワークの中継地となっている。世界中から人・金・情報が集まることから，国際事業部門の拠点を置く日本企業も多い。

（2）立地創造という方向性

ところで，立地は開発され創造される側面をもつことも忘れてはならない。これは，もともと場所のチカラが無かったところに，新たな場所のチカラを創造することをさす。

立地創造の例としては，田園地帯での大型 SC の開発が挙げられる。田園地帯は，地価や賃金が安いため費用節減のチカラは大きいが，周辺人口が少ないため収入増大のチカラが無かった場所であり，商業開発には適さない。しかし，そこに大型 SC を建設することで収入増大のチカラを人工的に創造しようする戦略である。もちろん，このタイプの立地創造には巨額の費用が必要となる。

しかし，立地創造にはもう一つのタイプもある。近年，大都市の裏通りなどに出現している街がそれである。つまり，繁華街から外れた住宅地に，若者向けの古着屋やカフェが多数立地したことで，収入増大のチカラが生まれたタイプの立地創造である。この場合，新規に立地した店舗は創造的な立地選択をしたといえ，そのエリアにもともと存在した喫茶店が街の雰囲気（界隈性）づくりに貢献すべく個性的なカフェに転換した場合は，創造的な立地適応といえる。このような立地創造型の街については，第6節（2）で改めて述べたい。

4　ネットワークの視点から立地を読み解く

（1）グローバル・ネットワークと立地再編

企業の立地を考える上でもう1つ重要な視点がある。それは，現代の企業は，多くの事業所のネットワークの中で事業を展開しているという視点である。

製造業とくに大規模な製造業の場合は，立地が異なる複数の工場を有しており，工場ごとに生産する製品の種類やその機能（設計・試作，素材加工，部品製造，組み立て，製品検査など）を細かく分割して異なる場所で行っていることも多い。そのような社内分業は，国内工場と海外工場との間でも行われ，それらを国際的な物流で結合（ネットワーク化）させている。

したがって，工場の立地を考える場合は，各工場単独で最適立地を考えるのではなく，このようなグローバル・ネットワークの中で立地のあり方を考える必要がある。つまり，ネットワーク全体の効率の最適化を目指したグローバルな最適配置である。国ごとの政策・規制・電気代・関税・労働力・人件費・人

表6-1　ブリジストンのグローバルな生産拠点の再編

拠点名	内　容	従業員数規模	理　由	再編時期
南アフリカ：ポートエリザベス工場	閉　鎖	250	世界市場でのバイアスタイヤ1)の需要減	2020年8月
フランス：ベチューン工場	閉　鎖	863	EU市場での低インチタイヤ2)の需要減	2020年9月
メキシコ：グアナファト工場	閉　鎖	62	自動車用ウレタン生産からの撤退	2021年2月
インドネシア：西ジャワ工場	機能転換	160	自動車用防振ゴム生産からの撤退	2021年6月
日本：埼玉・騎西工場	閉　鎖	169	自転車生産の上尾工場と中国工場への移管	2021年6月
中国：上海工場	閉　鎖	125	ウレタン，ゴム発泡体生産からの撤退	2021年10月
中国：広東省・恵州工場	機能転換	133	自動車用タイヤ向け合成ゴム事業の直営化からの撤退	2021年12月
同上	閉　鎖	518	トラック・バス用ラジアルタイヤ生産を瀋陽工場に統合	2021年12月
日本：静岡・磐田工場	機能転換	198	埼玉工場から樹脂配管用継ぎ手の生産移管	2022年下期
同上	機能転換	198	事務機器用精密部品生産の中国・フィリピンへの移転	2023年下期
日本：埼玉・上尾工場	閉　鎖	63	自動車用シートパッドの生産を国内の他工場に集約	2023年末
日本：香川工場，岐阜工場，御殿場工場	閉　鎖	16，23，44	高機能化成品の生産集約化（9拠点から6拠点へ）	2022～23年

注：1)　タイヤの骨格部が走向方向に対して斜めに配列しているタイヤで，近年はラジアルタイヤに置き換えられつつある。
　　2)　低インチタイヤとは内径が18インチ以下のタイヤで，近年は高インチタイヤの需要が高まっている。
資料：ブリジストン社ニュースリリースに基づいて筆者作成。

材などの生産環境やコストの違い，市場（需要）特性などを考慮して，最適な場所が選択され，それらを効率的にネットワーク化しているのである。

ただし，そのようなネットワークは，当然その効率性が見直されることもある。表6-1は，2020年9月に発表された「ブリジストン」の中期計画（2021～23年）におけるグローバルな生産拠点再編を見たものである。同社は「稼ぐ力の再構築」を謳い，経費・コスト構造改革と高付加価値商品への移行を目指したグローバルな事業再編を決定した。表6-1からは，生産ネットワークの効率化に向けた国境を越えた生産拠点の再編や事業再編が見てとれる。

このようなケースを見ると，国内の１つの工場が閉鎖された理由を考える場合も，単にその場所のチカラが低下したと見るのは早計だということもわかる。その工場がネットワークの中で分担していた機能が不要になったか，その機能を海外も含めた別の工場に移転あるいは統合したと考えられるからである。松原（2009）は，景気変動や企業の組織再編などがもたらす立地再編のことを「立地調整」と呼び，それがもたらす地域経済への影響を分析している。

（２）　チェーン店の立地とネットワーク

大都市部の街を歩くと，同じチェーンのコンビニがなぜか至近距離で近接立地している，あるいは，あるエリアには集中して立地している一方で別のエリアではまったく見かけないなど，かなり偏って立地していると感じることがあろう。その背景には，コンビニ特有の２つの立地戦略が潜んでいる。

１つ目は，エリア全体の収益が個別店舗の収益よりも優先されることである。たとえば，Ａチェーンの既存店の近くにコンビニに適した大きさの土地や店舗スペースが出現したとする。通常は，そのような近くに同じＡチェーンは出店されない。しかし，その場所を放置すればライバル店が出店すると予想できる場合は，あえてＡチェーンがそこに出店することがある。当然，近隣に同じチェーンの店が立地すれば２店共に売上は伸びないが，合計すれば１店舗の時よりは売上が増えることが多い（たとえば1.5倍など）。本部からすればエリア全体の売上や収益がプラスとなるため，そこへの出店が決断されることがある。つまり，店舗ネットワーク全体の利益が，個別店舗ごとの利益よりも優先されてしまうのである。これが，コンビニの近隣立地が生まれる背景の１つである。

ただし，コンビニの多くはフランチャイズで運営されているため，既存店のオーナーにとって同じチェーンの近隣出店はメリットがない。にもかかわらず，既存店のオーナーが，近隣店も運営することがある。その理由は，近隣にライバル店が出現したり，別のオーナーが近隣店を運営したりすることで大きな減収を被ることを恐れたからである。また，近隣店なら店長を兼務させることも可能になるので，運営面では大きな負担にはならないという判断もある。近隣店が立地する背景には，このような事情もある。

２つ目は，配送センターを中心とした店舗ネットワークの効率性が店舗立地に影響することである。近年のコンビニでは，弁当やおにぎり，パン，総菜，デザート類は，他チェーンとの競争を左右する重要な戦略商品となっている。大手コンビニの場合は，それらの商品は各地域に設けられた配送センターから各店舗に1日に3～4回配送され，常に新鮮な商品が品切れすることなく店頭に並ぶ体制がとられている。このような物流は**多頻度少量物流***と呼ばれる。

とはいえ，1日に3～4回も運ぶとなると，配送センターから到達できる店舗に時間的な限界が生じ，一定の地理的範囲にしか出店が出来なくなる。しかし，このことを裏返せば，配送センターの周辺に集中的に店舗を出店すれば，配送効率が大きく上昇することになる。同じチェーンのコンビニが特定のエリアに集中立地する背景には，このような配送センターからの時間距離限界と配送効率の問題がある。これは，配送センターを中心とした店舗ネットワークの効率性が店舗立地に影響していることを意味する。

このようにコンビニなどのチェーン店の立地は，個別店舗の場所のチカラの評価だけではなく，ネットワークの視点から決められている側面がある。

5　分散と集積から立地を読み解く

（1）　分散立地という視点

企業の立地を捉える際には，分散立地という視点も重要となる。複数の工場や店舗を展開しようとする企業は，製品やサービスの提供圏あるいは商圏が重ならないように，効率的に工場や店舗を立地させる必要がある。最小の拠点数で，広い市場を効率的にカバーするための立地戦略である。

製造業の場合なら，ビール工場の立地が分かりやすい。ビールは，瓶や缶に詰めても品質劣化が進行するため，できるだけ早く消費地に届ける必要がある。また，重量も大きく輸送費が嵩む。それゆえ，各工場からのビール供給には地理的な到達限界が生じることになり，全国の市場に供給するためには，到達限界を睨みながら地域（市場）ごとに工場を建設していかねばならない。一方，

多頻度少量物流とは，少量（1個単位）の商品を多頻度で配送するシステムであり，情報ネットワークと連動している。コンビニは店舗面積が小さいため，売場面積を確保するために在庫スペースがほとんどない。そのため，棚の商品が品切れにならないように，高頻度で商品を補充（配送）している。

表6－2　ビール工場の分散立地

	キリンビール(1870年創業)	サッポロビール(1876年創業)	アサヒビール(1889年創業)
北海道	千歳（1986年）	恵庭（1989年）	札幌（1966年）
		〔札幌（1876年）〕	
東　北	宮城仙台（1983年）	宮城名取（1971年）	福島本宮（1979年）
関　東	茨城取手（1970年）	栃木那須（1907年），群馬太田（1996年）	茨城守谷（1991年）
	〔群馬高崎（1965年），栃木高根沢（1979年）〕		
首都圏	横浜（1926年）	千葉船橋（1988年）	神奈川南足柄（1902年）
	〔東京王子（1957年）〕	〔東京恵比寿（1889年），埼玉川口（1923年）〕	
中　部	名古屋（1962年）	静岡焼津（1980年）	名古屋（1973年）
	〔石川白山（1993年）〕	〔名古屋（1923年）〕	
関　西	滋賀多賀（1974年），神戸（1996年）		大阪吹田（1891年）
	〔京都向日（1968年），兵庫尼崎（1918年）〕	〔大阪茨木（1961年）〕	〔兵庫西宮1927年〕
中四国	岡山（1972年）		愛媛西条（1988年）
	〔広島府中1938年〕		
九　州	福岡（1966年）	大分日田（2000年）	福岡（1921年）
		〔北九州1913年〕	

注：(　) 内の年は操業開始年。〔　〕内の工場は閉鎖済み。
資料：各社ウェブサイト（筆者整理）。

ビールは麦芽，ホップ，水が主たる原料であるが，中でも水が重要なカギとなる。したがって，ビール工場は全国の大消費地ごとに良質な水が得られる場所を探して建設されてきた。

表6－2は主要3社の工場配置を見たものである。どのメーカーも，地域ごとに工場を分散させてビールの供給ネットワークを構築してきたことが分かる。また，その供給ネットワークは，各社共にビールの需要拡大が進んだ高度経済成長期の1960年代から1980年代にかけて形成されていったことも読み取れる。このように，消費地立地型の工場は，市場（供給圏）の拡大に伴って分散的に立地していくのである。

このようなビールの到達限界については，A. レッシュが理論的に説明している（レッシュ，1991)。図6－1がそれである。まず，左側の図では縦軸が価

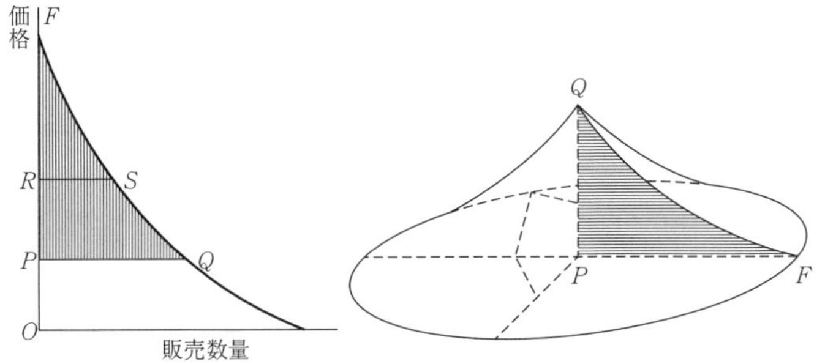

図6－1　到達限界と需要円錐

資料：レッシュ（1991：127）にもとづく（一部改変）。

格，横軸が販売数量を示す。価格 *OP* は工場から出荷される際の価格で，その価格では *PQ* の数量が販売できるとする。しかし，工場から距離が遠くなるにつれてビールの輸送費が増加していくので，その分だけ販売価格は上昇していき，販売数量（需要）は減少していく。たとえば，工場から離れた *R* 地点では価格が上昇するため *RS* しか売れなくなる。さらに，*F* 地点まで離れるとさらに価格が上昇するため販売数量（需要）はゼロとなり，この *F* 地点がビールの到達限界となる。

この図を回転させて，空間的にとらえたものが右側の図である。この図では価格が距離によって変化する部分だけを描いているので，価格は *P* から始まっているが，このビールが販売可能な空間（市場）は，このような円錐形で表現される空間となる。これを需要円錐と呼ぶ。供給拠点が分散的になる背景には，このような供給拠点ごとの需要円錐に地理的な限界が存在することがある。

これは小売業でも同じであり，百貨店，食品スーパー，コンビニ，専門店，SC といった業態ごとに，店舗からの商品の到達限界が異なる。逆に言えば，消費者が店舗にアクセスできる到達限界距離が異なるのである。百貨店の数が少ないのは商品の到達限界距離が長い（商圏が大きい）からであり，コンビニが多数立地するのは，到達限界距離が短い（商圏が小さい）からである。つまり，業態ごとにサイズ（半径）が異なる多様な需要円錐を描くことが出来る。小売業は，それぞれの業態の到達限界を睨みながら，基本的には店舗を分散配置しているのである。もちろん，店舗立地点の選択は到達限界だけで決まるのではなく，たとえば競合店の立地との関係やターゲットとする顧客の分布といった，多様な要因が関与していることには留意すべきである。

いずれにせよ，われわれの生活空間には，目には見えないが，多くのサイズが異なる需要円錐が重なり合って存在しているのであり，消費生活がこのような地理的な法則性の影響を強く受けていることに気づくべきであろう。

ところで，ビールの国内需要は1990年代中盤から縮小局面に入ったが，一方で道路整備が進んだことで，工場から市場までの到達限界距離が延びて需要円錐が拡大する。この２つの要因から，1990年代後半からは工場ネットワークの再編（統廃合）が本格化し，表６-３に見るように閉鎖工場が増大してきた。ビール工場は広い敷地を必要としたことから，工場閉鎖は広大な跡地を大都市周辺に出現させた。表６-３では，1990年代後半から進んできたビール工場跡地の利用状況も示している。これによると，大都市周辺という立地の良さを生かして，大型商業施設に転換されてところが多くみられることが分かる。他方，地方の工場跡地は別の工場に転換される傾向も見られる。

（２）　集積という視点

分散に対して，その逆の集積という視点も立地を考える際には重要となる。集積とは単に地理的に近接して立地した状態をいうのではなく，近接して立地することによって，「集積の利益」と呼ばれる何らかの新たな利益が発生している状態をいう。集積には，工場が集まった産業集積と，小売業や卸売業などが集まった商業集積との２種類がある。産業集積については，すでに第４章で詳述されているため，本章ではより身近な商業集積の方に光をあてたい。

さて，商業集積には商店街，地下街，SC，卸売市場，**問屋街***といったものがある。商業集積においても，集まって立地することで何らかの集積の利益が発生している。ここでは，このうち商店街とSCに光を当てて，その違いを比較しつつ，集積の利益とは何かについて説明していきたい。

商業集積における集積の利益には，２つの種類がある。１つは，商店側に発生する利益である。たとえば，靴屋が１軒だけポツンと住宅街に立地しても，集客が望めず売上も伸びないことは想像に難くない。しかし，衣料品を扱う商店の隣に立地すれば，洋服を買いに来た人が，ついでに靴を買ってくれる可能性もある。このような「ついで買い」という集積の利益を期待して多様な業種の商店が集まって出来たものが商店街である。商店街は多数の商店が協力する

表６－３　ビール工場の閉鎖と跡地利用（1980年代以降）

	キリンビール	サッポロビール	アサヒビール
1980年代		東京恵比寿工場（1988年） ⇒商業施設（恵比寿ガーデンプレイス）	
		札幌工場（1989年） ⇒商業施設（アリオ）	
1990年代	兵庫尼崎工場（1996年） ⇒商業施設（Q's モール）		
	東京王子工場（1998年） ⇒新聞印刷工場		
	広島府中工場（1998年） ⇒商業施設（イオンモール）		
	京都向日工場（1999年） ⇒商業施設（イオンモール） 私立小学校，製造業		
2000年代	群馬高崎工場（2000年） ⇒森永製菓工場	名古屋工場（2000年） ⇒商業施設（イオンモール）	
		北九州工場（2000年） ⇒商業施設(赤煉瓦プレイス)	
		埼玉川口工場（2003年） ⇒商業施設（アリオ）	
		大阪茨木工場（2008年） ⇒大学（立命館大学）	
2010年代	栃木高根沢工場（2010年） ⇒医療機器工場予定		兵庫西宮工場（2012年） ⇒大規模病院，高齢者施設，ホームセンター
	石川白山工場（2010年） ⇒シャープ工場		
2020年代		宮城名取工場（2022年予定） ⇒未定	神奈川南足柄工場（2023年予定） ⇒未定
			愛媛西条工場（2023年予定） ⇒未定

注：（　）内の年は閉鎖年。跡地利用として挙げたものは主要なもののみ
資料：各社ニュースリリース，新聞記事などに基づいて筆者作成。

問屋街とは，問屋＝卸売業が集積した街区をさす。かつては大都市の中心部に多く見られたが，1960年代から都心の交通混雑解消のために郊外移転が進み，近年は衰退・消滅しているところが多い。残存する問屋街としては，東京・上野御徒町周辺の雑貨宝飾品卸の集積，東京・浅草合羽橋周辺の調理器具卸の集積，京都・室町の着物和装卸の集積などが挙げられる。

ことが可能になるので，くじ引きセールや各種のイベントも比較的容易にできる。これも集積の利益である。これらは，SCにテナントとして出店している商店についても同じである。SCの場合なら，レストラン街や映画館などもあるため，集積の利益はさらに大きくなる。

２つ目の集積の利益は，来店する消費者側に発生する利益である。衣料品店，靴店，精肉店，八百屋などがバラバラに街中に分散立地していると，消費者は購入したい商品ごとに異なる方向に移動せねばならず，時間と移動コストが嵩んでしまう。しかし，商店街なら１か所で多様な商品を購入することが可能となるため，移動コストや適切な商品を探索する時間の節減効果が大きい。この集積の利益は，SCの場合ならさらに大きくなる。SCだと同業種の店舗も複数あるため，婦人服でもティーンエイジャー向け，ミセス向け，キャリア向けなど，品ぞろえを細分化させた店が並ぶ。よって，消費者は自己のニーズに合致する商品を探索しやすくなるという利益が受けられる。

このように，商業集積はそこに立地する店側と集積を訪れる消費者側の両方に集積の利益が発生する点が，産業集積とは異なる点と言える。

6　集積のマネジメント

（1）　商店街衰退の要因

商業集積には多様な利益が発生するものの，商店街は大都市の一部のものを除いて衰退が激しいのが実態である。とくに地域密着型の商店街は，そのほとんどが「シャッター通り」と呼ばれるようになっていることはよく知られる。その要因としては，経営者の高齢化や品揃えの魅力の無さなど，経営上の要因が挙げられることが多い。

しかし立地の視点から衰退要因をとらえると，また別の要因が見えてくる。ここでは，食品スーパーやSCと比較をしつつ商店街衰退の謎を解いていきたい。まず，地域密着型の商店街と食品スーパーとの違いは，食品スーパーの方が消費者側の集積の利益が大きいことが挙げられる。商店街なら，野菜，肉，魚，酒・調味料などが別々の店舗で売られており，消費者はそれぞれの店舗を巡って購入しなければならず支払いも店ごとになる。しかし，食品スーパーは１つの店舗内に多様な食品が揃っており，効率的に買い物ができるように売り場がマネジメントされている。また，支払いも1回で済むため，消費者側の時間と労力の節約効果が大きくなる。すなわち，食品スーパーでは集積の利益を1店舗内に内部的に実現させて消費者に提供しているのに対して，商店街は個人商店が集まることで集積の利益が外部的に実現されているため，消費者に店舗間の移動（買い回り）を強いることになっている。さらに，多くの商店街は道路沿いに形成された直線型の集積であるため，スーパーの店舗内のような回遊性の高さが生む効率性にも欠ける。つまり，商店街を歩くと必ず引き返さないといけなくなり，無駄に移動距離が延びることも弱みとなっている。

では，商店街とSCとの違いはどうであろうか。SCは食品スーパーよりもさらに多くの集積の利益が内部的に実現された存在である。小売店だけなく，飲食店や映画館，スポーツ施設，医療施設などを備えているものも増えてきており，より多くの費用節減効果を消費者に提供している。また，それらは婦人服，紳士服，スポーツ関係，レストランなど業種ごとに店舗が集められ「ゾーニング（同じ業種ごとに集めること）」がなされており，商店街にはない購買のしやすさがある。つまり，店舗配置を整理することで，集積の利益をマネジメントしているのである。

地域密着型の商店街でなぜこのようなゾーニングが出来ないかというと，それは店舗の多くが経営者自身の住居だからである。つまり，店舗は経営者の住宅の一部（玄関部分）を改造したものであり，店舗とその土地（底地）が一体化しており，効率的な店舗の配置や移転ができない。すなわち，店舗の所有と経営とが一体化していることがネックとなっているのである。

対してSCは，建物の所有者・運営者と店舗（テナント）とは分離しており，店舗の経営者は店舗スペースを賃借しているだけの存在である。そのため，SCの所有者・運営者は，人気のない店は別の店と入れ替えることもできるし，人気の高い店をSCの奥の方に移動させて来店客を奥まで誘導することも可能となる。他のSCとの競争戦略的な観点から，常に新しいテナントが探索され，テナントの入れ替えや位置の移動が頻繁に行われることで，SC全体の新鮮さや販売効率が保たれ，それが顧客を惹きつけている。つまり，集積全体の効率性や競争力がマネジメントされているのである。このようなことは，住宅と一体化した商店の集まりである商店街には不可能である。

要するに，スーパーやSCは集積のマネジメントが可能であるが，地域密着

図6-2　裏原宿（東京都渋谷区）と栄町（神戸市）

注：左は裏原宿キャットストリートの店舗群。右は栄町乙仲通りの古いオフィスビル。多くの店舗が入り，ビルの入口には入居店舗の看板が並ぶ。
資料：筆者撮影（2022年3月）。

型の商店街は土地と店舗（所有と経営）が一体化しているため，集積のマネジメントが出来ない点が，立地の視点から捉えた商店街衰退の要因なのである。

（2）　立地創造型の商業集積

では，商業集積にとって集積のマネジメントは必ず必要なのかというと，そうとも限らない。集積のマネジメントが存在しないにもかかわらず，発展している商業集積も存在するからである。その典型が，大都市で発展してきた若者に人気のある新しい商業集積である。

例を挙げるなら，東京・渋谷区の**裏原宿**[*]（通称ウラハラ），大阪・北区の**中崎町**[*]，中央区の**アメリカ村**[*]（通称アメ村）や「堀江」，神戸・中央区の「栄町（乙仲通り）」である（図6-2）。それらの街は，もともとは住宅が並ぶ静かな裏通り（裏原宿），繁華街から外れた戦前からの住宅街（中崎町），事務所・倉庫街（アメリカ村），衰退した商業地区の周辺（堀江），衰退したオフィス街（栄町）であり，商業には向いていない場所であった。

いずれも都心部の交通至便地にあるにもかかわらず，家賃が非常に安いという共通性があった。表通りや繁華街から離れていたためである。つまり，収入増大のチカラは弱かったが，費用節減のチカラが大きかったのである。そのようなエリアに，開店資金が乏しい若者を中心とする人たちが，古い建物を改造してこだわりの強い個性的な店舗を開いていった。

こうして，先端的なファッションの店（裏原宿），サーフボードの店（アメリカ村），カフェや美容室（堀江），雑貨店やカフェ（中崎町），古着店やアクセサリー店（栄町）などの立地が牽引するかたちで集積が形成されていった。その後，口コミで若者たちが集まり始めると，さらに多様な小売・飲食店舗が集まって集積が拡大し，多くの若者を惹きつけ賑わうようになった。すなわち，これらの街は第3節（2）で述べた立地創造に成功した街なのである。

ただし，このような立地創造型の商業集積には，商店街同様に集積のマネジメントは存在しない。それゆえに，集積内の店舗は水平的（裏通りや路地奥）にも垂直的（地下や2階・3階）にも無秩序に広がっており，住宅や事務所と混然一体となって立地している。しかし，そのような集積の迷宮性こそが，探検気分でこだわりの強い個性的な店舗やカフェ巡りを楽しめる要因となっており，人々を惹きつけてやまないのである。つまり，地域型の商店街のような日々利用する最寄り品を扱う集積とは異なり，非日常的な買い物を楽しむ集積では，集積のマネジメントが存在しないことが逆に強みとなっているのである。

とはいえ，近年は街の知名度が上がりブランド性すら持つようになるにつれ，家賃が高騰するようになり，古い建物の商業ビルへの立て替えも進んでいる。また，若者向けマンションなども建設されてきている（中崎町，アメリカ村，堀江など）。その結果，とくに家賃高騰が目立つ裏原宿のエリアでは若い新進クリエーターが営む個性的な店が減少し，有名ブランド店やチェーン店が目立つようになってきており，かつての街の雰囲気は薄れつつあるのも事実である。立地創造型の商業集積を捉える場合は，集積の変質とその背後にある不動産開発や家賃との関係にも注意を払うことが必要となる。

裏原宿とは，もともとは旧渋谷川のキャットストリートと明治通りに挟まれた神宮前3～4丁目付近をさしたが，近年はその範囲が拡大してきている。このエリアへのファッション店舗の集積には，周辺のアパレルメーカーの生産体制が関わっている。詳細は矢部（2012）を参照のこと。

中崎町とは，大阪駅から北に徒歩10分の地点にあり，戦前から存在する長屋や民家が多数残る。それらが2000年頃からリノベーションされ，店舗に転用されてきたことで集積が形成された。脇田（2011），中道（2015），徳田（2020）を参照のこと。

アメリカ村とは，ミナミの繁華街の西側に位置するエリアで，その生成は日限萬里子（ひぐままりこ）氏が営む喫茶店が発端となったとされる。日限氏を慕って集まる若者たちが，氏の紹介で周辺に店を出し始めたのがきっかけになった。詳しくは，日限(2007)を参照。なお，アメリカ村と堀江の集積に関しては，川口（2008），松山（2018）も参照のこと。

参考文献

川口夏希（2008）「更新された商業空間にみるストリート・ファッションの生成——大阪市堀江地区を事例として」『人文地理』第60巻第5号。

川端基夫（2013）『立地ウォーズ——企業・地域の成長戦略と「場所のチカラ」（改訂版）』新評論。

徳田剛（2020）「大阪都心部における地域づくりと都市構造の変容——大阪市北区中崎町の長屋再生エリアを題材として」『地域社会学会年報』第32号。

中道陽香（2015）「隠れ家的な街としての大阪・中崎町の生成——古着店集積を事例にして」『空間・社会・地理思想』第18号。

日限満彦（2007）『アメリカ村のママ　日限萬里子』小学館。

ポーター，マイケル（1992）『国の競争優位（上）（下）』土岐　坤訳，ダイヤモンド社。

松原宏編（2009）『立地調整の経済地理学』原書房。

松山章太（2018）「小売商業集積の差別化と同質化——大阪市のアメリカ村と堀江地区を事例として」『経営研究』（大阪市立大学）第69巻第2号。

宮本惇夫（2008）『躍進する「駅ナカ」小売業——JR 東日本リテールネット』交通新聞社。

矢部直人（2012）「『裏原宿』におけるアパレル小売店集積の形成とその生産体制の特徴」『地理学評論』第85巻第4号。

レッシュ，アウグスト（1991）『レッシュ経済立地論（新訳版）』篠原泰三訳，大明堂。

脇田祥尚（2011）「コンバージョンによる長屋と路地の空間更新——中崎町界隈（大阪市北区）を事例として」『日本建築学会計画系論文集』第76巻第660号。

第Ⅲ部

場所をめぐる人の思考を読む

第7章

地域文化への地理学の視点

大城直樹

1 地域文化再考

（1） 地域文化と空間的範域

地域文化と聞いてどのようなモノ／コトを想起するだろうか。地域文化といってもその様相は多様である。内容は無論の事であるが，最初に考えてみたいのは，そのスケールの多様性である。スケールという語をここでは空間的範域と置き換えても良いだろう。我々が多くの場合想起するのは，ローカル（局所的）な空間的範域ではないだろうか。民俗行事や民芸品など，市町村よりも更に局所的な範域を想起することだろう。

逆に広域的な地域というのもよく措定されるのであって，例えば，環太平洋地域とか東アジア地域とかいうような場合がそれにあたる。その中間の範域としては，国民国家のそれが充当するだろう。同じ場所にいたとしても，それぞれのスケールで稼働する何等かの表象や現実が我々に直接・間接に関わってくるのである。本章では大きく三つの空間的範囲（広域・中域・局所）を設定し，その範域で前景化してくる諸事象について検討することで，「地域文化」なるものの構成について理解を深めていこうと思う。

（2） 生活世界の重層性

こうしたスケールを重層的に包括的に考えることは，世界システム論を援用して，スケールの重層性とそれぞれのスケールで顕在化する稼働過程について述べたピーター・テイラーの同心円図式のようでもある（テイラー，1991）。グローバルなスケールでは**世界システム***の範域で世界の「現実」が立ち現れ，その内側にある「国民国家」の範域では諸々の**イデオロギー***が前景化する。そしてその内側に我々の日常生活の行われる局所的な「生活世界」の範域があり，我々の日々の「経験」と関わっている。この三つは切り離しがたく結びついているが，どの範域と稼働過程が前景化するかは，その都度の事象によって異なってくるのである。

例えば東京都23区の西端に住む筆者は，多少農地に囲まれた住宅地という環境の中で，日々平凡な生活を送っているわけであるが（生活世界／経験），外国旅行をしようと思うとパスポート取得の際に日本人という括りを否が応でも認識させられる（国民国家／イデオロギー）。そしてその際に利用する航空機の運賃は原油価格や便数，他者との競争関係によって決定される（世界システム／現実）。小麦やバターの価格変化によりパンの値段が上下するのも（生活世界），国際貿易／関税の問題（世界システム）や農水省の政策（国民国家）と密接に関わっている。いつも着ている服についても，また食卓や食堂で食べる食材についてみても，同様である。

あるいは，オリンピックやワールドカップといったようなスポーツの国際大会（世界システム）では，日本という地域表象（国民国家）を意識させられる。サッカーやラグビーのようなスポーツではクラブチーム選手権の方が余程プレーの精度においては高度であるが，こと国（国民国家）が前面にでるとなると地域に根差したクラブチーム（生活世界）よりも，寄せ集めのチームでありながらも何かそこに別種の情動が稼働するようである。このように，我々の日常生活は閉じた局所的な経験的世界にありながらも，実のところは国家や世界システムといった範域で稼働する諸過程と切り離し難く結びついている。我々は多層的な現実の中にあって，それをいちいち意識することなく生きているのである。

2　広域的な地域文化

（1）「古日本の文化層」

前節では地域文化が醸成される生活世界のいわば垂直的な構成について見てきたが，ここからは，その水平的な範域の広狭に留意して見て行くことにしたい。

まずは広域的な視座から。第二次世界大戦に敗けた日本では，戦後，それまでの皇国史観に依らない日本人アイデンティティを模索する動きが見られた。民族学者の岡正雄がウィーン大学に提出した博士論文，「古日本の文化層」をもとに1947年に行われた座談会「日本民族＝文化の源流と日本国家の形成」も，そうした流れに棹(さお)さすものの一つであった。そこで岡が提起した仮説によれば，日本民族の文化の基層には「種族文化複合」が５系統あり，それぞれ発地は異なるものの時間差をもって日本列島において複合することにより，現在の日本文化＝民族が成立したという（大林編，1994：42-69）。神話，宗教，社会形態，言語の重層・混合・併存性からみたこの「種族文化複合」の系統を具体的にみると，①母系的・秘密結社的・芋栽培＝狩猟民文化（メラネシア方面），②母系的・陸稲栽培＝狩猟民文化（東南アジア方面），③父系的・「ハラ」氏族的・畑作＝狩猟民文化（北東アジア・ツングース方面），④男性的・年齢階梯的・水稲栽培＝漁労民文化（中国江南地方），⑤父権的・「ウジ」氏族的＝支配者文化（アルタイ・朝鮮半島）となる。これらはまた日本列島への流入開始によって，縄文中期，縄文末期，弥生初期，紀元前４～５世紀，３～４世紀と古いものから順番に並んでいる。

岡はまた，民俗学者の折口信夫がいう「まれびと」概念を援用し，自身の仮説に取り込んだ。「まれびと」とは年に一度時期を定めて海の向こうから村にやってくる祖霊とされる来訪神であり，岡によれば上記①の文化に位置付けられるものである（大林編，1994：47-48）。曰く「男子結社の成員が怪奇な姿に仮面仮装して，神―祖霊―妖怪として村々に出現して女や子どもを威嚇するいわゆる秘密結社は，我が国においては，その民俗化したものとして，東北地方のナマハゲ（正月十五日夜の民俗行事）や，祭事における仮面仮装人の出現あるいは秘技を中心とする秘密結社などに，その残存ないし変貌・発展形態が見いだされる。沖縄においても，仮面仮装の神―祖先が舟にのって島々を訪れてくるという信仰と行事があるが，これは微細な点に至るまで，メラネシアやニュー

世界システム（world system）とは，アメリカ合衆国の歴史社会学者，I. ウォーラーステインによって提唱された概念。長期的な世界史のなかで，国などの政治的単位を超えた規模で変化してゆく分業体制のネットワークを意味する。

イデオロギーとは，一般には観念形態のことであるが，ここでは批判的に，L. アルチュセールのいうような，我々のものの考え方（思想）に見られる無意識のバイアスのようなものと考えたい。人間が主体として生きていく上で切り離しえない，実践に介在する観念である。

ギニアの母系的・タロ芋栽培民社会の秘密結社と類似するものである」。それらが中国南部を経て日本列島にも渡来したものであろうと推測するのである。日本列島最南部の八重山群島のアカマタ・クロマタ，マユンガナシや宮古島のパーントゥ，吐噶喇(とから)列島のボゼから北は秋田のナマハゲまで，仮面を被り草(くさ)鬘(かずら)で全身を覆う草荘神は日本全国に分布している。だが，年に一度決まった日に集落を来訪するこの草荘神は，日本に限られたものではない。遠くはメラネシアにおいても同系の祭祀は存在している。確かにこれらの儀礼は男性秘密結社的なものである。

このように岡は日本文化の古層を比較民族学的に推察していく。②の時期になると，家族的・村落社会的シャーマニズム，司祭的女性支配者の要素を持つようになる。卑弥呼あたりのそれかと想像させられる。また沖縄の御嶽信仰もこうした要素を強く持っている。中国南部の山地地帯の文化と通底するという。③になると，北方・ツングースからの文化・習俗の流入をみるようになり，④になると，弥生式文化における南方的要素が到来し，進んだ水稲栽培とともに沿岸漁撈が行われた。⑤は天皇氏族を中心とする支配的部族の文化だという。ひと口に日本文化といっても，このように日本を取り巻く各地域から，長い年月を通じて流入した文化の混成体であることが分かるのである。

（2）「日本文化のふるさと」

この岡の日本文化の基層構造の５分類を受けて，地理学者／文化人類学者の岩田慶治は日本文化の構成要素を⑴狩猟・採集民文化，⑵芋栽培民文化，⑶焼畑・雑穀文化，⑷水田稲作文化の４つに整理し，自身の東南アジアでのフィールド調査を基に，南方系のものの検討を行った。岩田のフィールドは主にラオス北部の村であったが，衣食住や所作・振る舞い，農耕技術，信仰や祭祀形態等の調査をもとに，生活様式の類似性などから来る東南アジアへの親近感を隠さない。そうした類似性は「比較民族学としての正当な操作ののちに見いだされたものである。したがって，そこには相似ならぬもの，文化の異なった表現ももちろん少なくはなかった。しかし，この点をも考慮したうえで，二つ〔引用者注：日本と東南アジア〕の文化にはたんに偶然とはいいがたい数多くの相似，ないし並行現象が認められたのである」とする。ゆえに東南アジアに「日本文化のふるさと」を見たのであろう（岩田，1975）。これなど，日本民俗学が沖縄

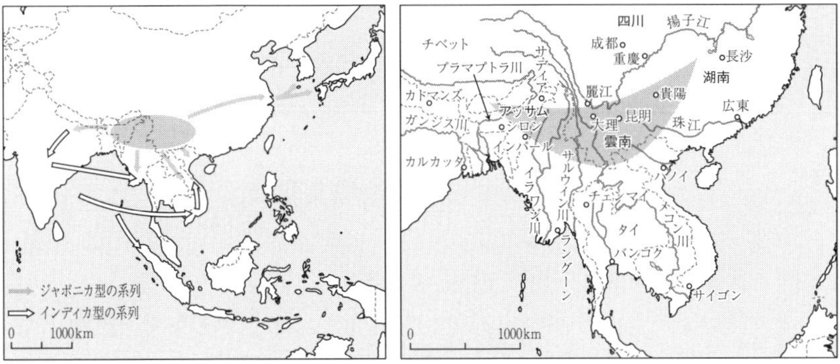

図７-１　照葉樹林論による稲の伝播経路（左）と東亜半月弧（右）

資料：中尾（2006）に基づいて筆者作成。

に「古代日本」の姿を見たのと相同の眼差しといえるのではないか。

この岩田の研究と同時期に，日本では「照葉樹林文化論」という学説が一世を風靡していた（上村編，1969）。中国・雲南を中心とする照葉樹林地帯が広がる「東亜半月弧」に，「日本の生活文化の基盤をなすいくつかの要素」が多くみられ，そのあたりから長江流域，台湾を経て西南日本地域へと伝播したとする説である。これなどは，常民文化の基盤である稲作の起源を考察した民俗学者の柳田國男による「海上の道」と通底しているということもできよう。第二次世界大戦後の日本文化の起源の模索が，それまでの自民族中心主義的な文脈から解放されて，広く行われていたことが分かる（図７-１）。

これらはいずれも，日本という地域の文化が隣接する地域，あるいは遠くの地域から受けた影響を生態的環境，衣食住の生活様式などの類似性から探ろうとするものである。いわば大きなコンテクストでの地域文化に関する考察といえる。これを地域文化と考えるには，あまりに大風呂敷に過ぎるかもしれない。だが「地域」という空間尺度は，そもそも可変的なものである。小学校区レベルも地域だし，東アジアというのも地域なのである。マルチスケールで思考する習性が，地理学を学ぶ際には必要である。

そして，伝播の考え方は，日本に限られない文化地理学の伝統的概念でもある。1920年代にアメリカ合衆国西海岸で旗揚げしたカール・サウアーの文化地理学は，バークレー学派として知られる多くの学者を輩出してきた。合衆国における農家の納屋の形態や墓地の形態など中核地域から周縁域への伝播に関する物的景観の研究などは，その特徴的な事例といえよう（サウアー，1981）。グローバルな伝播は，大航海時代以降の植民地主義の時代になって，ますます移動の速度を高め広域的になっていったはずである。

3　中域的な地域文化

（1）国民国家をあえて地域文化と考える

いずれにせよ，文化に何等かの「起源」を求めようとする思考／志向，古ければ古いほど価値があるとする思考／志向，これらはある種のイデオロギー（思考のバイアス）である。この思考／志向のどこかに**真正性***や「本質」を求める無意識の意図が潜んでいるのではないだろうか。先にあげた例を見れば，「日本文化」，「日本民俗」，「日本民族の文化」に何らかの本質を求めようとする意図が垣間見られるのである。留意しておきたいのは，かつて沖縄が「古代日本を映す鏡」として見られ，そこに濃厚に存在しているはずの中国的要素を排除してみたように，日本に繋がりがあるものだけを見て都合の良いところだけを抽出し，それがそれとして在る文脈を顧みないのであれば，やはり問題なしとはいえまい。デザインの比喩で言うならば，地理学はテクスト（柄）よりも，そのテクストの文脈であり，テクストを発現させる諸々の関係の束であるコンテクスト（地）をこそ重視する学問であらねばならない。ここでは国民国家という国家体制のうちに孕まれる「イデオロギー」の機制に留意して，敢えて地域文化と見做してその特質について考えてみることとしたい。

日本民俗学が「古代日本を映す鏡」として沖縄を「発見」したのは1920～30年代である。柳田國男は，雑誌『郷土研究』を自ら編集・発行することによって，全国の民俗採集・報告者のネットワークを組織化していった。1926～29年には岡正雄と雑誌『民族』を発行し，比較民族学的なスタンスも見せるが，折口信夫の「常世及び『まれびと』」の掲載をめぐって岡と対立し，廃刊となった。岡が折口の説に共感的なことは前節でみた通りであるが，柳田はこれを契機に，日本周辺諸地域との「比較」の要素を削ぎ落して一国民俗学へと傾いていくこととなった。まさに日本という「地域」に閉じこもってしまうのである。

（2）　民芸運動，民家研究，郷土教育運動

日本民俗学を代表とする日本国内の様々な地方文化に関心を向ける専門家的なまなざしは，この1920年代・30年代に開眼していく。柳宗悦や濱田庄司，富本憲吉，河井寛次郎，バーナード・リーチらによる民芸運動も，ほぼ同時代に起こった。1926年の「日本民藝美術館設立趣意書」の発刊がその嚆矢とされている。この運動は，無名の工人による生活用品・工芸品（陶磁器，漆器，着物等）のなかに美を見出し世に知らしめていくものである。そのため彼らは精力的に日本中を廻り，地域文化の中にそれらを見出していった。無論，朝鮮半島や英国との関係性も無視はできないが，『手仕事の日本』（1948年）と連動する「現在の日本民藝」という地図を見ても分かるように，「日本」という地域的文脈の中にそれぞれの品を位置づけようとしていたことは明らかである。

他方，柳らは沖縄をめぐって「方言論争」を引き起こしもした。これは柳が1940年に日本民藝協会のメンバーと共に沖縄を訪れた際，県当局，警察，教育界を中心に熱心に行われていた「生活改善運動」の只中で「方言撲滅」が叫ばれていたのを，行き過ぎであると批判したことがきっかけで惹起されたものである。皇民化を旗印に日本本土への「同化」を目指す当局の反発に対し，柳らはむしろ沖縄の方言は日本語において重要な位置を占めるので残すべきものと反論した。いわばその固有性を評価したといえよう。国民国家の国民であるからこそその「単一性／均質性」を希求する当時の沖縄県当局の意識に対し，国民国家のなかであってもそこに「多様性」が存在するからこそその国の文化の豊かさを担保するという民藝協会の見解は，イデオロギー的に対立しているわけである。

新渡戸稲造が主宰した郷土会には，柳田國男とともに地理学者の小田内通敏も出入りしていた。小田内はこの時期，考現学の主唱者，今和次郎らとともに1926年に人文地理学会を設立した。現在の人文地理学会（1948年設立）とは無関係である。当時の地理学は自然地理学が主流であったが，ヴィダル派のフラ

真正性（authenticity）とは，ある何らかの対象が本物であると認識される際に担保される特性。本物性と言い換えることが出来る。近代以降我々の文化的実践について回る価値感の重要な契機である。反対語としては偽物性，キッチュなど。芸術ばかりでなく民俗や民芸といった地域文化にもよく付帯する。

ンス流の人文地理学がようやく分節していく時期でもあり，小田内はそのトレンドをいち早くとらえていた。その小田内はまた，1930年代には文部省に郷土教育運動を働きかけて仕掛け，全国の（旧制）中学校や師範学校に郷土資料室の設置や郷土資料の収集を奨励していった。1930年代までに創設された全国の高等学校には，郷土資料室や郷土資料館が残されていて，立体地形模型や古い風景写真，地形図等の地図類が保管されていることだろう。それらはドイツの郷土教育の影響を受けて，小田内らが実践に移そうとした，地域文化を直観的に把捉するための道具立てなのである。

柳田にせよ，柳にせよ，小田内にせよ，こうした一連の動きは，敢えて言えば「日本という空間的範域（いわば全域）における地方文化（地域文化）のカタログ化」とでもいえるものになるだろうか。地域文化の「見える化」と言い換えられるかもしれない。どこが，どれが，この地域の特徴なのかという問いに対し，直観的に「ハイ，これですよ」と一覧表を提示するからである。

4 局所的な地域文化

（1） 古本屋街の変容

今度は，我々の日常生活の場であり，触知可能な「経験」の領域における局所的な地域文化について考えてみたい。通常「地域文化」と聞けば，この程度の局所的な空間的範域を想起するのではないだろうか。これまで見てきた国を越えた広域的なものでも，国家的な中域的なものでもなく，より局所的なものである。無論，国家の下位領域であるから「地方」，都道府県，市区町村，集落レベル，そして駅前の界隈といった範域に到るまで，空間的範域の設定は可変的なものとならざるをえない。だがここでは，「経験」的世界においてより実感しやすい「界隈」程度の範域について考察してみたい。

例えば「古本の街」として知られる東京・神田神保町界隈は，明治期に東大の前身である大学南校や多くの学術機関が立地していたこともあって，古書店や新刊扱いの書店が集積するようになった（鹿島，2017）。都電がまだ走っていた1970年前後までは，路線の交差する大きなジャンクションとして人の往来も多く，映画館や中華料理をはじめとする飲食店が数多く立地し，都内きっての繁華街の一つとしてあったという。1980年代に当地で学生生活を送った筆者の経験を通してみると，1980年代前半には，古書街は無論そのままであったし，古びた渋い喫茶店も残っていた。しかし，映画館は廃業し，交通のジャンクションも，都電が廃業し1970年前後に地下鉄の交差点となってしまって，地上での人の往来は繁華街といえるほどではなくなっていった。神保町はずっと古書街という地域文化を看板としてきたし，大きな中華料理店は今でも健在ではあるが，現在では古本屋街という従来のイメージを維持しつつも，1980年代にはなかった「カレーの街」という看板を掲げるようになってきている。実際，カレーグランプリなるものが年に１度開催されているほどである。カレーだけではなく，最近では餃子を看板商品とする昔ながらの中華料理店や大盛りのナポリタンを出す旧い喫茶店までが行列必死の店舗と化し，俄かグルメタウンの様相を呈してきている。特に週末の土曜・日曜の行列は長蛇となる傾向にある。

これは従来のこの地域に付与されていた「古本の街」という表象とは大きく異なった風景といえる。東京駅西側の丸の内地区もかつてはそうであったが，土日はオフィスが休みでサラリーマンが減り，特段の観光地でもなかったから人の数が極端に減るのが普通であった。本屋で開いているのは新刊取り扱いの大規模店舗ぐらいのものではなかっただろうか。それが，楽器店やスポーツ用品店が増加し，土・日も買い物客や観光客が訪れる街へと変貌していったのである。

では神保町の地域文化はグルメ街へと変貌したのだろうか。カレーの街というレッテルは，カレー店舗の数の多さによるものである。そのカレーは，漁った古書を片手に読みつつスプーン一本で食べることが出来ることから広まったという，まことしやかな説が流されているように，一応，古書街という文脈に乗っかっていることは確かである。しかし，カレーの街の「真正性」は，もはや「古書の街」に見出すことはできないように感じられる。B級に毛の生えた「グルメ街」というのが神保町であろう。こうした動向の契機として，某保険会社のような大企業の移転や小区画の建物群から底地を広げた巨大ビルへの転換が行われ，これまで神保町には存在しなかったビジネスマンたちが増えていったことで，ビストロやその他の飲食店が増殖したのは確かである。

神保町に限りはしないが，このような街の変貌傾向はSNSによっても増幅されるものである。もはや紙媒体のタウン誌の時代ではないといえる。いまでも雑誌を好む中高年と，ネットを主に情報源とする若い世代の間には情報入手上の差がみられる。とはいえ，どちらも同じくらいの比率で人気店の前に列をなしている。本を読まなくなった若者たち，とはよく言われることである。実際彼らは紙媒体をほとんど利用しなくなっている。テレビさえ見てはいない。すべからく「オンディマンド」な行動様式になりつつあるのかもしれない。街を歩く時でさえ，風景など見てはいない。スマートフォンの画面に釘付けでSNSを駆使し情報を収集，少しでもロスの無い店舗選択を目指しているかのように見える。

その界隈に馴染んできた「地元民」にとっては，人気が出ていつの間にやら「部外者」が増加し，従来であれば時間を見てスッと入れたものが，いつ行っても行列ができてしまって入れない事態が常態化するようになってきた。これまでも情報誌などで取り上げられると，一時的には並ぶようになっても，しばらくすれば平常に戻るということは繰り返しあった。だが，今はそういう時代ではなくなっているのである。雑誌のような逐次刊行物ではなく，SNSのような参照媒体が，情報をオープンにし，誰もがそこに参入できるようになってしまった。このことによって，いささか抽象的にいうなれば，美味しく食事を摂る**使用価値***的な存在であった飲食店が，並んででも行ってみるだけの価値がある**交換価値***的なそれへと変化したということになる。もはや「地元／局所」性はなくなり，そこにアクセスしようと思えば誰にでも可能となる「広域的／普遍的な」開かれた場へと変容していくのである。その意味での地域性はもはや無くなってしまったといえるかもしれない。

（2）　若者の街の変容

街の相貌が変化することはままあることである。渋谷など特に甚だしい。そして渋谷こそ，その地域文化のアイデンティティが極度に変化していった地域といえよう。

戦前の渋谷は，青山，代々木，駒場，目黒，駒沢などに展開する陸軍の施設に囲まれた大山街道沿いの交通の結節点であった。幼少期を渋谷界隈で何度も引っ越しながら過ごした大岡正平の『幼年』（1973年），『少年』（1975年）にはそのあたりのことが描かれている。渋谷には戦後すぐ闇市が立った。現在の渋谷きってのファッションビル「１０９」西側の裏路地は，恋文横丁といわれ，日本女性が米兵のハニーさん（恋人）に宛てたラブレターを代書する店が数軒あったようである。山手線渋谷駅北側の土手下には「のんべい横丁」なる夜の飲食店街が今でも残されている。JR渋谷駅界隈には戦後，東京都心の他の結節点的な駅と同様に闇市が形成されたが，その整理に伴い物販店はスクランブル交差点の地下にある商店街に，飲食店（居酒屋街）はこの「のんべい横丁」に1950年に移設されたのである。

繁華街としての渋谷の転機となったのは，1973年の西武資本（当時）のPARCOの開店である。今では当たり前になった，百貨店に各ブランドのショップが並ぶフロア構成は，元はPARCOが始めたことである。従来の百貨店は婦人服とか紳士服とか家具や玩具，化粧品とか，ジャンル毎にブランドの看板を出さずにバイヤーがセレクトしてきたものを並べていたのであるが，PARCOは各ブランドがフロア内にテナントとして看板を出して立ち並ぶ様にしたのである。だから現在の百貨店のあり方は「PARCO化」したものといえる。もっとも，最近では，目利きのバイヤーによる商品を特定のブランドに特化することなく並べる「セレクトショップ化」も進んできている。これはBEAMSなどのセレクトショップのあり方を流用したものといえよう。

そしてPARCOは「PARCO戦略」ともいわれるように，斬新でアーティスティックなポスターとそれに添えられるキャッチコピーによって，PARCOに行くことが文化的で先端的であるかのようなプロモーションを積極的に行った。また劇場や美術館も併設してアート戦略を駆使して，とりわけ1980年代には多くの若者を引き付けるようになっていった。ファッショナブルな街としての渋谷がそこに誕生したのである。PARCOはまた，建物のなかだけでなくその界隈にまで影響を与えた。それまでさほど店舗も無く人の往来も無かったような抜け道のような場所が商業空間化していったのである。公園通りではなく宇田川を少し遡ってPARCOに向かう階段と坂道を「スペイン坂」と呼ぶようになったのもそのころである。今でもその呼称のもとになったスペイン料理店は営業している。

その後，渋谷は「チーマー」や「ギャル」がたむろするような街へと化して

使用価値とは，モノを使う人にとっての有用性のこと。通常は他とは比較されない。
交換価値とは，他のモノとの比較において，相対的に付与された価値のこと。金銭的価値の形をとることで，モノの商品化を可能とする。

いく。チーマーとはバブル期を挟んだ時期に，高校生などが揃いの格好をして「チーム」というグループを形成し，センター街界隈にたむろし反社会的行為をするもので，各チーム間で対立・闘争していた。一方「ギャル」は，その後90年代中頃から，当時絶大な人気を誇った歌手，安室(あむろ)奈美恵を模倣するような女子高校生たちが，ミニスカート，ルーズソックス，厚底ブーツ，茶髪，細眉，浅黒い肌といった出で立ちで，彼女たち御用達の商品を扱う店舗が集積する渋谷のファッションビル「１０９」に集まるようになったもので，その後，ヤマンバギャル，アゲ嬢などに変化していった。現在もなお，渋谷が「若者の街」と呼ばれ，ハロウィンや大晦日，またスポーツイベント等があると若者が集まるようになったのも，こうした流れに沿うものであろう。

コロナ禍もあって，このような「若者の街」的な渋谷がずっと続いていくのか，予断を許さない。ただ渋谷を拠点とする東急資本による，渋谷駅周辺の大規模再開発はコロナ禍であろうとなかろうと進められている。その結果，JR渋谷駅の東西南北に再開発の高層ビルが立ち並び始めている。これは2002年の都市再生特別措置法に基づく特定都市再生緊急整備地域指定や都市再生特別地区指定など，数々の規制緩和的な再開発事業によって行われているものである。2012年のヒカリエ，2018年のストリーム，2019年のスクランブルスクエア，フクラスなど，次から次へと超高層ビルやそれに準ずる高層ビルが建設されている。それぞれに商業施設は敷設されているが，メインはIT企業や他の大企業が入るビジネスビルである。「若者の街」渋谷の変貌が予想される。2000年前後のITバブル時には渋谷は漢字（渋い＝bitter）を英訳し，かつコンピュータ用語のビットbitをかけて「ビットバレー」と称し，多くのITヴェンチャー企業が立地していた。その後，成功した企業の多くは渋谷から出ていったが，ITメジャーのGoogleやDeNA，GMO，ミクシィ，サイバーエージェントが渋谷に来ることによって，渋谷＝ITといった文脈が再生したといえるかもしれない。

さらに2020年にはかつての渋谷区立宮下公園（1953年開園）が「MIYASHITA PARK」としてリニューアルされた。その前の2011年に，ナイキジャパンが出資して公園を改修し有料のスポーツ・パークとする計画が発表されたが，反対運動が起こってもめたことはよく知られている。さらにそれを取り潰して，三井不動産が手掛ける３階建ての商業施設とホテルを併設する公園となったのである。公園はこの施設の屋上に設置された。無論営業時間以外は施錠されるので，ホームレスの人たちが訪れることはできなくなった。高級ブランドの基幹店やレストラン，ショップがならぶショッピングモールがその実態であるが，興味深いのは，南棟の一階部分が「渋谷横丁」という居酒屋街になっていることである。ナイキというグローバル資本が宮下公園というローカルな公共空間に，渋谷区という行政機関を介在させて侵入し，その後に日本有数の不動産資本と結託して，PARK という名の商業空間を生み出したのである。

この建造物のすぐ南側にあるのが，先に触れた「のんべい横丁」である。MIYASHITA PARK の一階の飲み屋横丁は，物理的に連接するものの，界隈としては繋がってはいない。この飲み屋横丁は「渋谷横丁」と名乗り，渋谷駅の一つ先の恵比寿駅近くに出来た「恵比寿横丁」の仕掛け人の企業が手掛けたという。「恵比寿横丁」は，かつて存在した山下ショッピングセンターという公設市場が衰退商店街のようになっていたものを居酒屋横丁として，ある種居抜きのような形で，大掛かりな改装をせず，かつての賑わいのあった雰囲気を再生させようとするコンセプトで作られたものである。だが，そこにかつてあった店舗は無く，近年よく見かける古民家改装系の居酒屋街となったのである。MIYASHITA PARK の「渋谷横丁」は，南は沖縄から北は北海道まで，ほぼ南北の並びで全国の地域ブロックごとに店舗が展開している。ご当地物を提供している居酒屋テーマパークといえようか。かつて公園であった場所に隣接する「のんべい横丁」をもしかしたら意識したのかもしれない。明らかにこの建造物ないしはこのショッピングモールでは，バタ臭い他の空間とは異なり，そこだけ妙に「日本」のコンセプトとなっていて，全体のコンセプトからは浮いているように見える。逆に形態的に類似する疑似横丁を現出させたのはいささか不思議である。

このように，通時的に見た場合，渋谷の渋谷たる所以が何処にあるのかは，その都度，その時代で変わってきた。渋谷の地域文化とは何であろうか。大規模な資本と行政の結託によって，それまでとは異なった文脈となりつつあるこの日に日に変貌しつつある街を，イベントがあればどこからか集まってくる集団に注目し，センター街とスクランブル交差点ばかりを取り上げて「若者の街」としている了解は，本当に渋谷の真の姿を現しているものと言えるのだろうか。一見すると時代的には断絶しているかのように見える風景の中に，何か，どこかで繋がっていやしないか考えてみることで，渋谷の「土地の気配（ゲニウス・ロキ）」を少しでも感得出来るなら，その地理的スキルは相当なものと言えよう。

5　反「真正性」的な地域文化

（1）16号線的なもの

ここで少し視点を変えてみたい。神保町に「古書街」，渋谷に「若者」という，他の場所とは異なるある種の「真正性」のレッテルを貼ってそれを「地域文化」のようにとらえる仕方に相反するようなケースを考えてみよう。「国道16号線文化」がそれである。東京都心（皇居付近）からおよそ40㎞圏を取り巻くように円環状に走っている国道16号線は，横須賀の走水（はしりみず）から横浜，町田，相模原，八王子，福生（ふっさ），瑞穂，入間，川越，上尾，大宮，春日部，野田，柏，白井，八千代，千葉，市原，木更津，富津（ふっつ）と，東京大都市圏の「郊外」をつなぐ大動脈である。横浜を別格として，町田，八王子，川越，柏など地域の中核都市が点在しているのがその特徴といえる。これらの都市間に広がるのがベッドタウン的な「郊外」である（図７-２）。

国道16号線は，地域と地域を結ぶ物流の上での大動脈であるから，常に交通量は多い。そしてこの車だらけの道路の両横に，いわゆるロードサイドショップが並ぶことでも知られている。大規模なショッピングモールの他，チェーンのカー用品店，中古車販売店，牛丼店，回転寿司店，書店，ファストファッション店，コンビニエンスストア等がそれである。無論その土地固有の食堂や各種店舗もあるが，同じ看板のチェーン店がこれでもかと続くのが，この道路の典型的風景となっている。そして県営，市営等の住宅団地や戸建て住宅が延々と続くのもその典型である。地方都市であればバイパス沿いの風景というのが同じ構図となっているだろう。

この同じようなチェーン店が反復的に展開していく風景を，ではどう評価すればよいだろうか。地域文化とするべき固有性や真正性は存在するのだろうか。人文主義地理学者のエドワード・レルフは，こうした郊外的風景を没場所的な風景といって批判した（レルフ，1999）。確かにその土地の固有性は希薄であろう。チェーン店は固有のデザインをファサードに顕在化させて，それをブラン

図７-２　国道16号線の風景（川越付近）

資料：筆者撮影（2020年９月）。

ド・アイデンティティとして，場所の文脈に忖度することなく展開するからである。

こうした景観構成物が並ぶ風景は，真正性がないがゆえに否定的にとらえられるべきものであろうか。逆にそれを否定的にとらえようとするのは，風景に何らかの真正性がなければならないといけないという，ある種の強迫観念があるからではないか，という風に考えることもできるだろう。どこもかしこも似たようなものであふれることをバナライゼイション（陳腐化）という。むしろそれが日常化しているのが国道16号線沿いであるが，国道16号線沿いだけでなく，都心の街中にも展開してきている。今やチェーン店だらけの駅前商店街など何処にでもあるだろう。レルフの主唱は1970年代中頃に行われたが，今はもうそこから半世紀経っているのである。レルフに言わせれば，バナルなプレイスレスな場所にあふれた空間の中で我々は暮らしていることになる。もはやファストフード店やチェーン店無しには我々の生活は成り立たない。そういう意味では東浩紀の言うように，我々が「動物化」したのかもしれない（東，2001）。東によれば「リアルなコミュニケーションを極小化しても，それなりに最低限『快適』な（中略）社会生活が，しかも結構安価に提供される環境」に我々は居るし，もはやそれ無しには過ごせなくなっているのである。より詳しく言えば，「『動物になる』とは，〔引用者注：人間の欲望は本質的に他者を必要とするが〕そのような間主観的な構造が消え，各人がそれぞれ欠乏―満足の回路を閉じてしまう状態の到来を意味する」という。

とはいえ，そういう自己本位的な，動物的な生活環境と並行して，そこでな

図７－３　柏の葉の風景

資料：筆者撮影（2020年９月）。

ければならない場所というのも我々には必要である。差異や外部性というものが，ある種の刺激となって我々の生活にアクセントをつける。今日はちょっと違う店に行ってみようとか，あそこの道を歩いてみようといったコンテンツがあれば，それなりの地域文化を提供しているのと言えるのではないだろうか。均質性の分厚いシールドのそこ彼処に差異や外部性を見出していくこと。実は誰しもがこれを行っているのである。地域文化とは，どこにでもあるが，アウティングされない限り顕在化しない代物なのである。先に述べたように，それが交換価値のあるものとして分節化されると，商品化してその場を離れ広域的に流通するようになるのだ。

ところで，国道16号線が走っているにもかかわらず，その文脈をまるで無視するかのような都市開発の動きもある。東急資本が東京大都市圏の西部に構築したような「郊外」を東部において構築しようというものである。この国道16号線的なものに逆らうかのようにして開発されたのが，「柏の葉キャンパス駅」の界隈である。元々三井財閥に縁のある土地であるから，三井による「スマートシティ」が駅前にタワーマンションとショッピング・モールとともに屹立している。その奥に千葉大学や東京大学のキャンパスや諸々の研究施設も立地している。つくばエクスプレスの駅であるこの駅は，東京都心からのアクセシビリティの良さを喧伝している（図７－３）。

このタワーマンションの直ぐ横にはTSUTAYAが経営するT-SITEなる商業施設がもうけられている。代官山にあるものと同じような書店と付帯施設が，柏の葉の地に再現されているのである。渋谷のMIYASHITA PARKと同様，その土地の文脈を塗り替える，ないしは新たな物語性のある場にしていく試みが大資本の戦略によって行われているのである。こうした傾向はこれからも拡大することであろう。資本主義と空間の結託はバルザックの小説（『ゴリオ爺さん』）で描かれているように，切っても切れないものである。本来，交換価値を持たなかった土地なるものへの執着と強欲な資本主義の結託が，景観を変えていくのである。そしてそれとともに地域文化も変わっていくのであろう。あるいは新たに生み出されるのであろう。こうした構制から我々は逃れることはできない。

（2）　風景からの不意打ち

話は変わるが，東京湾岸の広大な埋め立て地を，お台場から有明，東雲（しののめ），豊洲，晴海，月島，佃島と歩くと，いずれの埋め立て地にも，タワーマンションが立ち並んでいることに気付くだろう。東京港の港湾機能は最早，青海や大井埠頭に特化されている。湾岸には巨大な催事場やオリンピックで使用されたスポーツ施設，それと築地から移転した市場もあるし，まだ一部倉庫なども残されている。しかし，元来ごみで埋め立てられて出来たそれらの土地は，おおむね人が住み暮らす空間へと変容しているのである。オリンピック選手村も分譲マンションになるはずである。

まさに居住のためのニュー・フロンティアとしての湾岸地区といった風情であるが，それなりの所得がないと住めないであろう有明のタワーマンションに併設されたショッピングモールでは，普段着であろうジャージを着た買い物客の姿が見られる。このような風景はむしろ16号線的な郊外に典型のものではないだろうか（東・北田，2007）。タワーマンションでの「イケてる」ライフスタイルを満喫する格好というにはほど遠い，この生活感満載の風体には違和感を覚えないこともない。ジャスコ的な郊外生活が都心で再現されていることを実感させられるからである。こうした風景も，無論自生的なものではなく。自治体の用途地域制度やその規制緩和によって成立するのである。また，タワーマンションに好んで住もうとする心性も，不動産資本，つまりは資本主義の文化戦略によって造り出されたものであろう。可処分所得の高い住人が多く住むことによって，旧来の商店街もそれに対応するように様相を変えていく。

こうした事態によって変化した地域の在り様もまた新たな地域文化となって

いくのであろうか。いずれにせよ，地域文化はその都度変転していくし，多様性に満ちている。我々は常に風景の方から不意打ちを食らうのである。そうした風景のなかに変化を嗅ぎ取っていくことが，地理学を学ぶものには求められていると思う。局所的な空間にあって，風景や地域文化を眼にし，経験しながら，それらを成立せしめているより広域的な文脈を想像することが必要なのである。

◉参考文献

東　浩紀（2001）『動物化するポストモダン――オタクから見た日本社会』講談社。
東　浩紀・北田暁大（2007）『東京から考える――格差・郊外・ナショナリズム』日本放送出版会。
岩田慶治（1975）『日本文化の起源』角川書店。（初出）『日本文化のふるさと――東南アジアの稲作民族をたずねて』角川書店，1966年。
上村春平編（1969）『照葉樹林文化――日本文化の深層』中央公論社。
大林太良編（1994）『岡正雄論文集　異人その他――他一二篇』岩波書店。（初出）言叢社，1979年。
鹿島　茂（2017）『神田神保町書肆街考』筑摩書房。
サウアー，C. O.（1981）『農業の起源』竹内常行・斎藤晃吉訳，古今書院。
テイラー，P. J.（1991）『世界システムの政治地理（上）』高木彰彦訳，大明堂。
中尾佐助（2006）『中尾佐助著作集　第Ⅵ巻　照葉樹林文化論』北海道大学出版会。
レルフ，E.（1999）『場所の現象学――没場所性を越えて』筑摩書房。

第8章

都市を再生する人々

武者忠彦

1 中心市街地再生と文脈化

（1） 中心市街地再生の潮流

現代の都市政策において，「中心市街地再生」は常に重要なテーマとして掲げられている。戦前期に都市計画家の石川栄耀が『盛り場風土記』で描いたような，活気ある中心市街地の姿を取り戻すべく，これまでも国や自治体では，中心市街地の再生に関するさまざまな政策や計画が展開されてきた。2000年代以降だけでも，小泉政権下の**都市再生***をはじめとして，中心市街地活性化，定住自立圏，**コンパクトシティ***，低炭素化，地方創生など，中心市街地に関連する多くの政策テーマが登場し，2014年には，都市の機能や人口を中心部に集約するための立地適正化計画も制度化された。これらの政策をツールとして，中心市街地にいかに賑わいをもたらすか，全国津々浦々の自治体が腐心している。しかし，そうした行政主導の包括的な政策や計画が長年にわたって実施されてきたにもかかわらず，今や多くの都市において，中心市街地は衰退の一途をたどっている。このような現実を前にして，「そもそも中心市街地を再生する意義はあるのか」「歩いて回遊できる中心市街地など単なるノスタルジーに過ぎないのではないか」「現代では実現不可能なファンタジーなのではないか」と

都市再生は，一般的な用語としても使われるが，政策としての都市再生は，2002年に施行された都市再生特別措置法にもとづいて，開発規制の緩和や金融支援が可能な都市再生緊急整備地域を全国で指定し，民間投資の誘導を図るものである。

コンパクトシティとは，都市機能を拠点に集約し，拠点間の交通ネットワークを整備することで，都市の持続可能性を高める都市構造モデルのこと。行政投資の効率化，エネルギー消費の抑制，交通弱者の生活環境向上，災害リスクの低減などの利点があるとされる。

いった疑問も提起されるようになった。

それでもなお，今の時代において中心市街地を再生する意義と可能性はあるのだろうか。本章では，「都市の文脈化」という視点から，中心市街地再生の現代的な意義と可能性，そのための地理学的アプローチの有用性について考えてみたい。

（2）「都市化社会」から「都市型社会」へ

経済成長を背景に都市へ人口や産業が集中する「都市化社会」の時代には，増加する都市人口に対して，国家が速やかにナショナル・ミニマムとよばれる生活の最低限度を保障することが求められた。そのため，全国標準の仕様による効率的な都市基盤整備を進め，利便性と経済性を追求する近代化の理念がコンセンサスを得てきた。受益者である住民側も，それがもたらす近代都市という理想像を共有していたため，この枠組みは，政府による地域間の所得再分配と公共投資を通じて，政治的にも強固に維持されてきた。

このように都市の近代化が目標とされた都市化社会に対して，都市化の波が行き渡り，人口減少社会に転じた現在は，限られた人口リソースをめぐって都市固有の価値を形成することが求められる社会である。日本の都市政策の目的が，都市の拡張から都市内部の再構築へと転換したことを表明した都市計画中央審議会の「都市政策ビジョン」（1998年1月公表）では，これを都市化社会から「都市型社会」への転換と表現した。こうした都市型社会において，一定水準の基盤整備や経済成長が達成された都市では，近代化の理念は後景に退いて，代わって都市の持続可能性や地域性といった理念が重視されるようになる。それは，いわば都市を新たにつくる時代から，つくったものをうまく使いこなす時代への転換である。まちをつくる手順が，国家や資本によって標準化されていたのとは対照的に，まちを使いこなす手順は都市や建物ごとに与条件が多くなるため，多様な価値観や技能をもつ個人の関わりが社会的に要請される時代であるともいえるだろう。

（3）文脈化による都市の継承

この都市化社会と都市型社会のちがいを，表8-1を見ながら少し別の角度から考えてみよう。都市化社会の理念である近代化が，再開発や街路整備によ

表8-1　都市化社会と都市型社会

	都市化社会	都市型社会
理　念	近代化（利便性・効率性）／古典化	文脈化（地域性・持続可能性）
目　的	都市の更新／保存	都市の継承
力　学	政策や社会規範	個人的営為や相互作用
認　識	「良い計画が良い都市を生む」	「良い日常から良い都市が生まれる」
手　法	標準化された都市空間の開発	与条件の多い既存の都市空間の再生

資料：筆者作成。

って都市空間を〈更新〉していくものであるとすれば，それに対置される概念は，文化財保護や景観保全などによって都市空間を〈保存〉しようとする「古典化」である。現代日本の都市は，こうした近代化と古典化という2つの相反する概念が作用した空間のパッチワークとして形成されてきたという側面がある。しかし，近代化も古典化も，都市政策や文化政策によって都市を制御しようとする国家や，「都市は新しく便利で，歴史は保存されるべきである」という社会規範など，大きな力が作用している点では同根である。近代化と古典化がいずれも政策や規範といった大きな力学によって駆動しているものだとすれば，都市型社会の時代に求められているのは，どちらかといえば個々の市民による建築行為や日常的な実践などの小さな力学である。こうした古典化でも近代化でもない第3の道を，ここでは「文脈化」とよんでおこう。

文脈化の枠組みにおいて，都市空間は〈更新〉するものでも〈保存〉するものでもなく，〈継承〉するものである。それは，個人が都市の空間や社会の文脈を読み解いた上で，主体的に空間を維持したり，手を加えたりする営みであり，都市のどこでどのように暮らすのか，自然環境や近隣社会との関係をどのようにとり結ぶのかといった個人の構想や選択の結果である。都市型社会における中心市街地再生の手法は，こうした小さな力学によって都市空間を継承し，持続可能で個性のある都市を形成していくことにある。以下では都市化社会と都市型社会における中心市街地再生のちがいについて，事例に則して具体的に考えてみたい。

2　都市化社会とコンパクトシティ

（1）　都市のライフサイクル

都市化社会における都市空間の近代化は，都市政策や産業政策の展開からあらすじを描くことができる。戦後復興というゼロからのスタートを余儀なくされた日本の都市政策は，中央政府がルールや補助金メニューを標準化して，地方自治体がそれにもとづいて全国で画一的に街路事業や下水道事業，土地区画整理事業などの都市基盤を速やかに整備していったことに特徴がある。一方，産業政策では，1960年代からの流通近代化政策の一環として，商店街近代化事業などの高度化資金が投入されたのが端緒となる。1970年代には大型小売店舗立地法と合わせて制定された中小小売商業振興法によって，商店街のアーケード整備や共同店舗化が進められたが，これらの流通近代化の取り組みの多くは，上記の都市基盤整備とセットで展開された。

そうした近代化の取り組みにも関わらず，1980年代ごろから中心市街地では空洞化が顕在化しはじめた。その対策として，1998年から整備された制度が，中心市街地活性化法，改正都市計画法，大規模小売店舗立地法の３つで構成される「まちづくり三法」である。その主眼は1990年代の規制緩和による大型店の出店攻勢に対して，既存の中心商店街の求心力を維持することにあったが（箸本，2016），郊外では大型店の立地に歯止めがかからず，中心市街地でも活性化を推進するはずのタウンマネジメント機関（TMO）が十分に機能しなかった。こうした状況を受けて，まちづくり三法は2006年に大幅に見直され，従来の商業振興中心の支援から居住や福祉の分野にも支援事業が拡大されたが，その後も各都市で掲げた活性化の目標指標の多くが未達成となり，十分な成果は上がっていない。

こうした中心市街地の空洞化をデータで裏付けてみよう。ここで用いたのは，2006年の改正中心市街地活性化法にもとづいて中心市街地活性化基本計画を策定した151都市（154地区）において，各自治体が中心市街地と自認する「中心市街地活性化基本計画区域」のデータである。基本計画区域単位で統計が整備されているわけではないため，**経済センサス***の小地域統計（町丁や大字を単位とした集計）を用いて，近似的に基本計画区域のデータとして再集計する方法を

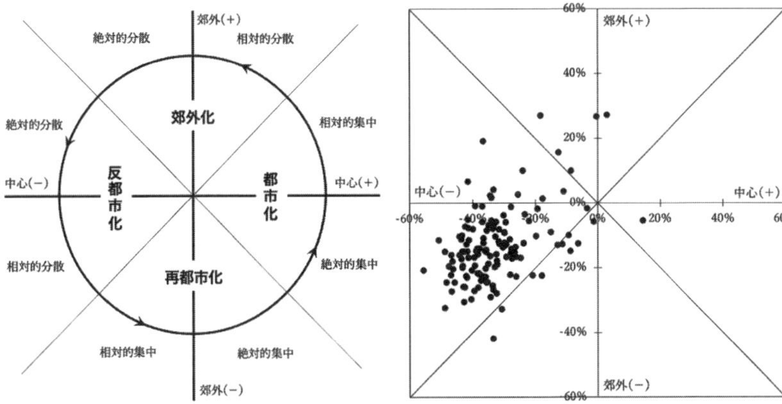

図８-１　都市の発展段階仮説（左）と中心市街地活性化基本計画認定都市における中心市街地と郊外の事業所数変化率（右）

注：右図は1996年から2016年の変化率。
資料：Klaassen et al., (1981)，事業所・企業統計調査，経済センサスに基づいて筆者作成。

用いた。これによると，1996年から2016年までの20年間で，全国の事業所と従業者の数がそれぞれ16.9％と9.4％の減少であったのに対して，中心市街地では31.1％と26.9％の減少であった（武者，2022）。この20年間だけで中心市街地の事業所の約３分の１が失われたという事実は，空洞化のインパクトの大きさを物語っている。

一方で，都市構造の変化を歴史的に俯瞰する地理学のモデルによれば，都市にはライフサイクルがあり，空洞化は再生への序章であるという考え方もある。オランダの都市地理学者 L. H. クラッセンは，都市を中心と郊外に区分し，人口などの指標の変化率から，都市を「都市化」「郊外化」「反都市化」「再都市化」の４つの段階に分類する都市の発展段階仮説を示した。この仮説によると，まず中心の発生と成長によって「都市化」が生じ，続いて郊外の成長によって都市が拡大する「郊外化」に移行する。その後，中心部の衰退が郊外の成長を上回って都市全体として衰退期に入る「反都市化」が生じ，衰退が底を打つと

経済センサスとは，日本国内の事業所や企業の経済活動を明らかにする基幹統計であり，産業や従業員規模などの基本的項目を調べる基礎調査と，売上高など経理に関する項目を調べる活動調査の２つからなる。

中心に再生の兆しがみられる「再都市化」に至るという左回りのサイクルになる（図8-1）。この仮説にもとづいて，**中心市街地活性化基本計画***を策定した151都市を，中心市街地と郊外（市域から中心市街地を除いた領域）の事業所数の変化率から分類すると，現在では多くの都市が「反都市化（相対的分散）」の段階，すなわち，都市全体が衰退しているが，特に中心市街地が著しく衰退した空洞化の状態にあることがわかる。果たして今後，これらの都市においてクラッセンの仮説通りに「再都市化」とよばれる中心市街地再生のフェーズは訪れるのだろうか。

（2）　コンパクトシティの現実

この「再都市化」に向けて，現在の都市政策の基軸となっているのは，2014年に取りまとめられた国土交通省の大局的な指針である「国土のグランドデザイン2050」に掲げられているコンパクトシティの実現である。コンパクトシティ政策は都市機能を中心市街地に集約化して，人口減少社会における行財政の効率化，交通弱者の生活環境整備，災害に対するレジリエンスの強化などを達成しようとする取り組みである。集約化を推進するスキームとして，2014年には都市再生特別措置法の改正によって立地適正化計画の制度が創設された。各市町村が策定する立地適正化計画では，公共施設や商業施設を誘導して都市の拠点となる「都市機能誘導区域」と，住宅を誘導して人口密度を維持する「居住誘導区域」が設定される。その上で，既存の市街化区域の内側に居住誘導区域が設定され，さらにその内側に都市機能誘導区域が設定されることで，従来よりもコンパクトな都市が形成されるという制度設計になっている。

しかし，このコンパクトシティの取り組みもうまく機能しているとは言いがたい。例として，コンパクトシティの優等生として位置づけられてきた青森市を取りあげてみよう。青森市では，旧中心市街地活性化法下の1990年代から，コンパクトシティをコンセプトにまちづくりが進められてきた。中心市街地の空洞化と除排雪経費の財政圧迫に直面していた青森市は，中心市街地に商業・業務・居住・交流などの都市機能を集積させて，歩いて暮らせる空間を形成するという計画を構想し，1998年，2007年，2014年に，相次いで中心市街地活性化基本計画を策定してきた。いわゆる先進事例であった青森市の基本計画は全国に先駆けて認定され，これによって施設や交通システム，景観の整備，商業

図８－２　青森駅周辺

資料：筆者撮影（2017年10月）。

者の経営支援など，国の支援策を活用したさまざまな活性化の事業が推進されてきた。2018年には立地適正化計画が策定され，市内４地区が都市機能誘導区域に設定されている。

結果として2000年代以降，青森駅周辺には，市街地再開発事業によって地上９階建ての大型商業施設「アウガ」と隣接する高齢者対応型高層マンション，社会資本整備総合交付金の事業によって観光施設「ねぶたの家ワ・ラッセ」などが次々と整備された（図８－２）。さらに，施設を運営するまちづくり会社が設立されたほか，駅前広場や街路も整備され，機能面でもデザイン面でも十分に近代的な都市が形成されたのである。ところが，基本計画の目標に設定されていた歩行者通行量は，この20年ほど減少傾向が続き，空き地・空き店舗率も上昇した。人口は大規模なマンション開発が進んだにも関わらず横ばいで，大型商業施設は2016年に経営破綻している。都市機能誘導区域では，市庁舎の建て替えや多目的アリーナなどの建設が計画されているが，コンパクトシティ政策にもとづいて多額の補助金や民間資金が投入された事業の成果は，きわめて厳しいものになっている。

中心市街地活性化基本計画とは，2006年の改正中心市街地活性化法にもとづいて各市町村が作成し，国が認定するものであり，ハードからソフトの事業までさまざまな国の支援を受けることができる。2021年６月時点で，151都市で累計257の基本計画が認定されている。

（3）　コンパクトシティ論の難点

程度の差こそあれ，青森市と似たような状況に追い込まれている都市は多い。再都市化をめざして全国各地で展開されたコンパクトシティの取り組みに，一体どのような問題があったのだろうか。

「国土のグランドデザイン2050」において示されているコンパクトシティのモデルでは，都市機能を中心的な拠点に集約し，拠点間を交通ネットワークで結ぶことで，人口減少下でも都市が維持されることが想定されているが，そこには，さまざまな機能を一定の範囲に集めれば活気や賑わいが生まれるという，やや素朴な信念が見え隠れする。それはあたかも，適切な機能をいくつかの変数として「入力」すれば，活性化や再生という結果が「出力」されるという重回帰方程式が存在するかのような認識である。確かに，病院や上下水道など，施設やインフラの供給量の総和が都市の利便性や賑わいの増大に直結することもある。特に，都市空間を〈更新〉する近代化の過程では，そうしたケースも多かったと考えられるが，活性化や再生のメカニズムは，単なる機能の足し算や線形的な変化として理解されるものではなく，その因果は一般に複雑である。少なくとも，商業施設や住宅，街路，公園などの要素を組み合わせれば，自ずと魅力的な空間が生まれるというような単純なモデルは成り立たないはずである。しかし，この部分がブラックボックス化されることで，しかるべき機能を投入すれば都市の活性化が達成されるという信念が生み出され，施設やインフラの整備ばかりが先行する「ハコモノ行政」につながっている。

コンパクトシティのモデルにおいて，もうひとつ暗黙の前提とされているのが，市街地が外側から徐々に収縮していくようにコンパクト化していくという想定である。これに対して，「都市のスポンジ化」モデルを提唱する都市計画学者の饗庭伸は，都市の収縮は市街地の面的な縮小ではなく，実際には市街地にスポンジのように多くの孔が空いていくように進行すると論じている（饗庭，2015）。そして，行政が大きな孔に，民間が小さな孔に，それぞれ都市機能を近接して埋め込んでいくことで，相乗効果が期待され，集積が進んで中心市街地が再生されるというプロセスを示している。これを現行の政策に即していえば，立地適正化計画によって誘導された公共施設など複数の都市機能の周辺に，「マグネット効果」によって居住人口が集まってくることが想定される。このようにスポンジの孔が徐々に充填されるという見立ては，上に述べた重回帰方程式モデルよりも現実的であり，ひとつの都市形態学的な論理としてはありうるパターンである。しかし，中心部への機能集積が進み，そこに居住人口が引き寄せられるという「磁場」のメカニズムについて，必ずしも十分な説明がない点は注意が必要である。

（4）　法則定立と個性記述の地理学的アプローチ

標準仕様の施設やインフラを整備することが都市の近代化や賑わいに直結した都市化社会から，都市型社会への転換が進みつつある現代において，上に示したようなコンパクトシティをめぐる重回帰方程式モデルやマグネット効果などの認識にとどまることなく，中心市街地再生の論理を見出すためには，「現象がその場所でおきる理屈」をもっと精緻に明らかにする必要がある。世の中にはさまざまな現象が，さまざまな場所でおきているが，それらはまったく偶然に生じたわけではない。ある現象がその場所でおきるにはそれなりの理屈があり，しかもその現象は何らかの空間的な秩序をもっておきている場合が多い。地理学は，古典理論である**中心地理論***や後述する「付け値地代理論」に代表されるように，そうした理屈や空間性を説明する学問分野である。

例えば，かつての郊外化のプロセスでは，過密による外部不経済が生じた住宅がまず郊外化し，次に顧客への近接性が重要な商業や対住民サービス業がこれを追随し，中心部で外部経済が生じていたオフィスなどの郊外化は限定的であった（小長谷，2005）。翻って，中心市街地再生のプロセスにおいて，都心部への都市機能の集積にはいかなる経済性があるのか。また，一定の都市機能が集積した場合，人口が都心回帰することにどれほどの動機付けがあるのか。これらの問いに答えるためには，**合理的経済人***を前提に，個人や企業の立地選好とそれがもたらす都市構造に関する一般的な法則やモデルを定立する経済地理学的なアプローチが有効となるだろう。

中心地理論は，ドイツの地理学者であるクリスタラーとレッシュによって，1930年代に定式化された都市の配列についての法則である。中心地で供給される財・サービスには距離的に限界があるという考えをもとに，都市が階層性をもって幾何学的に立地するモデルを導出した。

合理的経済人とは，自己の経済的利益を極大化するために合理的に計算して行動する個人のこと。伝統的な経済学において，理論構築のために仮定された一般的な人間像である。経済人やホモ・エコノミクスともよばれる。

一方で，現実社会の人間は，法則やモデルで想定される合理的経済人とは異なり，一人ひとりが個性や価値観を持ち，反省能力があり，経済的条件に対して誰もが同じように行動するとは限らない。しかも，その場所でおきている現象は，さまざまな人間とそれを取り巻く環境が，相互に作用し合って生じている。そこで有効となるのは，現象を個別具体的なストーリーとして記述していく個性記述というアプローチであり，その現象がなぜその場所でおきたのかについて，関係する主体それぞれの行動の合理性や，主体と環境との相互作用などを明らかにしながら，詳細に記述していく方法である。地理学ではこのような法則定立と個性記述という２つのアプローチを意識しながら，現象に迫ることになる。

次節以降では，都市を新たにつくる時代から，つくったものを使いこなす時代への転換という認識の下で，まちをうまく使いこなす「まちづかい」の主体に着目する。そのさい，個性記述アプローチにもとづいて中心市街地再生の実態を明らかにすると同時に，一般的な法則との関係を視野に入れた考察を行いたい。

3　都市型社会と都市リノベーション

（1）　善光寺門前エリアの都市リノベーション

まっさらな土地での開発と異なり，与条件の多い既存の都市空間を再生するには，商売を営もうとする事業者や住宅を取得しようとする個人などの主体が，それぞれの状況下で試行錯誤をするしかない。一方，そうした各主体の行動もまったくバラバラというわけではなく，特に再生事例とされるエリアでは，都市の文脈に合わせてそれぞれの暮らし方が決まっていくケースが少なくない。スポンジの孔を埋める「まちづかい」の主体が立地環境をどのように認識し，どのような働き方や住まい方を選択し，他者とどのような関係を取り結ぶのか。その行動の合理性を理解しようとすることは，都市の形態や集積をめぐる机上の議論を乗り越えて，より深い再生メカニズムの洞察を可能にするだろう。

ここではそうした中心市街地再生の事例として，長野市善光寺門前エリアにおける「都市リノベーション」の動きを取りあげたい。近年の空き家問題と呼応するように，全国各地の中心市街地では，増加した空き家に新しい価値や用途が見出され，利活用をする**リノベーション**[*]の事例が急増している。さらに，そうした建物が一定の範囲内に集積し，地区や都市全体の価値が高まる「都市リノベーション」の事例が数多く報告されるようになった（馬場・Open A, 2016）。その代表的事例である善光寺周辺の約1km四方に広がる門前エリアでは，1970年代以降，住宅や卸売業の郊外移転などによって空洞化が著しく進んでいたが，2010年代に空き家のリノベーションが次々と展開し，現在では100件以上の店舗や住宅が集積するエリアとなっている（図8-3）。興味深いのは，こうした再生が従来のまちづくりのように計画的に遂行されたのではなく，個々人の取り組みの連鎖によって生じていることである（武者，2021）。以下では，門前エリアで都市リノベーションが生じたメカニズムを，都市の文脈化の視点から分析してみたい。

（2）　都市リノベーションはジェントリフィケーションか？

都市リノベーションを論じる上で，引き合いに出される地理学的な概念として，ジェントリフィケーションがある。ジェントリフィケーションとは，先進工業国の産業構造の転換によって一度は空洞化した都心周辺のインナーシティに新しい価値が見出され，居住環境の改善・更新や社会階層の上昇が生じる現象である。労働者階級が多く居住していた地区に中産階級が流入することによって，老朽化した建物の改修や新しい業種の立地が進み，さらに高所得の階層の流入が促されるというプロセスが生じるとされる。都市リノベーションもまた，同じ枠組みで説明できるだろうか。

具体的に検証してみよう。まず立地について，日本の一般的な都市の内部構造は，地代も最も負担できる土地利用が都心から順に同心円状に卓越するという地理学の古典的な理論「付け値地代理論（Bit Rent Theory）」によって説明される（図8-4の上半分）。門前町を起源とする長野市のような歴史都市の構造もそれに準じているが，大まかには，近世までに城下町や門前町が形成されて現在も木造の住宅や商店が密集する「歴史町」，近代以降の産業化や都市化にと

リノベーションとは，使用者の目的に合わせた建物の改修を行い，店舗や住宅としての価値を再生すること。老朽化した建物を新築時の状態に回復することを意味するリフォームとは区別される。

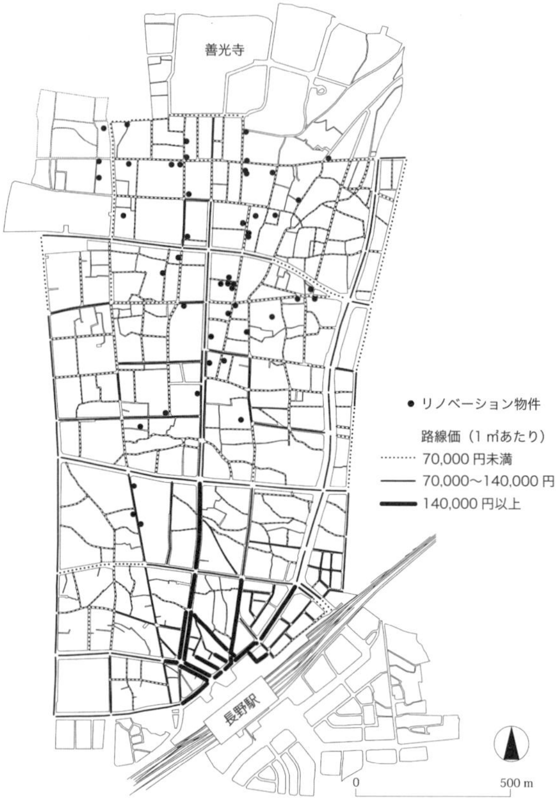

図８－３　長野市中心市街地の路線価とリノベーション物件の分布

注：プロットした物件は武者（2021）で調査対象とした物件のみ。
　　路線価は2016年７月時点。
資料：筆者作成。

もない公共施設や工場がその周辺に立地した「遷移帯」，鉄道駅の開業によって商業重心が移動して中高層の建築が集積した「駅前」の３つに区分される（図８-４の下半分）。このうち，長野市では門前町の表通りから外れた路地裏にリノベーション物件が数多く分布し，都市リノベーションの様相を呈している（図８-３）。門前町の路地裏をインナーシティと定義できるかどうかは別としても，空洞化が進んだ中心市街地のなかでも，徒歩移動が中心の近世までに都市化していた比較的狭い範囲内に，リノベーション物件が集中している構造は見てとれる。

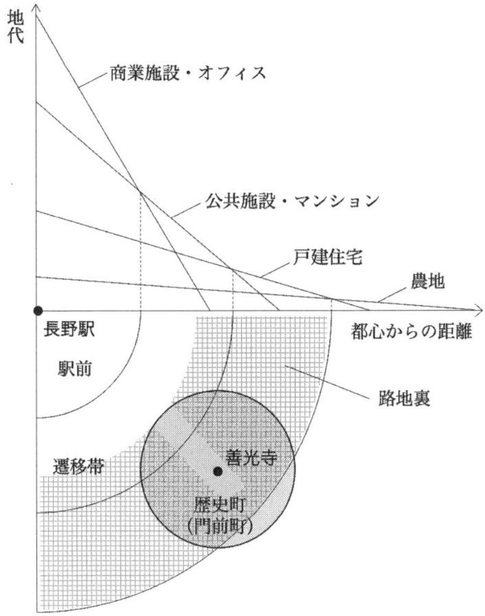

図8－4　門前町長野の都市構造

資料：筆者作成。

ジェントリフィケーションの場合，こうした地区に新たに流入するのは中産階級である。特に，デイビッド・レイら地理学者は，都心の文化的アメニティを好み，創造性に富む中産階級が流入することを明らかにしている（Ley, 1996）。実際，門前エリアにおける入居者の実像をみると，創造的な仕事や教育の経験がある若い移住者が特に多い。具体的には，リノベーション物件の入居者の90％以上が**U・I・Jターン***の移住者であり，ターン時点の年齢は80％以上が20～30代であった。また，6割以上がそれまでにクリエイティブ系の仕事を経験したり，教育を受けたりしていた。

門前エリアにおける都市リノベーションをジェントリフィケーションの一類型と見なすかについては，今後の富裕層の流入動向などを見極める必要がある

U・I・Jターンとは，移住の形態をアルファベットの形になぞらえて表記したもの。地方出身者が進学や就職で大都市圏に移住し，その後再び出身地へ戻ることをＵターン，同じく地方出身者が大都市圏に移住し，その後出身地近くの地方都市に戻ることをＪターン，大都市圏出身者が地方に移住することをＩターンという。

が，ジェントリフィケーションの考え方を援用すれば，門前町の路地裏で都市リノベーションが生じる要因は，次の３つに整理されるだろう。第１に，門前町の路地裏には比較的小規模の木造建築物が多く，低コストで空き家・空き店舗の利活用が可能となるため，若手のスタートアップ向きの物件となりやすいという地代の要因である。第２に，戦前からの建築物が多く，そうした建築の歴史や意匠がリノベーションにおける創造性の源泉になっているという文化的な要因である。そして第３に，徒歩圏のスケールに空き物件が集中し，それによる場所のイメージやアメニティの向上が，さらなる人材の流入を促す正のフィードバックが働いているという集積の要因である。

とはいえ，これらの相対的に低い地代，文化資源としての建築，集積のフィードバックという要因のみで都市リノベーションを理解することは，表層的な分析にとどまる。「使えそうな空き家」が集積していれば，創造的移住者が誘引されるという説明だけでは，上で述べた重回帰方程式モデルの思考と大きなちがいはないからである。地理学におけるジェントリフィケーション論も，単に居住環境の改善や社会階層の上昇が見られることを指摘しているのではなく，その背後には，公共空間からの貧困層の排除（原口，2016），創造的人材による都市経済の成長（フロリダ，2010），新自由主義的な政策による都市空間の再編などの論理がある。ここでは都市リノベーションによる中心市街地再生の背後にある論理として，都市の文脈化が生じていることを説明しよう。

（３）　都市の文脈化

都市型社会の現代は，それぞれの主体が都市の文脈を読み解くことによって都市空間を継承し，都市固有の価値を生成する「都市の文脈化」が求められる時代である点はすでに述べた。そもそも都市には，その発達史をさかのぼれば，比較優位とよばれる地形条件や天然資源など，都市の発展に有利な自然環境がまず存在する。そうした比較優位を生かして産業が発達し，社会的分業が進むと，その最適な関係が人口と建物の集積というかたちで空間に投影され，そこには暮らしの積み重ねとしての文化も生成される。こうした都市それぞれの文脈は，新しい世代によって常に書き換えられながらも継承されていく。門前エリアの文脈をたどると，長野盆地の西縁に位置し，西の山からの水や薪炭などの資源に依存していた善光寺の門前町は，鎌倉時代にはすでに賑わいがあったといわれる。江戸時代になると，北国街道の宿場町や市場町としての機能が加わり，近代以降は問屋街として蔵造りの街並みも発展したが，現代まで一貫して受け継がれているのは，「門前暮らし」とよばれる門前町固有の風土や生活文化である。

長野市では1992年の冬季オリンピック開催決定を契機に，中心市街地では都市開発が次々と展開する一方，2000年には中心市街地にあった大型店が相次いで閉店し，商業環境が一変した。こうした文脈の変調をいち早く察知したのが，エリア内に拠点を設けて文化的アメニティを雑誌などで発信したローカルメディアの編集者であり，倉庫や店舗のリノベーションを実験的に試みたクリエイターや建築家であった。危機感を持った彼ら彼女らによって都市の文脈は意識的に読み解かれ，現実空間も含めたさまざまな媒体で「門前暮らし」が可視化されるようになった。

この「門前暮らし」の文脈やライフスタイルに反応したのが，先に示した創造的移住者である。その意味において，創造的移住者は，使えそうな空き家があるから門前エリアに集まってきたというよりも，継承したい都市の文脈，実現したいライフスタイルがあるから集まってきたといえる。そのため，ライフスタイルに共感して空き家の利活用まで至るプロセスは，通常の不動産探しとは大きく異なる。それは物件の立地や賃料，床面積などの条件によって絞り込まれるというよりも，巡り会った物件とそれを取り巻く場所の文脈を読み解き，そこでの暮らしをイメージし，大家や地域住民と信頼関係を構築して不動産を入手するというプロセスになる。

こうして「門前暮らし」という文脈に惹かれて空き家に入居した者にとって，リノベーションは重要な意味をもつ。それは，リノベーションが単なる改修作業ではなく，「門前暮らし」の空間や社会を入居者自身が再解釈し，その文脈を継承する創造的な行為だからである。

例えば，リノベーション物件の入居者は，床面積の広い倉庫を分割してオフィスにしたり，閑静な路地裏の住宅を隠れ家的なカフェに転用したりするなど，建物の原用途や周辺環境をふまえて，新たな利用形態を試行錯誤しながら見出すことで，以下のような空間にまつわる文脈を継承している。第１に「家族的文脈の継承」であり，家族がその建物で生活や生業を営んできた歴史を，建物の名称や家具，間取りなどによって継承している。第２に「地域的文脈の継承」であり，顧客や近隣住民のその建物にまつわる記憶，そこにいた家族や店主と地域との信頼関係などがこれに相当する。具体的には建物のファサードや地域で譲り受けた建築資材などによって継承される。第３に「機能や意匠の継承」であり，建物のデザイン的な価値を上げるため，構造やインテリアをそのまま，あるいは一部を修復して継承するものである。第４に「ネガティブな継承」であり，これは建物の古さゆえ，構造上残さざるを得ない，もしくは費用や制度上，改修不可能といった消極的な理由で残されたものである。このように，既存の建物をデザインし直すことになるリノベーションは，意図的かどうかに関わらず，その建物を含む空間の文脈を継承する。そして，個々の入居者の継承という営みが相互に影響し合い，街並みが再編成されていく。

一方で，リノベーションは物件を探索したり施工したりする過程で，否応なく地域社会との接点が生まれる。その結果，入居者が地域で生活や生業を営むなかで近隣とより深く関わりを持つ場合は，「門前暮らし」の社会的な文脈を意識し，継承していくことになる。実際に，リノベーション物件の入居者が属するコミュニティを，既存の地域住民が中心のコミュニティと，移住者も含めたコミュニティとに分類すると，後者の方が雪かきの手伝いやおすそわけ，仕事や人の紹介など，従来の「門前暮らし」に根付いていた相互扶助を行う割合が有意に高いという特徴がみられる。こうしてリノベーション物件の入居者は，空洞化によって失われつつあった地域コミュニティの再構築に寄与している。

このように，長野市善光寺門前エリアでは，建物のリノベーションを介した個人の住まい方や働き方をめぐる自律的な選択の結果として，都市の空間や社会の文脈が継承され，それがまた新たな都市の文脈となって，創造的移住者の流入につながるという都市の文脈化がみられる。

4　都市を継承する地理学

（1）　良い日常と良い都市

都市の近代化のプロセスで想定されていたのは，予測可能性を前提とした「良い計画が良い都市を生む」という重回帰方程式モデルの考え方である。それは，社会全体であらかじめ共有された近代都市の理想像を具現化するために，適切な場所に適切な機能を配置すれば，快適で利便性の高い都市がもたらされるという単線的な因果関係であった。これに対して，都市における生活ニーズが充足された都市型社会における文脈化のプロセスには，前提となる望ましい都市像やライフスタイルは存在しない。そこにあるのは，与条件の多い既存の都市空間のなかで，個々の主体が建物のリノベーションや地域活動などの実践を重ねることで漸進的に都市が変化し，徐々に目指すべき都市像が共有されていくという見方であり，計画の合理性や予測可能性には限界があることを認識した上で，人々の「良い日常から良い都市が生まれる」という考え方である。このようなパラダイムの変化は，一般法則にもとづいて中長期的な視点から都市を計画する従来の工学的アプローチに加えて，ローカルな文脈と多様な人間像を前提に都市の動態を理解する地理学などの人文学的アプローチが重要になることを意味している。

長野市で観察されたことをおさらいしよう。門前町を起源とする歴史都市の長野市では，空洞化した門前町の路地裏に，低コストで利活用が可能な歴史性のある空き家が集積していた。それら空き家のリノベーションを中心的に進めていたのは，若年世代の創造的移住者であり，空き家と移住者を結びつけていたのは，門前エリアの変貌を契機として可視化された「門前暮らし」という都市の文脈であった。「門前暮らし」を実現したい移住者たちは，入居した空き家のリノベーションを通じて「門前暮らし」の空間や社会の文脈をそれぞれに継承し，その集合体としての街並みや日常の暮らしが門前エリアの新たな文脈となり，さらなる創造的移住者を誘引するというフィードバックが働いている。

今や長野市と同様の文脈化の事例は，新潟市上古町，岡山市問屋町，尾道市旧市街地，北九州市小倉魚町など，全国各地で観察されるようになっている。もっとも，都市リノベーションという現象は同一であっても，それぞれの都市で文脈は異なるため，各都市の主体が環境をどのように認識し，どのような働き方や住まい方を選択するのかは，都市によって異なる経路をたどる。こうしたそれぞれの都市における主体の行動や環境との関係などを明らかにしながら，都市の文脈を見定め，都市の空間や社会が継承されていくメカニズムを解明することは，都市型社会における都市地理学の重要なテーマとなるはずである。

（2） 人間と環境の周期

地理学は，人間と環境の関係をさまざまな角度から見つめる学問である。環境には，建物や道路，自然環境といった物的な環境だけでなく，文化や制度，慣習などの社会環境も含まれるが，これらの環境と人間との関係のとらえ方には，環境が人間を規定する考え方，人間が環境を規定する考え方，環境的制約のなかで自由に意思決定する人間という考え方などがある（中澤，2019）。ここで考えてみたいのは，人間と環境の周期のちがいである。都市における人生や日々の仕事，暮らしといった人間の営みは，数年から数十年の周期で入れ替わっていくが，建物や文化などの人間をとりまく環境の周期は，数十年から長いもので数百年の周期で変化していく。この人間と環境の周期の差に，都市を継承するひとつの意味が存在する。

例えば，建物は世代や用途よりも周期が長いため，世代を超えて，用途を換えて，空間をうまく使いこなしてきた生業やデザインの履歴となる。確かに戦後の都市の拡張と平行して，履歴のない多くの新しい建物が建てられてきたが，新築というある一時点に価値をおくのは20世紀特有の建築観であり，木造が中心で建物の寿命が短い日本でも，元来建物は継承されてきた。また，「門前暮らし」に１千年近い歴史があるように，文化や慣習もまた，都市における人々の暮らしの長年の積層の上に立ち現れている。このように，建物や文化，ひいては都市そのものが世代間で継承されながら存在してきたが，現代の都市，とりわけ中心市街地には継承の担い手たる人間が少なくなっている。

このような課題を解決するために，都市を継承していこうとする私たちは，従来の都市計画や都市地理学の主たる分析対象であった都市の構造，機能，システムなどから，都市に住み，働き，遊ぶ人間へと，少しずつ関心を移していく必要があるだろう。実際，都市リノベーションの事例が示すように，近年の中心市街地再生は，計画主導よりも利用者主導の取り組みの方が持続可能な成果を上げている。都市や建物の文脈を読み解いて，新しい暮らしや生業を営む「まちづかい」の担い手とは，果たしてどのような人間なのだろうか。中心市街地再生のカギは，彼ら彼女らのつくりだすダイナミズムにあるといえるだろう。

●参考文献

饗庭　伸（2015）『都市をたたむ――人口減少時代をデザインする都市計画』花伝社。

小長谷弘之（2005）『都市経済再生のまちづくり』古今書院。

中澤高志（2019）『住まいと仕事の地理学』旬報社。

箸本健二（2016）「地方都市における中心市街地空洞化と低利用不動産問題」『経済地理学年報』第62巻第2号。

馬場正尊・Open A 編著（2016）『エリアリノベーション――変化の構造とローカライズ』学芸出版社。

原口　剛（2016）『叫びの都市――寄せ場，釜ヶ崎，流動的下層労働者』洛北出版。

フロリダ，R.（2010）『クリエイティブ都市経済論――地域活性化の条件』小長谷一之訳，日本評論社。

武者忠彦（2021）「リノベーションによる中心市街地の再生」箸本健二・武者忠彦編『空き不動産問題から考える地方都市再生』ナカニシヤ出版。

武者忠彦（2022）「小地域統計データを用いた中心市街地空洞化の空間分析」『信州大学経法論集』第12号。

Klaassen, L. H.; Bourdres, J. A. and Volmuller, J. (1981), *Transport and Reurbanization*, Gower.

Ley, D. (1996), *Gentrification and the Middle Classes*, Oxford University Press.

第9章

危険に対する空間的実践

山崎孝史

1 危険としてのパンデミック

(1) ベックのリスク社会論

社会学者ベック（Beck, U.）のリスク社会論（ベック，2010）によれば，現代とは，近代以降の人間の営み（工業化，国民国家，消費社会，世俗化など）の影響を人間社会が被り，近代自体を問い直す「再帰的近代（reflexive modernity）」の時代とされる。「再帰」とは，ドイツ語や英語にある再帰動詞のように，主体が自らを行為の対象とする自己言及的な関係を意味する。ベックは，現代世界が抱える危険（リスク）を再帰的近代の所産と考え，生態系の危機，世界的な金融危機，そしてグローバルなテロの危険性の3つの次元からとらえた。こうした危険は，一方では日常生活がグローバルな政治経済的変動と密接にかかわることを人々に認識させ，他方では新しい社会的な対立や連帯を生み出すとされる。ベックのいう危険は人間の行為から独立した出来事ではなく，何らかの人為的な意思決定や営みの結果として現れる。

2019年の終わりから全世界が直面した新型コロナウイルス感染症（以下「COVID-19」）は，自然界（野生動物）に存在するウイルスが変異して人間に感染した結果と考えられており，そうした人獣共通の感染症は人間社会による生態系への干渉にも起因するとされる。しかしそれだけでウイルスは短期間で世界中に拡散しない。つまり，ウイルスを媒介する人間が航空交通手段などの発達によって世界を高速移動するという，人流のグローバル化が**パンデミック***を誘発したのである。今世紀に入ってから，世界は重症急性呼吸器症候群（SARS, 2003年）や新型インフルエンザ（A/H1N1型，2009年）などのパンデミックを経験しており，グローバル化する感染症は現代世界を象徴する危険の1つといってよい。

（2）危険に対応する政治——生政治と地政治

ベックは，再帰的近代の危険が困窮よりも不安に基づく新しい「下からの政治」を生み出すと考えている。パンデミックも感染という不安や恐怖に基づく多様な主体と形態からなる政治を生み出す。本章がいう「政治」とは，特定の政策の形成や実施に限らず，広く社会秩序の形成や改変をめぐる組織・集団・個人の営為を指すが，感染症をめぐる政治には感染を抑制するための様々な措置が，多様な主体によって多様な**地理的スケール***で講じられるという特徴がある。本章では感染症のグローバル化に対応する政治を２つの政治（politics）から構成されるものと考える。２つの政治とは，まず国民や社会の生命と健康を守る公衆衛生対策としての「生政治（biopolitics）」（フーコー，2007）である。もう１つは，多様な地理的スケールで感染拡大を制御する空間的実践としての「地政治（geo-politics）」である。

本章がいう地政治とは，いわゆる**地政学***（geopolitics）とは異なり，土地，場所，空間をめぐる政治を意味し，地表上に展開する個別の政策の背後にあるメタレベルの政治を指す。政治地理学者オトゥホール（Ó Tuathail, 1996）は，地政治を「グローバル空間を記述する政治」と定義したが，筆者はさらに，植民地支配，国土計画，移民排斥，都市計画，検疫・隔離など，多様な地理的スケールで展開する政治・空間的実践としても理解できると考える。このように概念を拡張すると，パンデミックをめぐる生政治は，歴史的に地政治と深く結びついていたことがわかる。

パンデミック（pandemic）は，伝染病（epidemic）が世界大で拡大したもの。過去には「スペイン風邪」や「エボラ出血熱」など感染源とされる国名や地名が用いられたが，COVID-19（Coronavirus disease of 2019）は「新型の重症急性呼吸器症候群コロナウイルス２（SARS-CoV-２）による2019年からの感染症」を意味する名称になっている。

地理的スケールとは，事象やその関係性の空間的な広がりを意味する。本章では主として感染症対策が展開するスケールを指し，領土，階層的な行政区域，個人の行動空間などを意味する。事象や関係性が複数のスケールにまたがる場合「マルチ・スケール」と表現される。山﨑（2013）第９章参照。

地政学とは，20世紀初頭にヨーロッパで成立した，国際関係の地理的側面を戦略論的にとらえる学問や思想のこと。「古典地政学」や「伝統地政学」とも呼ばれる。山﨑（2013）第１章参照。

ヨーロッパにおける中世以来のペスト，19世紀のコレラへの感染対策を通して，都市政府や国家は人口を規律化し，その生命を維持する「生権力（bio-power)」として歴史的に立ち現れた。同時にこの生政治は，患者の隔離，都市や公共施設の封鎖，港湾での検疫といった強制措置から，下水道整備や居住環境の改善に至る，重層的なスケールでの空間的実践，すなわち地政治として展開した。日本でも，結核の特効薬ストレプトマイシンが発見される前は，広い街路に面し換気と採光のための窓のある標準化された都市住宅が登場し，労働者の農村部への移動による感染拡大を防ぐための都市計画が検討されるようになった（西川，2020)。このように感染症対策には都市建造環境への「上からの」改変を通して近代化を進めるという側面があった。

新型ウイルスの場合はワクチンや治療薬の開発に時間がかかり，こうした薬学的な措置が可能になるまでの間は「非製薬的介入」(Non-pharmaceutical intervention：NPI）が必要になる。国連世界保健機関（WHO）はグローバル化するインフルエンザへのNPIとして，４つの地理的スケール――身体（マスクや手洗い)，施設（機器消毒や換気)，地域社会（患者隔離や施設封鎖)，国家（国内外移動の制限や国境管理）――での対策を示している（WHO, 2019)。インフルエンザの場合，ワクチン接種や投薬という製薬的介入（PI）が通常可能であり，これらの措置のすべてが強く推奨されているわけでも，有効であると評価されているわけでもない。しかし，COVID-19対策の場合，ワクチン接種が本格化するまでの間，多様なスケールでの空間的なNPIが世界大で推奨・導入され，ソーシャル・ディスタンシング（社会距離拡大戦略）はその中核に据えられてきた。

以上を踏まえて，本章が目的とするのは，COVID-19をめぐって生政治と地政治がいかに接合されてきたかを明らかにすることである。そこで以下では，まず空間的なNPIがどのように重層的に組み合わされるかを，「水際対策」と「都市封鎖」について，諸外国の事例をもとにその実施過程と効果を概観する。その後，それと対比する形で，日本におけるCOVID-19対策としてのNPIがどのように実施され，どのような地理的・社会的課題を提示しているかを考えることにしたい。

2　NPIの重層化

（1）　水際対策と都市封鎖

COVID-19をめぐってよく言及されるNPIに「水際対策」と「都市封鎖（ロックダウン）」がある。水際対策とは伝染病や有害生物，禁止薬物や犯罪者が空港や港湾を通して，あるいは国境を越えて国内に侵入することを防ぐ対策である。これは空港・港湾・国境での検疫・検査・検問という形で実施され，境界を用いた国内空間の疫学的管理の戦略である。地理学ではそうした空間的戦略を一般的に「領域性」と呼ぶ（サック，2022）。人間の領域性は，動物の「なわばり」行動やそのアナロジーとしての人間の防衛行動とは異なり，高度に社会的で意図的なものと理解される。つまり，領域性とは境界などを用いて空間内のヒトやモノの流動を制御し，区切られた空間（領域）を一定の目的で管理する戦略を意味する。こうした領域（性）は領土，行政区画，女性専用車両，喫煙室など様々な地理的スケールで確認される（山﨑，2013）。なかでも水際対策は国家の領域性による空間的実践と言える。日本ではこれまでのパンデミック対策として，感染国・地域からの入国・帰国者の検温や検疫が実施されたが，COVID-19の場合は，特定国からの入国の禁止，空港でのPCR検査，入国後の隔離を含むはるかに厳格な管理が実施されている。

しかし，2009年の新型インフルエンザそして今回のパンデミックが示すように，感染症には潜伏期間があり，感染者がそうした水際対策で完全に排除されるとは限らず，ワクチン接種などのPIが可能になるまで国内感染が広がることは避けられない。その場合に必要になるのが，国内での感染拡大を制御するNPI，つまり対人接触の機会を物理的に減らすことである。この接触削減の最も強権的な手段が「都市封鎖」である。

日本において都市封鎖は水際対策ほどなじみのある言葉ではなかろう。この言葉は，2020年3月20日の日本政府の第21回新型コロナウイルス対策本部会議に提出された専門家会議の3月19日付の提言に現れる。そこでは，感染者の爆発的急増（オーバーシュート）が起きたイタリア，スペイン，フランスで「数週間の間，都市を封鎖したり，強制的な外出禁止の措置や生活必需品以外の店舗閉鎖などを行う，いわゆる「ロックダウン」と呼ばれる強硬な措置を採らざるを得なくなる事態」が発生していると指摘された。その数日後に小池百合子東京都知事が東京都の都市封鎖の可能性に言及するなどして（3月23日緊急記者会見），この用語は一般化した。COVID-19対策としての都市封鎖は，本章執筆時の2021年11月まで日本では採用されてこなかったが，諸外国では採用されている。

たとえば，イタリアは，憲法の規定に従い，2020年2月23日に感染区域における域外への移動禁止と商業活動の停止等の措置を可能にする緊急法律命令を制定し，これを北部のロンバルディア州とベネト州（の一部）に適用し，適用措置に違反した者には罰金を科した。ロンバルディア州はミラノ（人口約132万人）そしてベネト州にはヴェネツィア（約26万人）という都市を含むが，封鎖の対象になったのは州域である。つまり都市封鎖は人口が集中する都市的地域を含む指定された領域の社会活動を一定期間厳しく制限する領域性の一形態であると理解できる。

（2） マルチ・スケール NPI の諸類型

もちろん都市封鎖は水際対策の代替策ではない。有効な感染対策は複数の地理的スケール（国家，都道府県，市町村など）にまたがる重層的な戦略として実践されなければならない。そしてこの重層的，つまりマルチ・スケールの戦略は，各国の感染状況のみならず，政治体制，医療体制，経済状況，文化や宗教などさまざまな要素と関係する。したがって，諸外国が採用する戦略は国情に応じて多様なパターンを示す。大津山ほか（2020）はそうした各国（主要感染拡大国12か国）の都市封鎖を，水際対策とも関連させて表9-1のように4つに類型化している。

まず「早期水際対策・行動管理型」は水際対策の強化と自己隔離のフォローアップの徹底を特徴とし，初期の感染抑制に比較的成功した国々に認められ，台湾もこの類型に含まれると考えられる。対して「強権的移動規制型」は水際対策の遅れによる国内感染者の爆発的急増を経験した国々を含み，その封じ込めに都市封鎖などの強制的な移動制限が採用された例である。そして「地域別対応型」は罰則規定を伴う州単位の移動制限が採用された国々であり，連邦制の大陸国家米国や広大な島嶼国家インドネシアが相当する。この類型は感染の地域性に対応できる反面，その地域差が感染爆発につながる危険性をはらむ。

表9-1　世界におけるNPIの類型（2020年4月27日現在）

タイプ	初動対応と移動制限	長　所	短　所	主な適用国
早期水際対策・行動管理型	水際対策の強化と自己隔離のフォローアップの徹底	都市封鎖の期間を最低限にし，感染源の特定が可能	・個人情報，人権問題があるため法規制の整備が必要 ・インバウンドの急激な低下	オーストラリア・ニュージーランド・韓国・シンガポール・(中国)
強権的移動規制型	水際対策の遅れによる罰則規定を伴う強権的移動制限	罰則規定によって厳密な管理が可能	・実施タイミングによっては医療崩壊の危険性	イタリア・スペイン・英国・ドイツ・中国
地域別対応型	罰則規定を伴う州単位の移動制限	地域性を考慮した対応が可能	・地域ごとの制約に違いが発生し，域内一部で感染爆発の危険性	米国・インドネシア
モラル依存型	緩やかな水際対策と罰則規定を伴わない自主隔離要請	経済とのバランスを考慮し，緩やかな対策移行が可能	・罰則規定がなく市民個人の判断に依存 ・経済活動の長期停止の可能性	日本

資料：大津山ほか（2020）表3に基づいて筆者作成。

最後に「モラル依存型」は初期の緩やかな水際対策と，罰則規定を伴わない自主隔離（および活動自粛）要請で特徴づけられ，日本はここに含まれる。

各類型には国情を反映した特徴と共に長所と短所があり，一概にどの対策が「最善」かを判断することは困難であるが，日本の対策の独自性が注目される。よって，次節以下では日本におけるCOVID-19とNPIについて詳しく見ていくことにしよう。

3　日本におけるCOVID-19

（1）　新規感染者数の時系列的変化

日本では最初の感染者が確認された2020年1月以来，2021年11月までに5つの感染拡大の波があり，その拡大を抑えるために4回の**緊急事態宣言***が発出されてきた。国内感染者数は累計で約171万人，死亡者数は約1万8,000人に達した（厚生労働省，2021）。世界的に見ると感染者数はG7内ではカナダをやや上回る6位（死亡者数では7位）であるが，東アジア（日本，中国，台湾，韓国）では最も多い。時系列的には，図9-1で示されるように，感染の波は変動しつつ

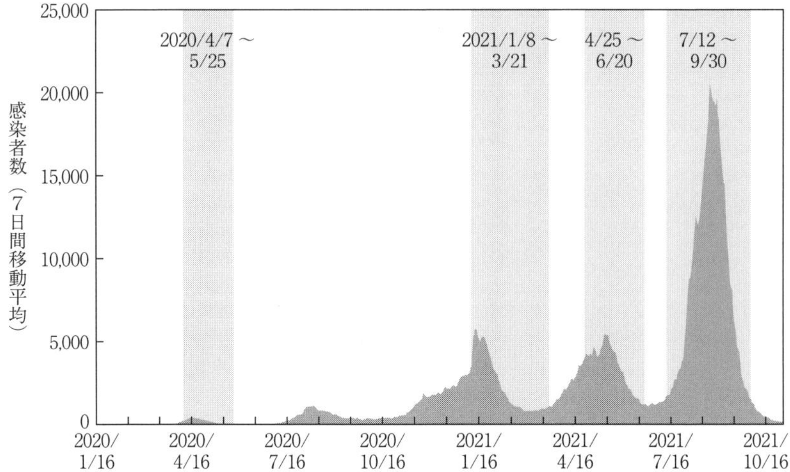

図 9－1　日本における新規感染者数の推移と緊急事態宣言の発出期間

資料：厚生労働省オープンデーター――新規陽性者数の推移（日別）https://covid19.mhlw.go.jp/public/opendata/newly_confirmed_cases_daily.csv（2022年９月21日閲覧）。

拡大しており，特に2021年の夏から秋にかけてはデルタ変異株の急速な拡大により，多くの感染者と死亡者が発生した。過去の感染拡大の要因は厳密に特定されているわけではないが，Go To トラベル・キャンペーンが開始された2020年６月以降，2021年から21年の年末年始，2021年５月のゴールデンウィーク，2021年８月中旬といった国内人口流動が活発化した時期のあとに各波のピークを迎えている。

日本ではワクチンの接種が医療従事者（その後高齢者）を中心に2021年２月から開始され，11月１日時点ではワクチンを１回以上接種した人の割合は78.1％（必要回数のワクチン接種をした人は72.9％）に達している。世界的に見ると，日本の感染拡大は最初の感染者が確認された中国に地理的に近接しているにもかかわらず，統計上は緩やかであり，爆発的な感染拡大が確認された欧米とは異なる様相を示してきた（国立社会保障・人口問題研究所，2021）。また，上述したように，都市封鎖といった強制的措置よりも，厳格な罰則がない「自粛要請」という手段がとられてきた。図 9－2 は東アジア諸国（日本，中国，台湾，韓国）と欧米（英国，米国）の NPI を中心とする感染対策の推移を示している。この図からわかるように，日本の NPI は他国と比較して対応が緩やかで，強制力が弱く，かつその強化も漸進的であった。にもかかわらず，ある程度感染

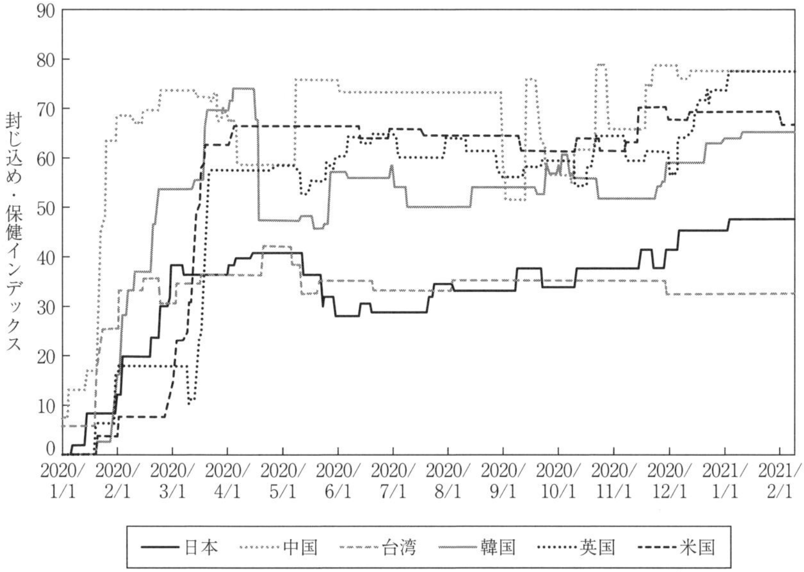

図9－2　各国における「封じ込め・保健インデックス」の推移
（2020年1月～2021年2月初旬）

注：オックスフォード大学による「封じ込め・保健インデックス」は，封じ込め対策（学校封鎖，職場封鎖，公共イベント中止，集会規制，公共交通機関停止，在宅要請，国内移動規制，海外渡航規制）と保健対策（広報戦略，検査対策，接触追跡，マスク着用，ワクチン対策）の強度から算出される。なお，各国でワクチン対策（PI）が導入されるのは2020年12月（中国，英国，米国において）以降である。

資料：COVID-19 Government Response Tracker https://www.bsg.ox.ac.uk/research/research-projects/covid-19－government-response-tracker（2022年9月21日閲覧）に基づいて筆者作成。

のレベルを抑えてきた点に日本の特徴がある。

（2）　都道府県レベルでの感染の地理的特徴

地理的特徴としては，特に後述する移動規制との関係から都道府県のレベルで確認しておきたい。感染者の集中は2021年11月1日時点で東京都（約38.2万人），大阪府（20.3万人），神奈川県（16.9万人），埼玉県（11.6万人），愛知県

緊急事態宣言とは，「新型インフルエンザ等対策特別措置法」第32条で規定された「新型インフルエンザ等が国内で発生し，その全国的かつ急速なまん延により国民生活及び国民経済に甚大な影響を及ぼし，又はそのおそれがあるものとして政令で定める要件に該当する事態」の発生が認められた時に，対策の期間・区域・概要を政府対策本部が公示するもの。

(10.7万人)と続き，東京大都市圏をはじめとする国内大都市圏のほか，福岡県(7.5万人)，北海道(6.1万人)，沖縄県(5万人)にも多くの感染者が確認される。

こうした感染者分布の地域性をもたらす要因について，安孫子(2021)が計量分析によって推定している。それによれば，可住地の人口密度(**3密***の環境)，宿泊業・飲食業サービス業就業率(観光客の受入キャパシティ)，県外通勤者の割合および空港の乗降客数(大都市との結合性)という変数が感染率の都道府県別全国比に正の効果を与え，第1次産業就業率(3密でない環境)は負の効果を与えている。つまり，これらの変数が示す感染拡大と関わる地理的条件として，3密の環境に加え，観光流動や大都市圏を中心とする通勤や遠距離移動が想定される。

ここから，次節で触れるように，都道府県という空間的単位で人々にどのような行動変容や行動規制を要請することが有効かを考えることができよう。また，こうした条件が，さらに小さな地理的スケール(自治体，地域社会，あるいは施設)での感染に影響していると想定でき，後述するクラスター対策や3密の回避という日本のNPIを特徴づけていたと考えられるのである。

4　日本におけるNPI

(1)　ウイルスの感染と対策のスケール

新型ウイルスは人間のモビリティによって拡散するので，NPIは必然的にこのモビリティを制御する空間的な性質を持つ。マクロなスケールでのNPIの典型は水際対策であり，主として国家間の人的流動を抑制する。ミクロなスケールでは，飲食店や集客施設の閉鎖は，財政的補償や罰則といった非空間的な措置で補完されつつも，結果として人流を抑制する空間的な効果を持つ。第2節で検討したように，NPIはこうしたマルチ・スケールでの人間の行動規制(人流の抑制)を有効に組み合わせることで効果を発揮すると考えられる。

2003年のSARSおよび2009年の新型インフルエンザのケースでは，日本政府の主要な対策は水際対策であった。SARSの国内感染は確認されなかったものの，新型インフルエンザは国内に感染が拡大し，マルチ・スケールでの感染対策が必要となった。ところが，従来の感染法体制では十分ではなく，社会的混乱を招いた。この教訓から，2012年に施行された「新型インフルエンザ等対策特別措置法」（以下「特措法」）は，新型感染症対策において日本政府，都道府県，そして市町村との間の調整を規定している。

特措法は，第32条で日本政府による緊急事態宣言の発出を定め，第45条で各都道府県での新型感染症対策として住民の行動を規制（自粛要請）する権限を都道府県知事に与えている。つまり，同法にもとづき，感染症対策は3層からなる政府・自治体の間で調整されねばならず，このマルチ・スケールの政府間関係の中心に知事と都道府県庁が置かれる（市町村も独自の行動計画や対策本部を設置できるが，必要に応じて都道府県と調整するとされた）。日本政府は，当初COVID-19は同法が規定する（原因が特定されない）新型感染症ではないと考えていたが，2020年3月にCOVID-19を同法の適用対象にする法改正を行った。2021年2月には感染症対策を強化するための再改正が行われ，「緊急事態宣言及びまん延防止等重点措置」も創設された。この措置によって，休業命令違反に対して罰金が課せられるようになったが，休業命令に対する補償の規定は改正前同様に設けられなかった。

では，こうした特措法はどのように適用されたのであろうか。以下ではその過程を理解するために，日本におけるNPIをミクロ（施設・対人）とマクロ（都道府県）という対策のスケールに分けて検討し，日本のNPIを特徴づける「自粛要請」という規制方法の効果について考えてみよう。

（2）　クラスター対策と「3密」回避

日本政府は，2020年2月に始まる国内感染の拡大期に，ミクロなスケールでの積極的疫学調査によって集団感染を未然に防ぐ「クラスター対策」をNPIの中心に据えた。当初，日本では散発的に小規模に複数の患者が発生する例が確認され，この段階での感染拡大を防ぐために，次のような対策がとられた。つまり，患者クラスターの発生を医者の届出等から早期に発見し，感染源・感染経路を探索し，濃厚接触者の健康観察・外出自粛要請・施設休業・イベント自粛といった感染拡大防止策を実施する，という方法である。

3密とは，後述するように，集団感染が発生しやすい密閉・密集・密接という3つの空間的条件。日本政府が標語化した「3密」は簡潔な表現で回避行動を誘導できるので，英語訳のThree Cs（Closed spaces, Crowded places, and Close-contact settings）がWHOによっても用いられた。

図9-3　3密回避を啓発するポスター

資料：厚生労働省ウェブサイト「啓発資料・リーフレット・動画」https://www.mhlw.go.jp/stf/covid-19/qa-jichitai-iryoukikan-fukushishisetsu.html（2022年9月21日閲覧）。

このクラスター対策の過程で，数人から数十人の小規模な患者集団（クラスター）の発生が当初，スポーツジム，屋形船，ビュッフェスタイルの会食，雀荘，スキーのゲストハウス，密閉された仮設テントなどで確認されていた。政府のクラスター対策班は，集団感染の共通点として，特に「換気が悪く」，「人が密に集まって過ごすような空間」，「不特定多数の人が接触するおそれが高い場所」という3つの要素を見出した。それが後に「3密」という標語として普及したのである（図9-3）。

3密という空間的条件は，対人接触が発生する場所と接触自体の形態を簡潔に形容しているが，それは時間的条件と無関係ではない。人的流動は通勤・通学・購買・娯楽・旅行など時間的・季節的に変動し，対人接触もそれに応じて変化する。こうした3密の時空間的側面から特に問題にされたのが，夜間（就労後）に利用される繁華街を介した感染の拡大であった。東京の歌舞伎町に代表される「夜の街」が感染対策のターゲットとされ，営業時間の短縮や営業自体の自粛が要請されたが，同時にそれは大きな経済的打撃を与えることにもなった。

（3）　都道府県間移動の規制

特措法において都道府県（知事）が国内感染対策の中心に置かれたことは既に述べたが，このことは対策が都道府県の管轄区域と密接な関係を持つことを意味する。たとえば，対策に関わる行政業務を担う中心的な機関は，都道府県および政令指定都市など特定の都市に設置される保健所である。保健所の管轄区域は都道府県域を分割することはあっても超えることはないので，国内のCOVID-19対策の領域的ユニットは都道府県域とその下位にある市区町村域となる。

畠山・駒木（2021）によると，都道府県単位による移動規制（要請）は2020年3月20日に大阪府知事が大阪府と兵庫県間の移動の自粛を要請したのが最初であり，続いて3月26日に東京都に隣接する県の知事が都への移動自粛を要請している。日本政府が正式に「都道府県をまたいだ不要不急の移動の自粛を要請」するのは最初の緊急事態宣言（7都府県）が発出された4月7日であり，この宣言は同月16日に全国に拡大される。畠山・駒木（2021）は，こうした移動規制が政府によって示された背景として，感染拡大が顕著であった大都市圏の都府県の対策や「コロナ疎開」といった大都市圏から地方圏への人的流動による感染の全国拡大があったが，移動規制の地域的単位を都道府県域とする議論は十分になされていなかったとする。さらに畠山・駒木（2021）は，都道府県境にもとづく罰則規定のない移動自粛要請では，特に地方圏において県境地域付近での移動管理（県外者・車の規制）や「自粛警察」による県外者差別などの行動が助長されるとし，個人を中心とした時間や距離にもとづく行動範囲や日常的生活圏を示すことが有効であるとする。

そもそも，固定された形式的な都道府県域が実際の感染者の分布や人的流動の範囲と整合しないのは当然であるが，領域性という観点からは，感染症にまつわる「行動をかたどる容器」（サック，2022）として戦略的に提示されてきたと考えることができる。言い換えれば，感染対策区域の設定には，感染の実態に合わせるという側面とともに，その領域内に人間の行動を方向付ける効果も期待されているということである。

そこでKondo（2021）をもとに，都道府県間の移動制限が感染拡大にどのような効果を発揮しうるかについて考えてみよう。Kondo（2021）はSEIR（感染症数理）モデルに都道府県間の通勤・通学・旅行による移動を取り込んだ仮説的モデルを構築し，2015年から2016年までの47都道府県間の日別人流オープンデータを用い，移動制限の有無別に感染拡大を推計している。その結果，①都市部から地方への感染拡大を防ぐためには，都道府県間の移動制限は有効な手段であること，②その一方で，移動制限によって，東京都，大阪府，愛知県のような感染拡大地域ではむしろ感染状況が悪化してしまうこと，③都道府県間の移動制限のみが国全体の感染拡大防止に寄与できる効果は非常に限定的であること，という知見が得られた。なお，②が生じるのは，閉ざされた空間内では理論的に感染者と非感染者との接触頻度が高まり，感染確率が高まると考えられるからである。

もとより，これは仮説的なモデルでのシミュレーション結果であることは留保されなければならないが，①は大都市圏と地方圏との医療体制の格差を考えれば，移動自粛が果たす（時間稼ぎの）役割は大きいことを示唆し，②は大都市圏内ではさらにミクロなスケールでの外出，営業，イベントの自粛が必要とされる根拠となりえ，③はNPIの限界と共にPIが適切な時期に導入される必要があることを示している。このモデルでの移動制限もあくまで仮説的前提であるが，後述する自粛要請の効果とともに新幹線や航空機の減便を鑑みれば，その前提（移動自粛・制限）は実際に存在したと考えてよい。つまり，自粛行動をかたどる容器（地理的スケール）の１つとしての都道府県域は，一定の効果を持ちうると推定できるのである。

ただし，これまでも述べてきたように，都道府県のスケールだけでの行動規制は不十分であり，NPIはマルチ・スケールで展開されなければならず，かつその規制に都道府県民が従う必要がある。日本の場合，その主たる規制方法が「自粛要請」であったのである。

（4） 自粛要請の効果

自粛要請については，上で触れたように，日本のNPIには非強権的でモラル依存という特徴がある。その背景として憲法に（私権を制約する）緊急事態条項がない，あるいは経済的打撃を政策的に避けようとしたという点を指摘できる。しかし，緊急事態条項を持つイタリアやスペインはそもそも感染の拡大を防ぐことができず，都市封鎖の法的根拠として条項を活用した。対して，条項のない日本の感染拡大は緩やかであり，法的権限の有無は感染拡大自体とは必ずしも結び付かない。経済的打撃の回避も，緩やかな規制では結果的に経済的影響が長期化するであろうから，打撃自体の規模は変わらないかもしれない。つまり，NPI としての自粛要請の評価は，それがどこまで有効に行動抑制に結び付いていたかによって，なされるべきであろう。

この点で，廣井（2020）は，2020年4月7日に発出された最初の緊急事態宣言について，11都道府県の居住者に対するアンケート調査によって外出の抑制効果を分析し，以下の4つの結果を示している。①宣言が発出された直後，宣言対象であった7都府県では既に90％程度の回答者が娯楽など非日常的活動を中心に外出を自粛していた。②地域差が大きいものの，宣言は通勤目的の外出を減少させる効果が確認される一方，非日常的活動は宣言発出前に既に自粛されていた。③施設閉鎖や休業補償などの自粛のインセンティブとなる施策は特定目的の外出を抑制する効果を期待できる。④感染クラスターが発生しやすいとされた繁華街は多くの回答者が感染を恐れて避けていた。つまり，強制力の弱い自粛要請であっても，外出目的ごとに一定の抑制効果を生み出していたと考えられるのである。

2021年の夏から秋にかけての大規模な感染拡大（第5波）は，こうした自粛要請の限界を示していたとも考えられるが，NPI はワクチン接種などの PI が可能になるまでの代替策（あるいは時間稼ぎ）である以上，PI が本格化すれば，おのずと NPI はその役割を終える。しかし，歴史的に見ても，パンデミックがもたらした社会空間的な変容はその後も何らかの形でとどまり続けた。このことについて最後に考えてみよう。

5　生政治と地政治のゆくえ
――例外の原則化――

（1）　個人情報の公共的収集

ここまで述べたように，われわれの命を守るという抗いがたい生政治の要請は，地政治という空間的な実践としてわれわれの社会の中で展開する。公共空間でのマスク着用，入退室時の手指消毒，パーティション越しの会話，他人との間隔を空けた整列などを通して，われわれは身体のレベルで地政治を内面化していく。それはフーコーのいう，公権力に「従順な身体（docile body）」を作り出す作用を持つかもしれないし，国民的な自粛要請への一定の順応はその効果を示しているのかもしれない。

であれば，今後 NPI が PI に移行したとしても，パンデミックが長期化する中で，個人の自由，権利，行動が制約される例外的状況が部分的にせよ原則化される可能性もある。この「例外の原則化」として２つの方向を考えることができる。１つは，行動履歴など個人デジタル情報の収集・利用である。日本でも，NPI には個人の接触追跡とともに公共空間その他での人々の行動を監視・記録する多様なデジタル技術が利用されている。厚生労働省が提供する新型コロナウイルス接触確認アプリ（COCOA）の利用は，アプリ自体の不具合によって十分に進んでいないが，この種のデジタル技術の利用については，保健所などの負担を減らすといった実務的な理由以上に，個人情報こそが人間の命を守るとする意見もある（村井，2021）。

国家が行動規制の実施や行動履歴の把握のために，スマートフォンなど最新のデジタル技術を駆使して個人を監視する体制は「デジタル権威主義」と呼ばれる（ライト，2020）。1991年のソ連崩壊後，民主主義国家の数は増加したが，21世紀に入り，独裁制など権威主義体制に移行する国家が増え，その数が民主主義国家の数を上回るようになった。理論上はこうした国家ほど感染対策に成功していると考えられるかもしれないが，それを示す実証的証拠は今のところ見当たらない（Bosancianu, et al., 2020など）。しかし，本章の冒頭で述べたように，再帰的近代特有の危険に直面して，不安を抱える人々は，自らの健康の管理者（生権力）に，自らの自由や権利を進んで差し出すかもしれない。つまり，パンデミック後も，個人の行動に関わるデジタル情報が健康上の「安心」を提供するものとして，引き続き収集・利用される可能性はあろう。

（2）　空間の生政治的変化

もう１つは，ソーシャル・ディスタンシングの地理的常態化である。パンデミックの後に，公衆衛生上の要請から大規模な建造環境改変が進むとは考えにくいが，テレワークや遠隔授業の普及によって通勤・通学者が減少すると，特に大都市圏の交通インフラや都心のオフィス需要に影響を及ぼすであろう。また，感染症に強いコンパクトなまちづくりが推進されると，東京への一極集中や大都市圏の過密化は転換するかもしれない。さらに，国策によってデジタル化が一層推進されると，日常的な（通勤，購買，娯楽，その他サービス需要に関わる）空間移動が縮減し，社会生活の地理的パターンが変化する可能性もある。こうした変化は，大都市の過密や地方の衰退といったパンデミック前の社会的弊害を改善するものとして歓迎されるであろう。その一方で，これらの社会距離拡大，つまり物理的な対人接触の抑制から派生する空間的変化は，都市や公共空間での他者との接触や多様な社会関係の（再）構築といった「社会的なもの」の生成を阻害するかもしれない。

このように考えると，生政治から派生した地政治がこれからの社会の価値観や構成にどのような形跡を残し，どのような空間を作り出していくのかについても，われわれは注視していかねばなるまい。

参考文献

安孫子勇一（2021）「新型コロナ感染者（人口あたり）の都道府県別差異の経済的背景」『生駒経済論叢』第19巻第1号。

大津山堅介・齋藤悠介・小松崎暢彦・石井沙知香・松本慎一郎・竹中大貴・廣井悠（2020）「COVID-19に対する都市封鎖の類型化と課題——主要感染拡大国における暫定的事例研究」『都市計画論文集』第55巻第3号。

厚生労働省（2021）「データからわかる——新型コロナウイルス感染者情報」https://covid19.mhlw.go.jp/（2022年9月21日閲覧）。

国立社会保障・人口問題研究所（2021）「新型コロナウイルス感染症について——感染者・死亡者数の国際比較」http://www.ipss.go.jp/projects/j/Choju/covid19/comparison.asp（2022年9月21日閲覧）。

サック，R. D.（2022）『人間の領域性——空間を管理する戦略の理論と歴史』山﨑孝史監訳，明石書店。

西川純司（2020）「感染症とともに変わる住まいのかたち」『現代思想』第48巻第10号。

畠山輝雄・駒木伸比古（2021）「COVID-19対策における移動規制に対する地域概念からの考察」『E-journal GEO』第16巻第2号。

廣井　悠（2020）「COVID-19に対する日本型ロックダウンの外出抑制効果に関する研究」『都市計画論文集』第55巻第3号。

フーコー，M.（2007）『ミシェル・フーコー講義集成（7）安全・領土・人口』高桑和巳訳，筑摩書房。

ベック，U.（2010）『世界リスク社会論――テロ，戦争，自然破壊』島村賢一訳，筑摩書房。

村井　純（2021）「『命守る個人情報』，認識を」『朝日新聞』２月４日付13面。

山﨑孝史（2013）『政治・空間・場所――「政治の地理学」にむけて（改訂版）』ナカニシヤ出版。

ライト，ニコラス（2020）「デジタル権威主義と民主的サーベイランス――ウイルスを東アジアはいかに封じ込めたか」『フォーリン・アフェアーズ・リポート』５月号。

Bosancianu, C. M.; Hilbig, H.; Humphreys, M.; KC, S.; Lieber, N. and Scacco, A. (2020), "Political and social correlates of Covid-19 mortality", SocArXiv, 16 June 2020. https://osf.io/preprints/socarxiv/ub3zd/（2022年９月21日閲覧）

Kondo, K. (2021), "Simulating the impacts of interregional mobility restriction on the spatial spread of COVID-19 in Japan (revised)", *RIETI Discussion Paper Series*, 20-E-089. https://www.rieti.go.jp/jp/publications/summary/20120005.html（2022年９月21日閲覧）

Ó Tuathail, G. (1996), *Critical Geopolitics: The Politics of Writing Global Space*, University of Minnesota Press.

WHO (2019), *Non-pharmaceutical Public Health Measures for Mitigating the Risk and Impact of Epidemic and Pandemic Influenza*, World Health Organization. https://www.who.int/publications/i/item/non-pharmaceutical-public-health-measuresfor-mitigating-the-risk-and-impact-of-epidemic-and-pandemic-influenza（2022年９月21日閲覧）

第Ⅳ部

地図で過去と現在を繋ぐ

第10章

地図から読み解く歴史

上杉和央

1 地図史という視角

（1） 歴史地理学と古地図

歴史地理学の重要な研究テーマの1つに過去の景観復原がある。そこに利用される資料は現地表面の痕跡のほか，発掘調査の遺構や遺物，文書史料など多岐にわたるが，なかでも特に重宝されてきたのが古地図である。歴史地理学にとって古地図は一級の資料として位置づけられてきた。一方，現代の地図とは異なる作法で表現されている古地図については，利用の前提として古地図そのものを理解する術が必要であり，そのために古地図そのものを分析する研究も盛んにおこなわれてきた。たとえば，表現内容の分析を通じて，表現されている場所を厳密に特定する研究のほか，表現されている時期（景観年代）と作製された年代（作製年代）を峻別する作業であったり，表現方法の変化や正確性・科学性の展開などを指標とした系譜論的な検討が展開したりしてきた。古地図リテラシーとでも言うべき，古地図を的確に読み解く能力は，歴史地理学には欠くべからざる力の1つに数えられるだろう。

ただし，研究の進展を通じて，地図に込められた世界観やコンテクストを読み解く必要性が論じられたほか，地図は単に土地を表現した無垢な存在などではなく，その時々の権力構造や政治社会情勢などを反映するもので，その意味で政治性を帯びたものであると位置づけられるようになった。1つ1つの古地図資料の研究はもちろんだが，地図史全体の研究の潮流を知ることも古地図リテラシーの獲得には重要となる。

こうした点もふまえ，本章では古代から近代へと地図史を概観しながら，古地図リテラシー獲得のためのヒントをいくつか紹介していくことにしたい。

図 10－1　ヴァルカモニカのベドリーナ図

資料：Luca Giarelli 氏撮影（2008年５月）。

（２）　地図の起源

戦後日本の地理学をけん引した一人，織田武雄は地図史の古典的入門書である『地図の歴史』（その後『地図の歴史　世界編・日本編』として再刊）を「『地図の歴史は文字の歴史よりも古い』といわれるが」（織田2018：17）という書き出しで始めた。もちろん，文字の起源論と地図の起源論の古さを競おうとしているわけではない。そうではなく，この格言で示さんとしているのは，ある民族が文字を獲得する以前に大地を**図像***で表現する手法（＝地図）を獲得する場合があるということである。文字も地図も記号化された表現手法だが，大地の情報は「生きる」という行為に直結するものであり，そうした情報に特化した記号（コード）がコミュニティ内で誕生し，共有される場合があるというのは，その通りだろう。

この点を説明するのによく使われるのが，一般に「ベドリーナ図」（図10－1）と呼ばれる地図である。それは先史時代にイタリア北部のロンバルディア地方に居住していた民族が8,000年以上にわたって描き続けた先史時代の遺跡**ヴァルカモニカの岩絵群***のなかにある１つの岩絵で，農地や道路，家屋などを表現していると思われる図が岩に刻み込まれている。表現しようとするものを抽象化した図像で表現しており，大地の情報を記号化しているという意味で，地図の一種とみて差し支えない。

（3）　地図に表れる世界観

ベドリーナ図のように身の回りを対象とする地図の一方で，世界全体を表現する図（いわゆる世界図）も早い段階から作られてきた。現存最古と言われる世界図は，大英博物館に所蔵されるバビロニア粘土板世界図だろう（図10－2）。紀元前6世紀頃の作とされるが，表現されている内容はさらに遡る時代のものと考えられている。大きさはスマートフォンよりも一回り小さいサイズで，簡略な形の図像しか表現されていないが，楔形文字による注記があるために，図像が何を示そうとしたものかがはっきりとわかる。二重の円は「塩からい川」すなわち海を示している。内側の円の内部が陸地となるが，中心やや上部にある長方形が都市バビロン，２本の縦線によって示されるのが河川となる。周囲の小さな円は小都市群である。これらだけではこの図が世界図かどうか疑問に思うかもしれないが，二重円の外側にあるいくつかの三角形の部分には「何も見えない，太陽も見えない」といった注記があり，自分たちの住む世界とは違う彼岸の世界の山が表現される。この山は天空を支えるものでもあった。ここには世界を平板ととらえていたバビロニアの人びとのとらえたコスモロジー（世界観）が反映されている。

図10－2　バビロニア世界図（大英博物館蔵）

資料：The Trustees of the British Museum

図像は，地図に表現されたあらゆる記号を含み，いずれも意味するもの（シニフィアン）と意味されるもの（シニフィエ）の関係のなかで成立している。

ヴァルカモニカの岩絵群は，イタリアで最初に登録された世界遺産として著名で，14万以上の岩絵が確認されている。

（4）　地図を評価する指標

応地（2007）によれば，地図は思想性，芸術性，科学性，実用性という4つの指標で評価できるという。そのうえで，地図史には思想性・芸術性の高い時代から科学性・実用性の高い時代へという流れがみられるとしている。この議論は地図の進化の道筋を語る一つの議論として重要だろう。時代が経るにしたがってより精度の高い地図が作られ，それが実用に供されていく。確かにそうした流れを認めることができるかもしれない。

ただ，科学性を精度だけで判断するのはおそらく誤りで，地図に対する科学的な態度といった点が科学性の本来的な意味となる。そうした場合，たとえば古代のギリシアやローマでは天体観測などを通じた測位分析が進んでおり，**投影法***に関する議論も発達していたため，古い時代のあらゆる地図作製が科学性に乏しいわけではなかった。また，バビロニアでは世界図だけでなく，地籍図，所領図，市街図を示す粘土板も出土しており，古い時代に身の回りの土地を把握するという実用性を伴った地図があったことは間違いない。

このようにみれば，思想性・芸術性から科学性・実用性へという語りは地図史を単純化しすぎており，誤解を生む可能性がある。もっとも，だからと言って4指標が地図を考える際にとても重要であるという指摘自体が色あせることはない。4指標それぞれが地図上にどのように反映しているのか，そしてそうなっているのはなぜか，といった点に注目するのは，むしろ地図を扱う研究すべてに共有されるべき基本事項となる。

この4指標は地図そのものを評価する指標だが，地図はそれが作られ利用される社会のなかで意味づけられる点を見逃してはならない。そのため，社会性という指標から地図を評価することも有効だろう（上杉，2015）。

（5）　意味づけられる地図

地図は一般図と主題図とに分けられ，一般図が広い用途に使われるように作製されるのに対し，主題図は特定の題材を強調して表現したものとされる。しかし，一般図といえども，すべての要素を地図記号化しているわけではない。たとえば国土地理院が発行する2万5000分1地形図においても，地図記号として採用される地物は，あきらかに採用されていない地物よりも「重要である」という選択の力が働いている。それは「日本の社会にとって」という限定付きであり，他国の社会にとってではない。その意味で，あらゆる地図には表現したい内容——主張——が込められている。ハーリー（2020）などが説いてきたように，地図は「価値」から自由ではなく，特定の社会関係を反映したものである。

こうした理解は当然，古地図にも当てはまる。日本に残る最古の地図は８世紀代の荘園図で，その多くが正倉院で保管されてきた資料である。これらは東大寺が自らの荘園の範囲を示したもので，律令の税体系の外にある土地であることを主張することに眼目があった。中世においては所領を示す図のほか，1258年（正嘉２）11月に作製された「伯耆国河村郡東郷庄之図」（図10－3）のように，異なる権力（領家と地頭）の間に起こった相論を解決するために土地を分割したことを示す下地中分図も作られた。

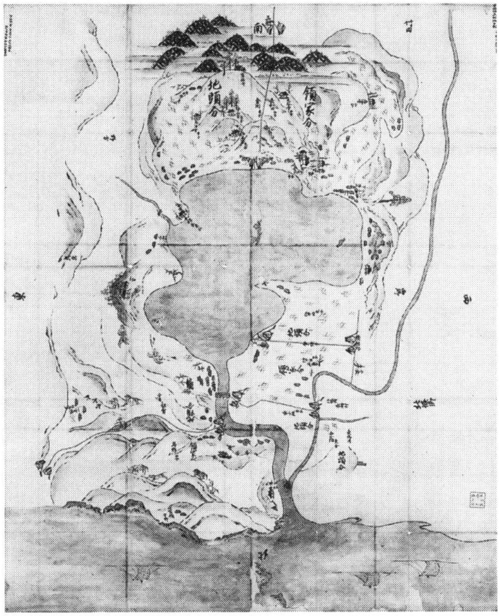

図 10－3　伯耆国河村郡東郷庄之図（模写本）
資料：東京大学史料編纂所蔵。

こうした地図は，土地に対する自らの権利を相手に対して示すため，もしくは双方が互いの権利を確認するために作られる。そのため，当事者たちには地図の示す内容は明確であるが，それ以外の者たち（たとえば現代の私たち）にとっては，何が主張されているのか分かりにくい場合も多い。当事者には当たり前の表現も，集団が違えば，もしくは時代や場所が違えばその図像（記号）が何を指し示そうとしているのか，すぐには読み取れないのである。地図が無垢ではない，ということを理解するには，まずこの当事者たちの利用していた作

投影法とは，球体の地球を平面の地図として表現するための手法を指す。プトレマイオス（83年頃～168年頃）の『地理学』に付された地図では円錐図法が採用されていたとされる。現在，正距円錐図法をトレミー図法とも呼ぶが，プトレマイオスの英語名（トレミー）に由来する。

法や意味体系を読み解き，そのうえでそこに込められた主張やその背景を探る必要がある。

2　中世日本図の世界

（1）　中世日本の自他意識

神奈川県の称名寺（しょうみょうじ）が所蔵（神奈川県立金沢文庫保管）する「日本図」（図10-4）は，14世紀初頭頃の作製とされており，現存する最古の日本図の1つとなっている。一見して分かるように，この図の描写は現代の日本地図とは明らかに異なる作法で作られている。たとえば南が上となっている点は，現代の私たちからは違和感となって理解されるが，当時の地図作製において北を上にせねばならないという作法は存在しなかった。かといって，他の図と見比べていくと，南を上にせねばならないという作法もなく，むしろ地図に上下の概念を当てはめようとする理解方法自体が異なっているということに気づく。

日本を取り囲むうろこを伴う細長い胴体の図像も，現代の日本図にはまず見られないものだろう。頭部や尾部が欠損しているが，他の類似資料から，この図像は龍であったことがわかっている。

キリスト教の支配した中世ヨーロッパの世界図には，想像上の動物（怪獣）が描かれることがあった。そこには自分たち（キリスト教徒であるヨーロッパ人）と未知なる存在や非キリスト教徒とを「自－他」に峻別する意識が潜んでいる。つまり，地図上の怪獣は未知の世界，もしくは野生の世界といった意味を象徴する記号となっていた。

一方，称名寺蔵の「日本図」に描かれる龍はそうした役割とは少し違っている。この図の作製者にとって，龍は他なる存在ではなく，むしろ自己の側に寄り添う存在だからである。この日本図には元寇――とくに弘安の役（1281年）――で主要な舞台となった志賀島や鷹島が表現されており，外国からの侵攻に耐えたという**集合的記憶***が作製の背景にある。龍は外側からの驚異から「私たち」を守護してくれる存在なのである。このように地図にみえる動物が，常に人間と対峙する「他」であるわけではない。

では，「日本図」のなかに「他」が表現されていないか，と言えばそうではない。応地（1996）や黒田（2003）によれば，龍よりも外側に配置された地域

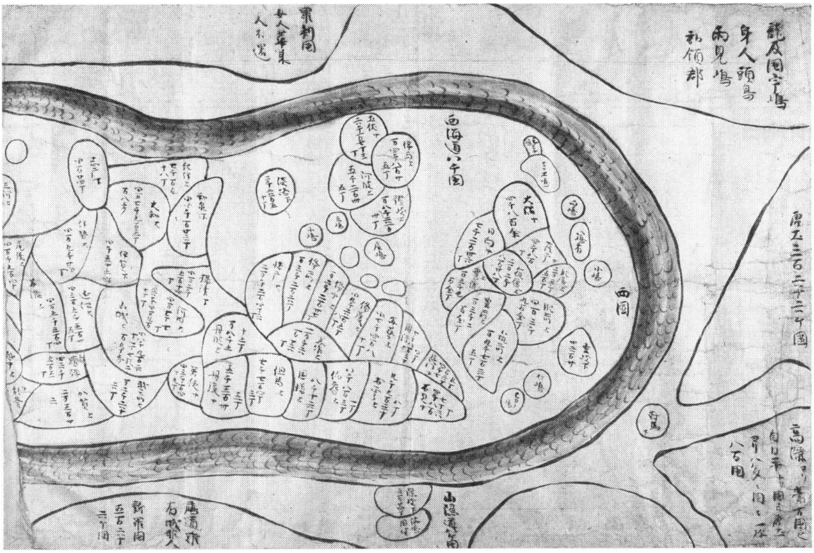

図 10－4　日本図（重要文化財）

資料：称名寺蔵，神奈川県立金沢文庫保管。

には，異国と異域の２つの「他」があるという。異国とは「唐土」「新羅」など，実際に存在する国々であるが，同時代の名前ではなく以前の名称となっている。一方，異域は「羅刹国（らせつこく）」や「雁道（がんどう）」などがある。羅刹国の注記を訳すと「女人萃（あつ）まり来る人還らず」とあり，「女人」ばかりが住む国で「人」が行くと還ってこないとされる。ここでいう「人」が男性を指すということもうかがえ，この地図が男性社会に根差したものであったこともわかる。雁道の注記は「城有りといえども人にあらず」とあり，城（家）はあるがそこに住むのは人ではない場所として表現される。こうした異域はいずれも中国起源の説話文学に登場する物語を題材にしたもので（黒田，2003），龍はこうした異域と「私たち」の日本を画する役割も担う。

集合的記憶はモーリス・アルヴァックスの提唱した概念（アルヴァックス，2018）で，個人ではなく，ある集団によって共有される（されていると思っている）記憶を指し，社会や歴史の創出と密接にかかわるとされる。

（2） 日本という集合体

この当時の日本は，１つの国というよりも大和国や河内国といった律令期以来の領域が68か国集まったものであった。こうした意識は，日本を地図で表現する際の描き方にも表れる。現代の私たちは日本を描くとき，北海道や本州など，おもな島の海岸線を表現していくなかで日本の形を作っていく。そして，必要な場合はそのあとで都道府県の境界線をつけ足していく。それに対し，図10－4の「日本図」では海岸線ではなく，各国の境界線を描いていくことに主眼が置かれる。隣り合う国を書き連ねていくことで，四国や九州ができ，そして最終的に日本が浮かび上がるという描き方である。

この描写法は「日本図」のみではなく，中世から近世前期にかけての日本図では多く採用されたものだった。こうした描写による日本図を「行基図」もしくは「行基式日本図」と呼んでいる。称名寺蔵（金沢文庫保管）の「日本図」には記載がないものの，たとえば同じ時期に作られた仁和寺蔵「日本図」などには「行基菩薩御作」といった注記があり，奈良時代の僧行基（668-749）による作であるという語りが付与されているからである。

ただし，行基が実際に日本図を作ったという同時代史料はない。行基が作ったという語りは，（行基の死から500年以上を経た）中世日本が生み出した三国世界観のなかでとらえる必要がある。世界はインド（天竺），中国（震旦），日本（本朝）から構成され，日本はインドや中国と並ぶ聖なる国であるとされていた。聖なる国を作ったのは聖なる人物であり，それが行基菩薩であった。中世日本人にとって，行基は天照大御神の生まれ変わりであり，かつ「菩薩」でもあった。こうした神仏習合を体現する聖なる存在が国を遍歴し，国境を定めたという物語が，中世には語られていたのである（黒田，2003）。そうした聖性によって示された国は聖なる形を獲得しており，日本は密教の宝具である独鈷の形をしているとされた。そのため，中世の日本（とくに本州）は独鈷のように直線的に表現されることが多い。

3　近世日本の世界像

（1） 東西交流で生まれた世界図

16世紀後半，イエズス会は世界にその教義を広めようと活動を展開するが，

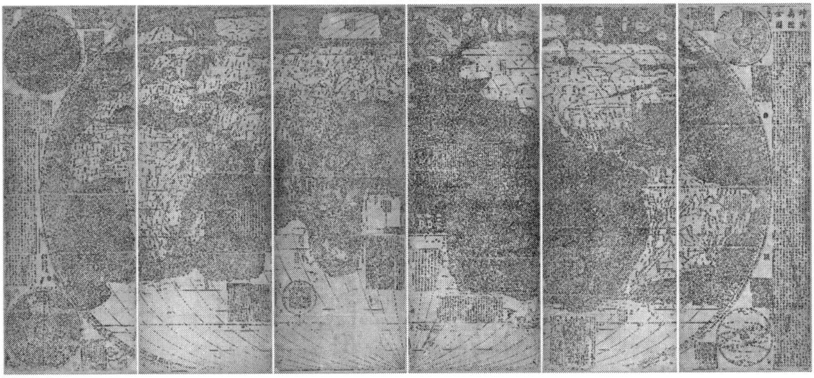

図 10－5　マテオ・リッチ『坤輿万国全図』(1602)

資料：宮城県図書館蔵。

特に東アジアへの布教には熱心であった。そのうち，中国での布教を担当した一人がマテオ・リッチ（1552-1610）である。イエズス会士は布教の際に，ヨーロッパの技術や知識もその地に持ち込んでいくが，リッチは中国にヨーロッパ製の世界図を導入した。その際，ヨーロッパや大西洋が地図の中心に配置されていたヨーロッパ製世界図の構図を変更し，地図の縁にあった中国が地図の中央部に来るよう太平洋を中心とした図とした。さらにアルファベットで記載されていた地名などの情報を漢字表記に変えた。こうしたヨーロッパ製世界図の体裁を変更して作った地図は，中国の人々に受け入れられていく。なかでも1602年に作った『坤輿(こんよ)万国全図』は日本にももたらされ，『坤輿万国全図』をもとにした世界図が数多く作られていった（川村，2003）。

1602年版の『坤輿万国全図』は世界的に現存が少ないことで知られるが，日本にはいくつか残されている。このうち京都大学附属図書館本はイエズス会の紋章部分が意図的に切り取られているが，宮城県図書館本はその部分も残される（図 10－5）。この図のなかで目を引くのは南半球の高緯度側に広がる広大な大陸「墨瓦蝋泥加」（**メガラニカ***）である。名前は初めて世界一周を果たした旅行隊の隊長マゼラン（1480-1521）にちなんだものである。その後，この地域の調査が進み，最終的にはこのような地球の四分の一ほどにもおよぶ広大な大陸

メガラニカは南方の未知なる大陸で，南極大陸を表現したものではなく，古代ヨーロッパの世界観に起源をもつ想像上の大陸。ちなみに南極大陸の発見は1820年まで待たねばならない。

図 10－6　長久保赤水『地球万国山海輿地全図説』（18世紀後半）

資料：京都大学附属図書館蔵，室賀信夫コレクション。

はないことが明らかとなり，オーストラリアやニュージーランドなどが地図上に表記されていくようになる。

（2）近世日本で作られたリッチ系世界図

近世の日本では，一般に鎖国と呼ばれるような，他国との交流を最小限に絞る対外政策を実施するようになった。そのため，鎖国以後は漂流などの事故を除いて日本人が直接外国に行くことはなくなり，外国に関する地理情報は長崎に到来する中国・朝鮮・オランダ船を通じて，もしくは琉球や蝦夷地を通じてなど，限られた機会を利用して獲得するほかなかった。この間，ヨーロッパ諸国が地球上の各地を探検し，世界図の空白地帯を埋めていく作業をおこない，次々に世界図の情報更新がなされていったが，そうした情報を日本人が受け取るのはタイムラグがあった。とくに，鎖国の始まった17世紀前半からおよそ1世紀のあいだは，日本のなかで世界に関する地理情報の更新はきわめて緩慢だったと言わざるを得ない。

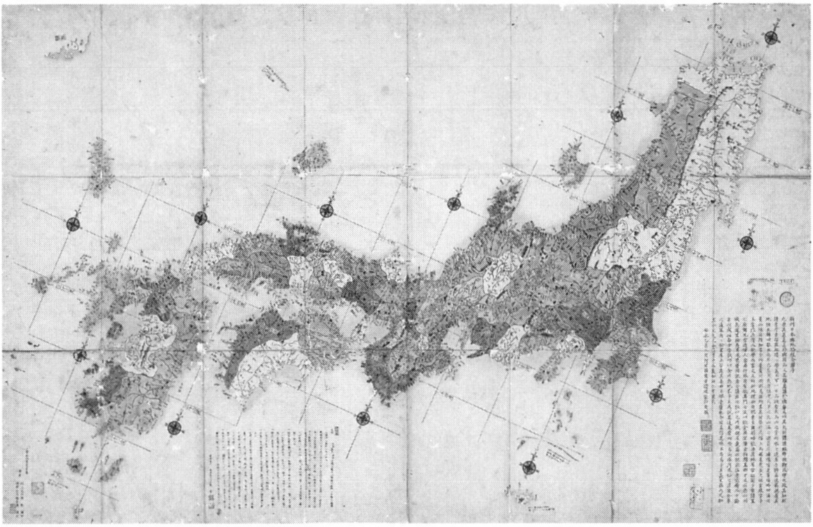

図 10－7　長久保赤水『改正日本輿地路程全図』(1779)

資料：京都大学附属図書館蔵，室賀信夫コレクション。

そうしたなかで，鎖国前に日本にもたらされた詳細な情報を持つ『坤輿万国全図』やその系統図（リッチ系世界図）は，世界の貴重な地理情報を持つ資料として，一定の価値を保ち続ける。

たとえば，1780年代の刊行とされる『地球万国山海輿地全図説』は，リッチ系世界図の系統に位置づけられる出版図である（図 10－6）。作者の長久保赤水（1717-1801）によるいくつかの情報の修正や追記があり，しかもその修正点のなかには1785～1786年（天明５～６）に実施された最上徳内らの蝦夷地調査の成果の挿入がみえるなど，最先端の地理情報を反映させようという作者の意思がみえる。ただ，それにもかかわらず，基本となる地理情報は（当時から見て）180年前の『坤輿万国全図』に依拠したものとなっている。長久保赤水はそれまで流布していた出版日本図とは一線を画す地理情報を備えた日本図『改正日本輿地路程全図』（図 10－7）を作製・出版した人物としても知られる（金田・上杉，2012）。赤水が地図に正確さ，詳細さといった点を重視していたことは明らかだが，そうした赤水にあっても世界図を作製する際には180年前の世界図を基にした情報に依拠せざるを得なかった。２つの図の精度追求の差は歴然である。

とはいえ，同じ作者による日本図と世界図のレベルの違いを評価するのは，あくまでも現在の目線からでしかないことに気をつけねばならない。たとえば赤水はメガラニカの存在を判断する材料を持っていなかった。にもかかわらず，日本図に比べて世界図は不正確であると判断するのは，私たちが無意識のうちに現在の知識を前提として地図の良し悪しを測っているからに他ならない。歴史の空間を検討する際，現在の常識を当てはめるのではなく，その当時の常識がいかなるところにあったのか（さらに言えば，その常識がどのように形作られたのか）といった点に意識を向ける必要がある。

（3） 複数形の世界像

近世日本ではリッチ系世界図以外の世界図も社会に流布していた。なかでもリッチ系世界図と並んで近世を代表するのが仏教系世界図と呼ばれる一群である。図10－8は，1710年（宝永7）に刊行された『南瞻部洲万国掌菓之図（なんせんぶしゅうばんこくしょうかのず）』で，代表的な仏教系世界図の1つとして知られる。**南瞻部洲***は，逆三角形もしくは逆台形として表現されるのが通常だが，この図での大陸は基本の形からはやや逸脱して「うちわ型」に表現されている。大陸内の描写でひときわ目を引くのが，大陸の中心部にある山脈よりもやや北側にある渦巻き状の表現だろう。これは「阿耨達池（あのくだっち）」と呼ばれる竜王の住む池で，ここから四つの大河が南瞻部洲に流れ出し，人間界を潤すものとなっている。

私たちが世界図を購入もしくは利用しようとする際，かたちの選択肢としてあるのはほぼ図法の違い――たとえばメルカトル図法と正距方位図法など――に限られる。それは「正しい」地球（世界）の姿をどう平面に落とし込むかという問題，言い換えれば「正しさ」を基準として世界をとらえる科学至上主義の視点のなかでの選択でしかない。それに対して近世日本では，リッチ系世界図と仏教系世界図が同時期に販売されていた。どちらを選ぶかという問題は，自分がどのような世界像を享受するかという問題につながる。先にみたようにリッチ系世界図のなかでもより正しい情報を入れこもうとする努力はあったし，また『南瞻部洲万国掌菓之図』の作者であった鳳潭（ほうたん）（浪華子：1654-1738）は多

南瞻部洲とは仏教の世界観において人間の住む世界とされる大陸の名前である。南瞻部洲以外に北倶盧洲，東勝身洲，西午貨洲がある。

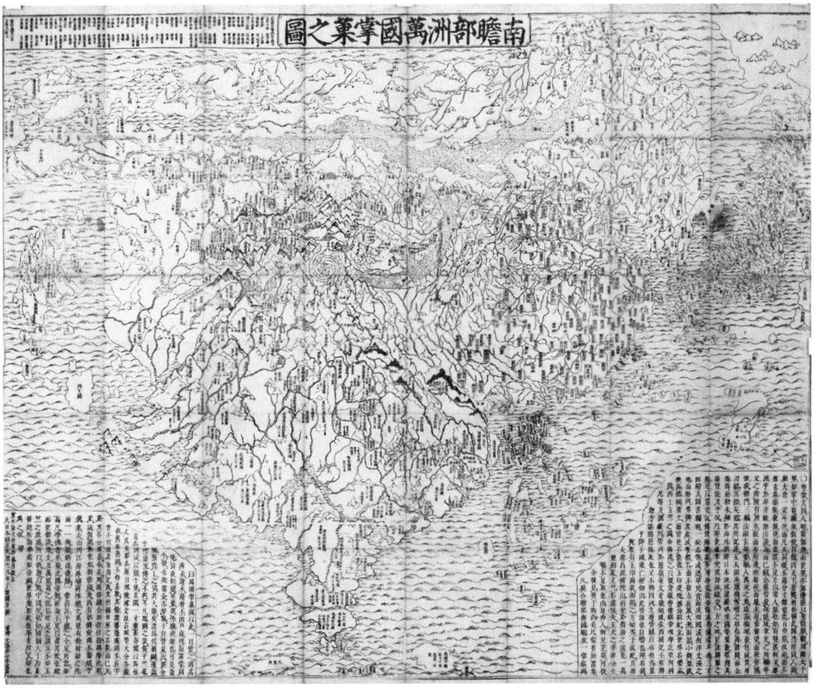

図10－8　鳳潭『南瞻部洲万国掌菓之図』(1710)

資料：京都大学附属図書館蔵，室賀信夫コレクション。

くの資料を渉猟し，南瞻部洲には本来含まれていなかったヨーロッパやアメリカ大陸などの地理情報を含める工夫をしていた。こうした鋭意は「正しさ」を求める現在の社会に通じるものと言え，実際，近世中期の18世紀頃はその萌芽期と位置づけることもできる（上杉，2010）。とはいえ，ベースとなる世界像までもが「正しさ」の見方で覆われている現在とは異なり，複数の世界像が共存し，「正しさ」の度合いを競い争っていたのが，この頃の日本社会であった。

近世日本の出版図がどれくらいの販売価格であったかについての史料は少なく，詳細はよくわからない（三好・小野田，2021)。ただ，ここで紹介した世界図はいずれも長辺が約150cm もある大型図であり，かついずれも作者が検討を重ねて作ったものであることから相応の価格であったと思われ，すべての人びとが自由に手に取れるものではなかった。一方で，リッチ系世界図，仏教系世界図ともに，より簡略で小型の図も販売されており，富裕者層のみが享受す

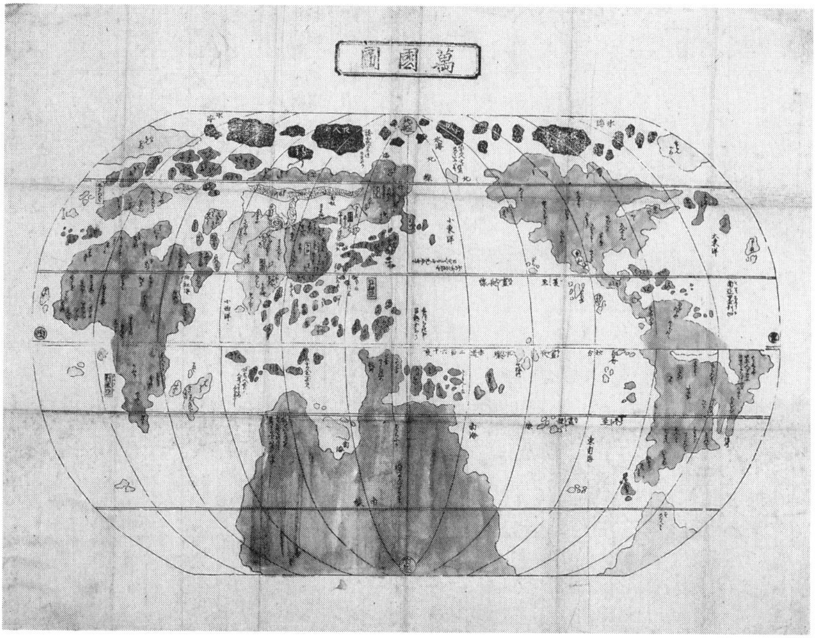

図10－9　『万国図』

資料：京都大学総合博物館蔵。

る世界像というわけではなく，より広い階層に２つの世界像は広まっていた。

そうした中で，新たな内容を備える地図も生まれる。図10－9は18世紀中ごろに市井の板元が刊行した『万国図』で，一見するとリッチ系世界図の流れを汲む簡略図にみえる。しかし，ユーラシア大陸をよくみると，仏教系世界図に見えた「阿耨達池」の渦巻き表現があり，これがリッチ系世界図と仏教系世界図を融合したものだとわかる。２つの世界像を対立するものではなく，相補的なものとしてとらえる視点は，ある意味でもっとも合理的なものだともいえる。ただし，こうした合理性が追求されて２つの世界像が統合されるかと言えばそうではなく，近世末においてもなお，リッチ系世界図と仏教系世界図の刊行はそれぞれ続いていく。

さらに，18世紀後半以降には，ヨーロッパ諸国が世界各地を測量した成果を備えた蘭学系世界図と呼ばれる一群が長崎・出島を通じて日本に入ってくる。「正しさ」を求める度合いの強い知識人層たちは，この蘭学系世界図を求めるようになる（金田・上杉，2012）。結果として，近世後期から近世末にかけては実に多様な世界図が市井にあふれることになった。

こうした社会を，地理認識が未成熟であった社会ととらえることはたやすい。しかし，これは現在の世界観に優位性や先進性を認め，それに至る単線的な歴史観を当てはめた理解であることに注意せねばならない。たとえば，近世日本は多様な世界像が許容される社会にあったのに対して，現在は単一の世界像を暗黙的に了解している（了解させられている）社会であるという評価もまた可能だろう。そうしてとらえた時，近世の地図と社会の関係性の検討は，その時代性を明らかにするだけでなく，現代社会の閉塞的で暴力的な科学至上主義の世界観を批判する素材ともなる。

4　地図史からみた近代

（1）　伊能図の位置づけ

世界像が併存する近世日本の状況をふまえた時，現在はそうした多様性を許容しない社会になっていることに気がつく。単一の世界像で構成される社会，もしくは異なる世界像が併存する状況を望まない原理が働く社会こそが近代社会の特徴と言えるかもしれない。こうした点は世界像のみならず国土像でもうかがえる。ウィニッチャクン（2003）はタイのナショナリズム形成に地図のもたらす視覚情報が大きな影響を与えたことを明らかにした。日本の場合，近代国家形成に役割を果たす地図の基礎となったのが伊能図であった。

伊能忠敬（1745-1818）が地図作製を始めたのは1800年（寛政12）で，測量成果をもとにした『大日本沿海輿地全図』が完成したのが1821年（文政４）であった。作製期間でみれば近世の事業である。しかし，伊能図は少なくとも２つの意味で近世図というよりも，むしろ近代図として位置づけることができる（上杉，2015）。

１つはその影響の期間である。伊能図は1821年に作製された後，幕府によって管理された。一部の大名に写し図の提供などは見られたものの，近世社会に直接広まることはなく，人々の国土観に大きな影響を与えることはなかった。社会性という指標から見た場合，伊能図は近世社会との関係性は乏しく，画期的だったとはいえない。

国内で伊能図の内容をもとにした日本図が出版されたのは幕末の1866年（慶応２）になってからであり（『官板実測日本地図』），その影響が社会の中に見られるようになるのは，ようやく明治になってからだった。たとえば，陸軍参謀局（後の参謀本部）の『大日本全図』（1877）や内務省地理局の『大日本国全図』（1880）といった日本図のほか，参謀本部測量局（後の陸地測量部）が1884年から作製しはじめた編集図「輯製（しゅうせい）二〇万分一図」の基礎資料として利用され，近代日本の枠組みを提供していくことになる。

もう１つは表現する国土の画期性である。伊能忠敬の測量隊の高い測量精度は大いに評価すべきだが，**導線法***と**交会法***を基本とする測量方法自体に画期性があったわけではない。たとえば交会法を用いて日本図の精度を高めたのは，伊能図よりも100年ほど前に実施された徳川吉宗による日本図（享保日本図）作製事業でもみられる（川村，2013）。

むしろ，それまでの日本図にはなかった伊能図の画期性は，海岸線によって日本が表現された点にある。前述のように，中世日本図は大和国や山城国といった国の集合体として日本を表現するものであった。こうした国土観は江戸幕府の日本図作製事業にも継承されており，各地の国絵図を組み合わせて日本図を作る工程を踏んでいた。そのため，日本図には必ず国境が表現され，領域の基礎単位は国という意識が再生産されてきた。領域の基礎単位の国がいくつも集まってできたのが日本という，いわば連邦国家的な理解が近世までの日本像だったと言っていい。

一方，海岸線を測量していった伊能忠敬らは，日本図作製にあたっても海岸線を一筆書きのように描き日本を描出した。従来の日本図描写には必ずあった内陸の国境線が，伊能図には表現されることがない。領域の基礎単位が日本であることを明示する日本図がここに誕生することになった。

このように，伊能図が流布した時期や，地図の示す国土像の影響といった点からみれば，伊能図は近代図として扱う方がわかりやすい。この伊能図が描き

導線法は，測点と測点を結ぶ直線（測線）の距離と方位を計測する作業をつなげていく測量法のこと。

交会法は，複数の測点から共通の地物（山頂など）の方位角をそれぞれ記録し，測線の計測値の確認，補正をおこなう測量法のこと。

図 10－10　吉田初三郎『舞鶴図絵』（1924）

資料：京都府立大学蔵。

出した「日本」という基礎単位は，そもそも蝦夷地を含んでいたが，やがて琉球や台湾などを含みこみ，拡大していく。一方で，その過程で単一民族国家の容器としての「日本」が想像／創造され，内地と外地といった領域操作概念も生まれていく。

（2）　鳥瞰図の描いた近代性

近代は視覚の時代ともされ，写真や映像といった視覚メディアが急速に発達し，影響力を持つようになる。地図もそうした視覚メディアの一角を占め，行ったことのない場所を（視覚的に）正しく伝える媒体として利用されたが，その一方で，広告や挿絵などデザイン化された視覚情報も人々のイメージ形成に影響を与えることになった。視覚メディアの多くは原版の印刷や現像，放映などを通じて複製可能であり，不特定多数の人々が同一の視覚情報を受容する体験を共有するようになる（中西・関戸編，2008）。

ここでは，正しさを追求する地形図などと異なり，大胆なデフォルメを施す鳥瞰図（ちょうかんず）を取り上げて，近代性の描写を確認しよう。図 10－10は現在の京都府舞鶴市付近を描いた『舞鶴図絵』（1924）と題される鳥瞰図である。作者は，自らを「大正の広重」とも称した吉田初三郎（1884-1955）で，近代を代表する鳥瞰図絵師であった。初三郎は鉄道省の『鉄道旅行案内』の挿絵を担当し，全国をめぐって踏査をする傍ら，鉄道や船舶を中心とした交通網を表現する鳥瞰図を作っていった。『舞鶴図絵』の場合は，舞鶴―宮津間の路線（宮津線）の開通に合わせた来訪のなかで作られている。

描写の中心は，田辺城下町に由来する舞鶴町と，海軍鎮守府の設置によって誕生した新舞鶴，中舞鶴の三市街地だが，遠くは四国や九州，また青森から北海道までが表現される。そして国内にとどまらず朝鮮半島から中国東北部，樺太も表現され，舞鶴，新舞鶴の港からは朝鮮や樺太に至る航路が表現されている。朝鮮半島は天橋立に近接する形で表現されており，舞鶴から天橋立に行く距離よりも天橋立から朝鮮半島までの距離の方が圧倒的に近いかのようである（上杉，2021）。近代日本では航路で結ばれることで海外の諸地域との時間距離が大幅に短縮されていった。そして国内は鉄道網の発達によって，やはり移動時間がどんどんと短縮されていく時代にあった。初三郎の鳥瞰図はそうした近代の時間と空間が圧縮される感覚や経験を視覚的に表現したことになる。初三郎の鳥瞰図は，全国各地のものが制作され，新聞の付録や商店の配りものなどを通じて一般社会に浸透していったが，そこには時空間の感覚を近代的なものへと更新していく作用も伴っていた。

一方で，こうした鳥瞰図による描写が近代の海外進出，領域拡大といった政治的背景に支えられ，またそれらを補強していた点も忘れるべきではない。この当時，朝鮮や樺太（南樺太）は外地であり，日本の統治下にあった。内地と外地の一体感を醸成するうえで，鳥瞰図は効果を発揮しうるメディアであった。また，初三郎の手掛けた他の鳥瞰図では日本とハワイやサンフランシスコを結ぶ航路，もしくは南洋に向かう航路も表現される。手前に身近な地域が大きく表現され，周囲には海外が小さく描かれる。こうした構図を持つ鳥瞰図は読者に日本の大きさ／強さ／中心性を想像させるに十分な力を有していた。

これまで確認してきたように，地図は社会と無関係に存在するものではなく，特定の条件のなかで作られ，利用されるものである。地図から歴史を読み取る場合，地図内の地名や地物の有無といった点を確認することも重要だが，一方で地図は無垢な存在ではないことを自覚し，その地図の作られた／使われた社会的，政治的，文化的な背景や，そこに明示／暗示されるさまざまな権力に敏感になってほしい。

参考文献

アルヴァックス，M.（2018）『記憶の社会的枠組み』鈴木智之訳，青弓社。

ウィニッチャクン，T.（2003）『地図がつくったタイ――国民国家誕生の歴史』石井米雄訳，明石書店。

上杉和央（2010）『江戸知識人と地図』京都大学学術出版会。
上杉和央（2015）『地図から読む江戸時代』筑摩書房。
上杉和央（2021）『軍港都市の一五〇年――横須賀・呉・佐世保・舞鶴』吉川弘文館。
応地利明（1996）『絵地図の世界像』岩波書店。
応地利明（2007）『「世界地図」の誕生――地図は語る』日本経済新聞出版社。
織田武雄（2018）『地図の歴史　世界編・日本編』講談社。
川村博忠（2003）『近世日本の世界像』ぺりかん社。
川村博忠（2013）『江戸幕府撰日本総図の研究』古今書院。
金田章裕・上杉和央（2012）『日本地図史』吉川弘文館。
黒田日出男（2003）『龍の棲む日本』岩波書店。
中西僚太郎・関戸明子編（2008）『近代日本の視覚的経験――絵地図と古写真の世界』ナカニシヤ出版。
ハーリー，B.（2020）「地図を脱構築する」田中雅大訳，『空間・社会・地理思想』第23号。
三好唯義・小野田一幸（2021）『図説　日本古地図コレクション（新装版）』河出書房新社。

第11章

景観復原とその応用

山村亜希

1 歴史地理学と過去の3つの世界

（1） 歴史地理学と歴史資料

自分が今いる土地は，かつてはどのような地形だったのだろうか。昔の町において，ここはどのような場所だったのだろうか。日常生活の中のこのような素朴な問いに直結する学問が歴史地理学である。一見すると一般社会に親しみやすい学問に思えるが，文献史学・考古学・民俗学などの広義の歴史学と重なる部分も多く，歴史地理学の独自性を一言で答えるのは難しい。

抽象的に説明するならば，歴史地理学は，過去における空間事象を考察する地理学である。歴史学がある特定の時点における社会の諸側面の解明に，空間や景観といった概念を利用するのに対し，歴史地理学は，過去における空間構造それ自体や人間社会と環境との相互関係の解明を目指す。平易に言うなれば，ある現象がどこにあったのか，どのような形であったのか，それはなぜかを問う視点を中心に据えて研究するのが歴史地理学である。その点で歴史地理学は，歴史と時間を重視しつつも，根本的な視角は人文地理学である。

人文地理学の中で歴史地理学が異端に見られる理由は，データとして歴史資料を扱う点であろう。歴史資料には，公文書や記録，手紙や日記，和歌，俳句，紀行文，地誌，物語などの多種多様な文献史料の他，古地図・**地籍図***などの地図資料，発掘調査で得られる遺構や遺物といった考古資料，伝承や慣行，祭礼などの民俗資料がある。しかし，いずれも形成時期から現在に至る時間の中で，時に変化を伴いつつ，「生き残った」過去の残象であることに留意しなくてはならない。また，文献史料や地図資料は，作成者が当時の文脈において，何らかの目的や意図をもって作成したものであり，程度の差はあれ，作成者の主観・恣意性や当時の常識・通念が，記載内容や地図の描写に影響を及ぼす。さらに，同時代に作成された**一次史料***と，後世になって過去を推定考証して作られた二次史料とでは，データとしての扱いも大きく異なる。

たとえ膨大な歴史資料があろうと，今の私たちが直接，歴史資料から知りうることは，過去の世界の一部に過ぎない。だからこそ，分析可能な歴史資料から何を論じ，どのように研究を発展させるのか，直接見聞きすることができない過去の世界をどのように考察するのかという想像力が重要になる。このような歴史資料の特性は，歴史地理学の研究視角や方法にも大きく影響している。

（2）　過去の3つの世界

歴史地理学の研究領域は，H. C. プリンスによると，real world（現実世界，実在的世界），imagined world（認識された世界，主体的世界），abstract world（抽象化された世界，抽象的世界）という3つの世界に分類される（Prince, 1971）。real world の研究は，過去に現実に存在した景観や地理的事象を復原し，その変遷過程や構造の解明を行う。このとき歴史資料は，**史料批判***を経て，作成者の主観や作成状況・経緯に左右されない客観的な地理的情報を抽出するべく，分析が行われる。それでも明らかにできない世界については，論理的な推定で補う。

一方，imagined world の考察では，過去の人間や社会が抱いていた地理・空間・場所に関する知覚や認識，イメージを検討し，それらを形成し受容した社会，思想，文化，知識等の構造や文脈との関連を探究する。過去の人間・社会にとって意味をもつ風景・場所や，無意識に抱いている深層の世界観の考察

地籍図は，明治の地租改正に伴って行われた土地調査事業によって，府県ごとに作られた土地台帳の付属地図。小字ごとに地筆，地目，地番，水路，道を記載する場合が多い。字図，字限図，公図や旧公図などとも呼ばれる。地域の地理情報を全国的に共通した様式で，正確かつ詳細に記載する貴重な歴史資料である。

一次史料は，研究対象時期と同時代に作成された古文書・古地図・古記録であり，二次史料は，対象時期から隔たった後世になって過去を回顧して作成された史料や地誌などを指す。例えば，鎌倉時代に同時代の鎌倉について叙述する『吾妻鏡』は一次史料であるが，江戸時代の地誌を使って鎌倉時代の鎌倉を研究するときの地誌は二次史料である。

史料批判とは，歴史資料の作成年代・時期，作成者，作成目的，利用時期や経緯，方法，伝来を調査し，その他の資料（群）との系譜関係等を検討して，資料を歴史的文脈の中に位置づけ，特性を把握する営み。歴史学における実証研究の基本となる作業である。

も，この研究領域に含まれる。これは，人文主義的地理学や文化地理学の視角やテーマとも重なるところが多い。real world の研究ではノイズとみなされる歴史資料の主観性が，imagined world の研究では逆に分析対象となる。歴史資料の作成者や特性，作成・利用経緯が重要視されると，それらの体系を読み解く資料論へと発展する場合もある。

abstract world の研究は，過去の地理事象の中に秩序や法則，パターンを見出し，空間モデルの構築を目指す立場に立つ。それは，当時の人々が明確に意識していない基礎構造の解明といってもよい。abstract world の研究では，歴史資料は客観的な地理情報を提供する材料として扱われる。しかし，時代が古くなればなるほど，史料的制約ゆえに，基準の揃った地理情報を対象範囲全域に偏りなく収集することは難しく，そこからモデルを見出すには工夫が必要となる。近年は，歴史 GIS の導入によって，多様な資料の総合化，地図化，統計分析が深化しつつあり，一層この分野での研究の進展が期待される（HGIS 研究協議会編，2012）。

もちろん，これら３つの世界は相互に深い関連を持つため，簡単に切り分けられるものではないが，本章では real world（現実世界）の研究を中心に取り上げる。過去の特定の時期における，一定の空間範囲を切り出し，その形態を復原することは，景観復原や景観論と呼ばれ，長らく歴史地理学の主要な研究課題であった。とりわけ，史料的制約が大きい前近代を対象とした研究においては，景観復原に試行錯誤が重ねられてきた。ここでは，前近代の都市を対象とした景観復原研究を通して，景観復原図の作成方法，その読図・解釈の視点と展開，応用について説明しよう。

2　景観復原図の作成方法

（1）「時の断面」と景観史

歴史地理学における景観復原とは，過去における特定の時期の景観を切り取って，その形態を地図化することを指す。この「輪切り」にした景観は，「時の断面」とも呼ばれるが，そこに，どのような時間幅を与えるのかという点で，研究者の間で相違が生じた。それが，「厚み」のある時間で切断する「景観変遷史法」と，「薄い」年次で切り取り，その間を説明的記述で結びつける「クロスセクション」である（金田，2002）。

前者は，歴史資料が十分に残っていなくても，「江戸時代」や「15～17世紀」のように，時間幅を厚く設定することで，地図化に必要な地理情報を多く取り込める点に利点がある。しかし，その時間幅において景観が変化しないかのように表現されるため，発掘調査や史料分析が進み，道や宅地，田畑といった景観要素の形成，変化，消滅などの動きを克明に追える研究段階になると，かつての復原研究の実証的価値が相対的に低下してしまう恐れがある。

一方，後者は，「1086年」や「1585年～1590年」のように，歴史資料が豊富に残る特定の年次・時期において，客観性の高い地図化を可能とする。しかし，その年次・時期は，資料がたまたま残ったという偶然に左右されるのであり，それが景観変化において，意味のあるタイミングであるとは限らない。よって，異なる２枚のクロスセクションの間に変化を見出そうとすると，どうしても両者の相違という平板な記述に終始しがちであり，その間に本来は起こったはずの景観変化の実態をとらえることは難しい。

景観とは，異なる時期に異なる契機で形成された多様な要素が，持続，消滅，再生，移動，変化といった多様なプロセスをたどる中で，その時々に要素が相互に結びついて形成される「生きもの」である。つまり，「時の断面」の時期幅をいかに設定しようと，過去に絶え間なく継起していた景観の動態を正確に把握し，説明することは難しい。それは，景観変化がなぜ生じたのか（要因），誰の作用・影響による変化なのか（主体），どのような過程をたどるのか（プロセス），どのような社会状況が関連しているのか（文脈）といった，景観と相互に関連する事象について，十分な説明を行いえないということでもある。

金田（2002）は，このような問題点を克服すべく，景観の動態，つまり「景観史」の解明を目的とした，新たな研究視角を提起する。それは，「個々の景観要素が，どの時期にどのような状況であったのかを，可能な限り厳密に復原し，それがどのような機能を果たし，どのような変遷をたどったのかといった歴史的な生態ないしベクトルを探ること」である。そして，「個々の景観要素を規定ないし相互規定している状況を分析・統合すること」であるという。つまり，景観史研究では，「時の断面」の厳密な復原よりも，個別の景観要素の変遷プロセスを精緻に復原することと，同時代の文脈をふまえた上で，景観要素の有機的な結びつき，すなわち空間構造を明らかにすることが重視される。

とはいえ，「時の断面」の発想が意味を失ったわけではない。個別分散的になりがちな景観要素を統合し，全体を俯瞰する視点から空間構造を見出すためのプラットフォームとして，「時の断面」の地図化にも十分に意味がある。

このように景観復原研究は，「時の断面」の発想を継承しつつ，景観要素の動態を通じて，景観の基礎にある空間構造を明らかにし，その形成・変遷メカニズムを問う景観史研究へと発展している。それは，自ずと諸事象の時間的変化とそれをもたらした主体や要因を考察する歴史学と論点を共有することにつながり，学際研究として展開することも多い。

（2）　歴史資料を地図化する

ここで景観復原図作成の具体例を示して，読者の理解を促したい。鎌倉は，鎌倉幕府の古都として有名な観光地であるが，私たちが目の当たりにする鎌倉の風景は，言うまでもなく現代の景観である。それでは，武家の首都として機能した鎌倉時代の鎌倉は，どのような形であったのだろうか。また，一言で鎌倉時代といっても，12世紀末の源頼朝による開府から，幕府の滅亡に至る14世紀半ばまでは，約150年間のタイムスパンがある。その間に，源氏将軍三代による体制確立直後に，承久の乱という危機が迫り，それを乗り越えて北条執権が実権を握った結果，得宗専制体制に至るという権力構造の変化がある。当然のことながら，中世都市鎌倉の景観も，建設当初から鎌倉時代を通じて変遷し，空間構造の転換に至る場合もあっただろう。そこで，この約150年間における鎌倉の景観変遷プロセスを地図化し，その変化を検討した（山村，2009）。

中世の鎌倉には，御所や政所といった幕府関連の政治施設や御家人たちの屋敷，寺社，市，町などの景観要素が存在した。しかし，それらが，いつ，どの期間，どこに，どのような形態で立地していたのかをまとめて記す便利な一次史料は存在せず，地図化に必要十分な一次史料の情報量もない。そのため，一次史料のみならず，発掘調査の成果・所見や，後世に書かれた地誌や寺社の由緒書，伝承や地名といった二次史料も網羅的に収集し活用せざるを得ない。このような方針は，厳格な一次史料主義からすれば危ういかも知れないが，全国で最も多くの史料が残る武家の首都ですら，地理情報に転換し，一定の範囲を地図化しうる史料の量は不足しているのも事実である。このように本来は地理情報でない歴史史料の性格の多様さや少なさ，偏りを十分に認識した上で，そ

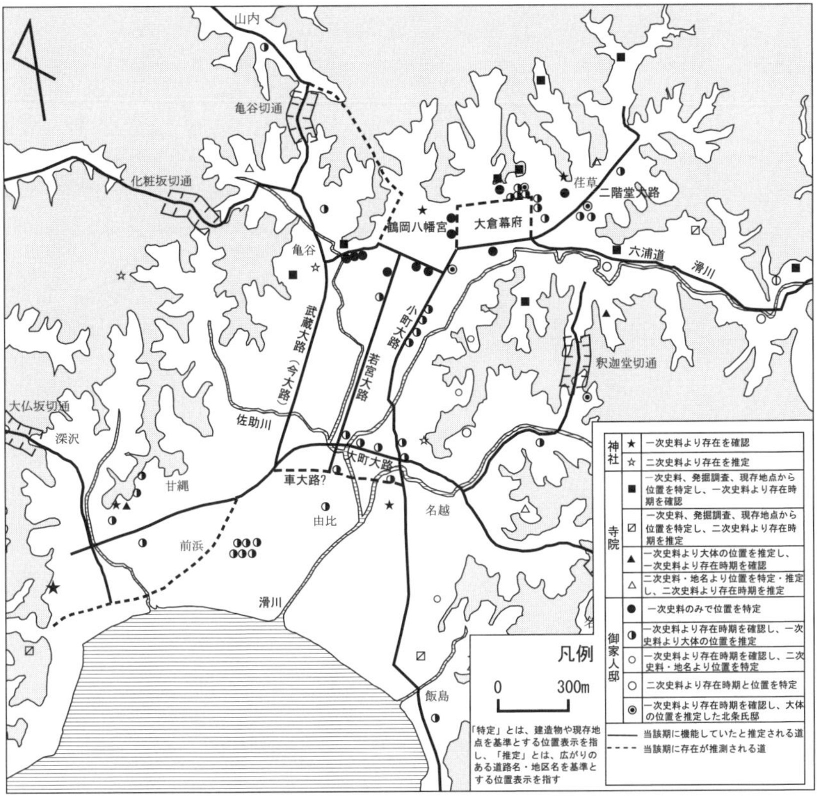

図11－1　1180～1225年における鎌倉の景観

資料：山村（2009）より，掲載の図を一部改変。

の史料的制約にいかに対応し，目的に接近するかは，景観復原研究の腕の見せ所であろう。

鎌倉においては，信憑性の異なる多様な史料の記載から，各景観要素の存在時期と位置を確認・推定し，一種の「住所録」を作成した。当然，この「住所録」の景観要素には，確実に存在したことを一次史料から証明できるもの，存在した可能性が高いが確実ではないもの，存在したかも知れないものが混在している。このような存在・立地の確実度を「住所録」にも分けて示すとともに，景観復原図にも記号を区分して表現した（図11－1）。このような工夫によって，信憑性のレベルの違いに配慮しながら，一定量の地理情報を地図に投影するこ

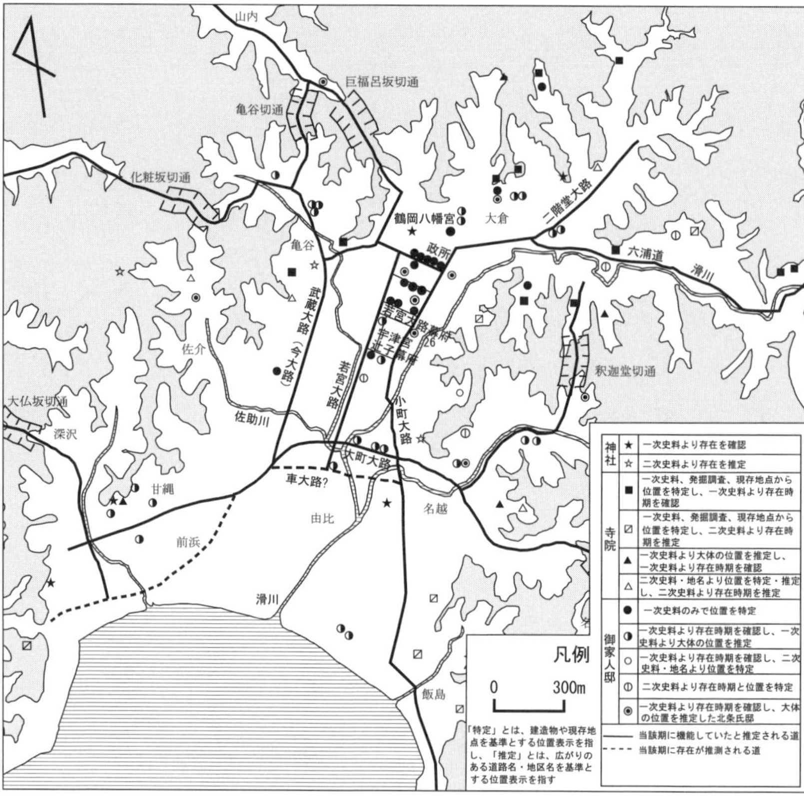

図 11-2　1226～1247年における鎌倉の景観

資料：山村（2009）より，掲載の図を一部改変。

とが可能になる。それでも，記号を全く落とせない空白の部分は生じてしまうが，ここは「何もない」と断定するのではなく，史料の偏りや未発見の可能性を考えて，現段階では不明であると考えておくべきであろう。

さて，史料の残り方によって，鎌倉時代の中でも，地理情報を多く得られる時期もあれば，そうでない時期もある。このような時期による情報量の偏りを勘案すると，鎌倉の景観復原においては，薄いクロスセクションよりも，ある程度の時間幅をもたせた，厚みのある「時の断面」を設定する方が，景観要素をもれなく表現できる点で適している。このように考え，便宜的に政治動向を指標として，①源氏将軍期（1180年～1225年），②執権北条氏の権力確立期

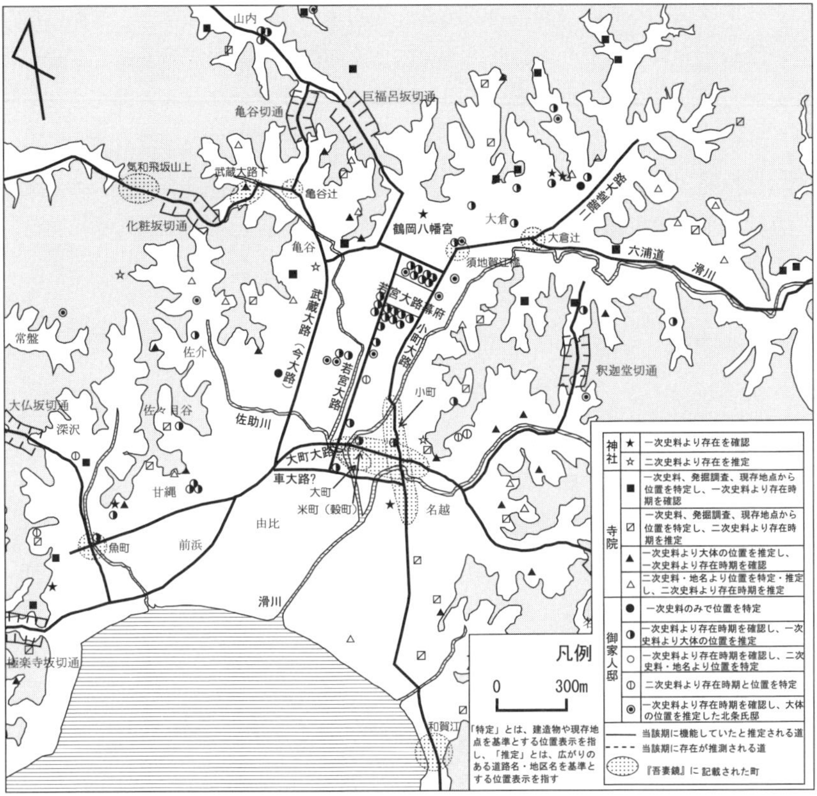

図 11 - 3　1248～1333年における鎌倉の景観

資料：山村（2009）より，掲載の図を一部改変。

(1226年～1247年)，③北条氏の権力安定・衰退期（1248年～1333年）の３時期に区分し，それぞれの時期における景観要素の分布を地図化した（図 11 - 1 ～図 11 - 3）。当然のことながら，これらの図は，３時期の景観要素の位置と形態を正確に余すことなく表現したものではない。景観復原図は，史料的制約の下での推定や考証を大いに含んだ主題図なのである。

これらの景観復原図を時代順に並べて，景観変化の全体的傾向を見出してみよう。①の時期には，北側の広い谷を通過する古代以来の東西道の六浦（むつら）道沿いと，平野の周囲に八手（やつで）のように伸びた，多数の小規模な谷（やつ）の中に，寺社や御家人邸等が点在する傾向が見られた。しかし，②・③の時期になると，鶴岡八幡宮から南に延びる直線道の若宮大路とその周辺の平野低地部にも，御家人邸や町が分布するようになり，空間構造が大きく転換したことが分かる。とはいえ②・③の時期になっても，周縁の谷には相変わらず寺社や御家人邸が点在し続けるばかりか，増加傾向にある。つまり，北条執権権力の最盛期を迎えても，源氏将軍期，ひいてはそれ以前の古代以来の集落構造は維持されたこと，その一方で，平野中央部に新設された若宮大路周辺が13世紀前期以降に都市化し，この新市街の拡大によって，旧集落と連続した新たな都市景観が形成されたことを指摘できる。

3　景観復原研究の展開

（1）　空間構造の形成・変遷プロセス

歴史地理学における景観復原は，景観の形態を地図化するという方法を用いる点に，他の隣接分野にはない特徴がある。文献史料の調査や資料集の刊行，発掘調査の蓄積が進むと，景観の地図化は，必然的に精緻化する方向へと進む。これも研究の進展であるが，より重要なのは，復原図から何を読み取り，どう解釈し，いかに論じるかである。

前節では，鎌倉を事例に景観復原図の作成法について説明した。しかし，「時の断面」である復原図を比較するだけでは，景観変化の全体的傾向をうかがうことができるに過ぎず，景観に変化を生じさせた要因やメカニズムといった空間構造にまで迫ることができない。ここで気をつけたいのが，景観変化を生じさせた主体や政治・社会・経済的文脈の説明のみでは，空間構造を解明したことにはならないという点である。鎌倉の場合，①から②への景観変化を，執権北条氏権力がその政治基盤として都市鎌倉を整備した結果と説明するのは，単純でたやすい。しかし，それは政治・社会のあり方を空間に直結させる歴史学の説明と何ら変わらず，地理学としての独自の「空間」の説明になっていない。

このとき有効なのが，史料状況に応じて景観要素のいくつかを選択し，その要素の形成・変遷プロセスを分析する「景観史」の方法である。中世鎌倉においては，数ある景観要素の中で，街路に注目したい。街路は，一次史料に名称が頻繁に登場し，発掘調査でも部分的に発見されているので，形成・変遷時期

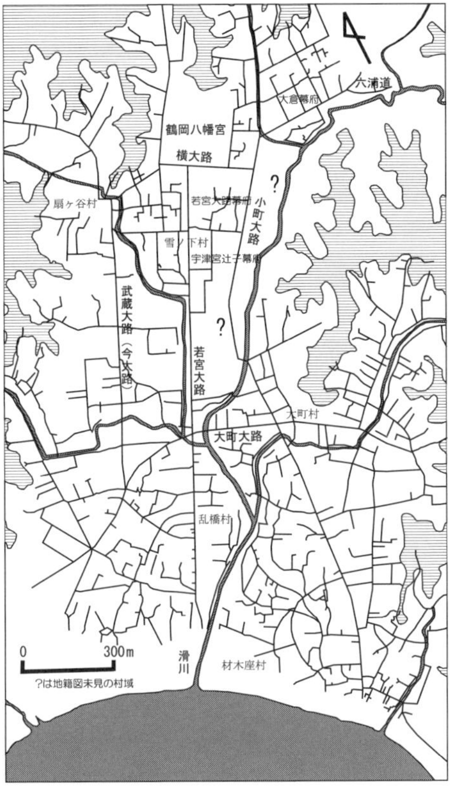

図 11－4　地籍図にみる鎌倉中心部の街路パターン

資料：山村（2009）より，掲載の図を一部改変。

を推定できる上，近世の古地図，地誌や近代初期の地籍図（図 11－4）を用いれば，地図上でその場所と形状を特定できるためである。

①の時期には東西道である六浦道以外に，平野を取り巻く多数の谷の入り口を結ぶように，山際に沿って，小町大路と武蔵大路（今大路）という２本の南北道が存在していた。六浦道，小町大路の旧道は，平野中央部の低地を回避し，山際を沿うよう湾曲しており，地形に合致した形状をしている。これと対照的なのが，小河川の集まる平野中央部の低地を，一直線に貫通する若宮大路である。これは，幕府が鶴岡八幡宮を基準として，計画的に大路を敷設したためである。①の時期に既に若宮大路は敷設されていたが，その周囲はまだ市街化されておらず，平野の低湿地のただ中を，幅の広い直線道が海に向かって延びて

いるだけの風景が想起される。

しかし，②の時期に幕府諸施設と御家人邸が，若宮大路と小町大路の間の空閑地に次々と建設されたことによって，平野中央部の開発が急速に進み，都市景観は大きく変化した。若宮大路と小町大路との間の土地を，幕府関連施設や屋敷が占有したため，それらの間を縫うように，そこかしこで屈曲する不規則な形の小道がいくつも開通された。③の時期に至ると，これらの小道に沿った空閑地に次々に屋敷が建設され，若宮大路周辺の市街が稠密化した。この小道には，中世の都市開発の過程で形成される街路のことを指す「辻子（づし）」という独特の名称が付けられた。そもそも「辻子」とは，古代平安京に碁盤目状に開通された大路・小路の間の空閑地を，中世京都において，新たに宅地や町屋として開発する際，住人の生活の必要に応じて敷設された路地のことを指す。鎌倉にて，当時のもう一つの首都である京都と同じ「辻子」という名称の街路が使用されたことは，京都と同じ時期に鎌倉でも急速な都市化が起きたことを物語っている。その結果として，近代初期の地籍図に残るような，直線道の若宮大路と，その周囲に不規則な網目状に広がる小道群という対照的な街路形態が成立したのだろう。

このような街路形態の形成・変遷プロセスを，先に見出した景観変化の全体的傾向と併せると，以下のような空間構造の変遷を想定できる。①の時期は，既存の東西道（六浦道）沿いと多数の谷に諸施設が集中し，古代以来の景観要素と地形に制約された，分散的な空間構造であった。このような「谷立地傾向」は，②・③の時期においても踏襲される。しかし，②の時期における幕府施設の配置が契機となり，③の時期には平野中央部の南北道（若宮大路・小町大路）沿いに主要施設が集中する，求心的な空間構造へと転換した。このとき，既存の大路と大路の間の空閑地を埋めるように，道路建設を待たずして，幕府施設や屋敷による敷地の占有が先行し，無秩序に市街化が進んだため，後から必要に応じて生活道路の「辻子」が次々と開通した。

このような中世鎌倉における空間構造の形成・変遷プロセスは，幕府内部の体制変化（源氏将軍支配から北条執権体制へ）と，大局的には合致する。しかし，都市としての発展期（③期）と権力体制の最盛期（②期）との間にはタイムラグがある。また，発展期（③期）における「辻子」の開設を含む無秩序な市街化は，「政治都市」として建設された鎌倉が，住人にとって使いやすい生活空間へと変化していく様子を表している。つまり，政治構造の変化と空間構造の転換は完全には一致しない。このズレに，必ずしも歴史学の議論や通説に回収されない，歴史地理学独自の視点による「空間の論理」の発見がある。

（2） 景観の意図と思想

景観復原図の解読は，時に既存の学説や議論を良い意味で裏切り，文献史料や考古資料からは見出せない解釈や発見に至ることがある。このような「地図から歴史を読む」視点は，他分野との学際研究における，歴史地理学独自の貢献にもなるだろう。そのような研究の好例として，足利（1984）による豊臣期伏見**城下町***の研究が挙げられる。

天下人となった豊臣秀吉は，自らの隠居城としての伏見城の建設とともに，京都南部の伏見・宇治周辺において，多数の土木事業を指示し推進した。それは，宇治川の河道付け替え，巨椋池の築堤と大和街道の新設，豊後橋の架橋，宇治橋の撤去，淀城の破却，伏見城下町の建設という，一見すると個々ばらばらで，筋書きの見えない事業であった。足利は，これらの土木事業によって形成された景観を地図化することで，そこに込められた秀吉の意図を読み解いた（図11－5）。それは，急流である宇治川を街道交通の遮断線として利用して，伏見を通らない旧来の大和大路を否定し，山城盆地の南北交通路を巨椋池の湖上の一本道である小倉堤・豊後橋に集約させて，その延長上に伏見城下町のメインストリートを設定することであったという。このように京都と大和を結ぶ陸路の大動脈を伏見に集約すると同時に，伏見城の南面する巨椋池に存在した旧来の諸港の機能も低下・停止させ，城下町の一角にある伏見湊に港湾機能を集約させたとした。つまり，秀吉による伏見城と城下町の造営とは，単なる隠居都市の建設ではなく，伏見という場所を，戦略的に畿内の水陸交通最大の要衝とする意図を伴っていたことになる。さらに，この「伏見経営構想」は，伏見湊から淀川・瀬戸内海を介して東アジアにまで到達する水上交通路の起点形

城下町は，日本の戦国時代から江戸時代における，武家領主（大名）の城郭を中心とし，武家屋敷，商工業者の町屋，市場，寺社などから成る都市。江戸時代には，身分に応じた居住地区分や規則的な街路・街区の設定といった，全国的に共通する都市計画が実施されたが，戦国城下町には共通性・計画性が乏しい。

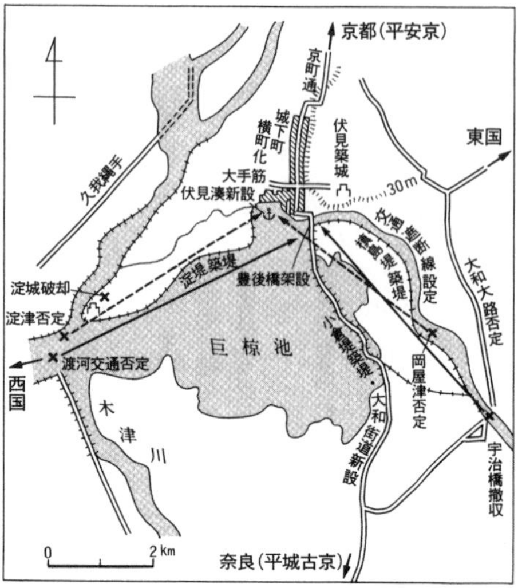

図 11－5　豊臣秀吉による伏見経営構想
資料：足利（2012）。

成でもあったとする。

このように地図から景観要素相互の機能的な結びつきを考察し，そこから過去の為政者による景観形成の意図を見出す思考法は，歴史地理学の得意技の一つである。ここから，さらに踏み込んで，スケールを広げた景観の形態比較から，その深層にある思想とその歴史的・地域的展開に考察を発展させ，文明論にまで論及する研究もある。ここでは，古代都城（とじょう）研究を例としよう。平安京や平城京などの日本の都城は，伝統的に景観復原研究の主要なテーマとされてきた。日本の都城は，律令国家が古代中国の都を模範として建設した計画都市であることから，歴史地理学のみならず古代史全般において，直接の因果関係にある中国やその伝播先である朝鮮半島と比較し，中国の都市計画の伝播と受容を日本都城の景観に探る視点が強い。

そのような中で，東アジアのみならず，ユーラシアの王都を概観する中で，①王権が所在する至高の都市で，②王権による政事・祭事・軍事の諸権力の顕示と行使の場であり，③その権力行使を認証し，正当性を担保する権威としてのコスモロジーを体現する都市が都城であるとする学説が示された（応地，2011）。つまり，都城思想は，東アジアを越えて，インド・東南アジアにまで広がりを持つ。古代インドと中国における都城思想と，それぞれの思想の周辺地域への伝播と受容，その地での都城思想の独自の展開が解釈され，その古代アジア都市論の一部に，日本の都城が位置づけられた。ここでは，都城景観は，その具体的な機能というよりも，深層にある思想や諸文明の表象として解釈される。

（3）　地域環境の中の景観

足利の研究は，伏見城下町の都市景観が，伏見周辺，畿内，日本列島という多様なスケールにおける伏見の立地と密接に関連していたことを示すものであった。このように対象地を，様々なスケールで検討し，異なるスケールにおける立地・形態の特徴を捉え，その関係を考察する視点は，人文地理学全般に通底する。前近代都市を対象とする歴史地理学においても，都市そのものの景観復原と同時に，より広域のスケールで，対象都市の自然環境上の立地や，街道・水路など交通路との関連，周辺の都市・集落との関係を検討し，それらを総合することで，新たな知見を見出すことができる。

ここで，戦国城下町を例として説明しよう（山村，2013）。阿波国の戦国大名三好氏の拠点である勝瑞（しょうずい）は，戦国時代の城下町でありながら，合戦時に籠城できる山城を近くに持たない。三好氏の勝瑞城館自体は大規模で，周囲はデルタ特有の自然流路を引き込んだ幅の広い水堀に囲まれ，天然の要害とみることもできるが，逆に船によって攻め込まれやすい。さらに城下町は，小規模な微高地上に立地するため，集落として利用できる面積は限られているにも関わらず，城館や寺の占める割合が高く，交易を行う市場や町はほとんど推定できない。つまり，城下町の景観を復原すると，勝瑞は危機意識に乏しく，未熟な戦国城下町であったとしか評価できないだろう。

しかし，吉野川下流デルタの地理環境を広域で復原（図11－6）し，その中で勝瑞の景観を再検討すると，その評価は大きく転換する。勝瑞は，吉野川下流のデルタ地帯の中央に位置する。デルタは低湿地で集落立地に向かない反面，周囲に競争相手となる都市や武士の城館もないため，勝瑞はすぐ北を流れる吉野川本流の水運を独占できる利点をもつ。三好氏の出身地でもある吉野川上中流域の生産物は，当時の首都京都を含む畿内の巨大市場に吉野川水運を介して出荷されていた。吉野川河口には古代以来，紀伊水道を介して畿内と往復する

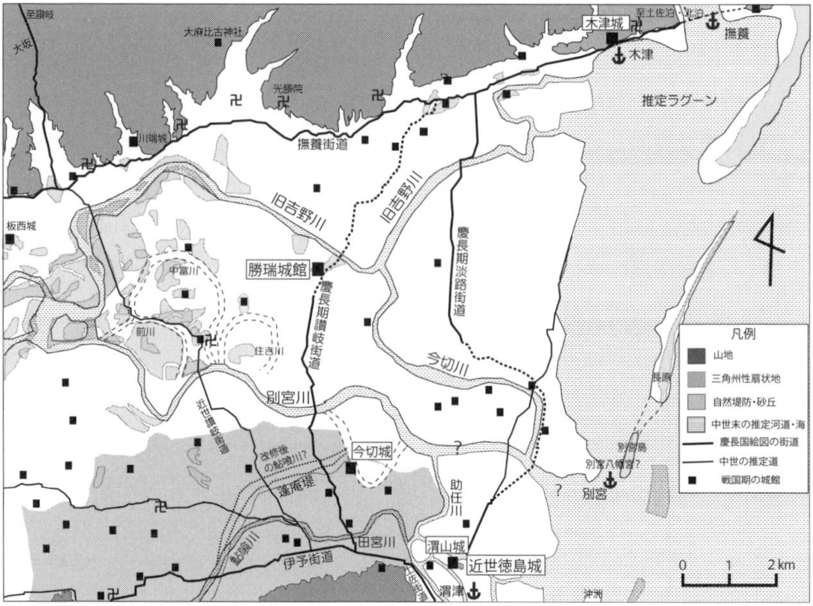

図 11－6　吉野川デルタの地理環境と戦国期の城館

資料：山村（2013）を一部改変。

船が発着する港町がいくつも成立していたが，これらの港町を吉野川水運と共に掌握することで，三好氏は勝瑞にいながらにして，経済流通ネットワークを支配した。また，三好氏一族の本拠地は畿内にあり，畿内と水上交通で結ばれた阿波はその後背地に過ぎないことから，戦国時代の阿波は比較的平和で，勝瑞が攻撃される危険性は低かったことも，軍事軽視，流通重視の町づくりを促進したとみることができる。つまり，勝瑞は城下町建設という高コストな土木事業を行わなくても，地域の自然環境・立地条件を巧みに利用し，地域間交易の結節点と交通の動脈を「点」と「線」で掌握することで，阿波における政治・経済・文化・流通の中心地になり得たのである。勝瑞の景観には，機能面を重視した三好氏による先進的な都市経営の成果が表れているとすら評価できる。

以上のように，勝瑞は，紀伊水道を挟んで畿内に対面する吉野川下流デルタという土地固有の地域環境が最大限に活用された点で，いかにも阿波らしい，ユニークな戦国城下町であった。このように，地域の個性を「再発見」する景観復原研究は，歴史を重視した地誌学でもある。

4 文化財としての過去の景観

（1） 史跡と重要文化的景観

歴史地理学の景観復原研究を現代の地域行政に活かすには，どのような方法があるのだろうか。一つは，研究対象とする歴史遺産に文化財保護法を適用するための調査研究に貢献することである。文化財保護法の適用対象を文化財というので，「歴史遺産を文化財にする」と言い換えても良い。文化財は市町村から県，国まで様々なレベルで認定されているが，ここでは国レベルの文化財に話を限定しよう。現在は，国家レベルの文化財を，国から一方的に認定することは少ない。むしろ，県市町村という地方自治体から，その範囲にある遺跡や景観を国の文化財として認定して欲しい旨を文化庁に申請し，文化庁で審議されて指定・選定されれば，初めて国の文化財となる。国の文化財には多様な種類があるが，歴史地理学は，主に**史跡***と**重要文化的景観***の２つのカテゴリーと関連が深い。

史跡と重要文化的景観は，同じ文化財であっても，指定・選定に向けての考え方が異なる。史跡の指定には，対象となる遺跡が特定の時代・時期の政治・社会・経済・宗教・文化において，どのような意味を持つかという歴史的価値の証明に重きが置かれる。歴史学や考古学に近い考え方の文化財が史跡である。史跡の指定や保全・活用という場面において，歴史地理学には，マルチスケールに景観復原を行う視点と方法を活かして，「点」の遺跡を周囲の自然・人文環境といった「面」の中で位置づける役割が期待されることが多い。

一方で，重要文化的景観の選定には，対象となる景観が過去から現在までの間に，いかに形成され，その後変化し，現在の地域の生活・生業にどのように

史跡は，文化財保護法に定める文化財の種類の一つである記念物のうち，特に重要なものを指す。具体的には，貝塚，集落跡，古墳，墓地，都城跡，国郡庁，城跡，官公庁，戦跡，社寺跡，交通・通信施設，治山治水施設，生産遺跡など多岐にわたる。

重要文化的景観は，2005年に新たに規定された，文化財保護法の対象とされる文化財の一つ。地域における人々の生活又は生業及び当該地域の風土により形成された景観地で我が国民の生活又は生業の理解のため欠くことのできないものと定義されている。

生きているのかの論理が必要とされる。史跡と大きく異なるのは，ある特定の時点における生活・生業に直結した景観のみに限定されるものではなく，長期にわたる人間－自然関係史を通じて形成されてきた景観を指すという点である。そのため重要文化的景観は，特定の歴史的出来事ではなく，自然と日常の生業が直接結びつく農林水産業の村落景観の選定数が多い。文化的景観は風景の文化財とも言われるが，棚田を始めとする農村風景を想起する人も多いだろう。一方で景観とは，地形を含む多様な景観要素（街路，街区，水路，寺社，屋敷・民家，市場，墓所など）が長きにわたる歴史の中で相互に結びついて構成される総体でもあり，その意味では都市景観も含まれる。このように，人間と自然の相互関係史や自然を含む多様な構成要素の総体として景観を位置づける考え方は，歴史地理学が持つ景観の研究視角に近い。選定においては，地理学のみならず，建築学や社会学，農学，経済学，歴史学などの地域に関わる多様な学問分野の協業による調査研究が実施される。

（2）　文化財の保全・活用と歴史地理学

史跡と文化的景観にはこのような考え方の相違はあるが，実際には同じ歴史遺産が史跡としても文化的景観の重要な構成要素としても価値づけられることがある。例えば，岐阜県岐阜市の岐阜城跡の例を見てみよう。岐阜城は山上の城郭と山麓の居館を中心に標高329mの金華山全体から成る山城である。戦国時代に斎藤道三と織田信長が居城としたが，関ケ原合戦の前哨戦で落城した後に廃城となり，近世は尾張藩の「御山」として一般の入山が規制された。それゆえ岐阜城跡には，戦国から織豊期という特定の時代の城郭の特徴がよく現れている。この点に関わる発掘・文献・絵図等の調査と研究によって岐阜城跡の歴史的価値の証明が進み，2011年に国史跡に指定された。

他方で，岐阜城跡を含め，かつての城下町の岐阜町や金華山の北側に流れる長良川一帯は，2014年に国の重要文化的景観「長良川中流域における岐阜の文化的景観」に選定された。ここでは，長良川扇状地において，長良川を主軸とする流通往来の構造が現代まで継承され，金華山麓に城下町由来の岐阜町が存続し，長良川を生業の場とする鵜飼が存続している点が地域固有の都市の文化的景観として評価された。つまり，岐阜城跡は史跡でもあり，重要文化的景観の構成要素でもある。

このように遺跡や景観地を周囲の環境や空間構造の中で位置づける歴史地理学的視点は，遺跡の学術的価値を多角的・総合的に考察する研究の一環をなす。さらに歴史地理学が一層その視点を発揮できるのは，文化財となった後の保全や活用の段階である。現代の文化財の保全や活用は，自治体だけでなく，地域住人が主要なアクターとして期待されている。文化財の周囲は必ずしも指定・選定区域に入らないかもしれないが，そこは地域住人が生活を営む現代の市街地である場合も多い。地域住人にとっては当たり前の日常の風景が，文化財と深く関連している，その一部であることの理解が，地域主体の保全・活用の第一歩である。このとき，過去と現在を一枚の地図上に表現できる歴史地理学の景観復原の視点と方法は，地域住人に文化財が「今」とどのように関連しているのかを伝えるのに大いに役立つ。

平成の大合併以降，市町村の領域が大幅に拡大し，市町村が管理する文化財は質量ともに増大している。膨大で多種多様な文化財が市町村域内に存在する以上，自治体の側では文化財を総合的に把握し，計画的に保存活用を考えるとともに，理解しやすいストーリーで相互に結びつけ，文化財を積極的にまちづくりに活かすことが求められている。このような状況を受けて近年は，市町村において文化財の保存・活用に関する総合計画の「文化財保存活用地域計画」の策定が進められている。過去と現在の景観を地図上で表現し，その意味を解く歴史地理学の景観復原研究は，このような場面においても貢献できることが多いだろう。

本章で紹介した内容は，歴史地理学の多岐にわたるテーマの一部に過ぎないが，景観復原という歴史地理学の伝統的かつ基本的な研究領域に限っても，課題は山積し，その可能性は広く開かれている。歴史地理学の視点と方法，思考の面白さは，今なお魅力的であり，今後の学問においても社会においても，有用なものであり続けるだろう。

参考文献

足利健亮（1984）『中近世都市の歴史地理――町・筋・辻子をめぐって』地人書房。
足利健亮（2012）『地図から読む歴史』講談社。

応地利明（2011）『都城の系譜』京都大学学術出版会。

金田章裕（2002）『古代景観史の探究――宮都・国府・地割』吉川弘文館。

山村亜希（2009）『中世都市の空間構造』吉川弘文館。

山村亜希（2013）「阿波勝瑞――城下町の立地と景観」中世都市研究会編『中世都市から城下町へ』山川出版社。

HGIS 研究協議会編（2012）『歴史 GIS の地平――景観・環境・地域構造の復原に向けて』勉誠出版。

Prince, H. C. (1971), “Real, imagined and abstract world of the past”, *Progress in Human Geography*, No. 3.

第Ⅴ部

地域の未来に向けて実践する

第12章

政策論としての地理学の可能性

梶田　真

1　公共政策と地方政府／自治体

（1）公共政策における地理学的な視点

本章における政策は，公共政策（public policy）を意図している。公共政策とは，民間部門だけでは解決あるいは供給できない公共的な課題・問題に対処し，公共部門の介入によって，その解決・提供を図ることにより，国民の福祉を増進させることを指す。もちろん，公共部門の介入が正当化される財やサービスが何であるのか，その範囲を正確に特定することは難しい。また，国民の福祉に資する領域とは，私たちの生活の全てに関わっているといっても過言ではない。そして，その優先順位などをめぐって地域間あるいは社会階層間での対立があること，政治家が自らの利益のために公共政策を利用している現実が存在していることも紛れのない事実である。

本章において，地理学の見方・知見が政策論に資する部分を列記していくことは一つのやり方であろうし，地域政策のように，目的が明示的に空間性を持っている政策領域もある。その中で，本章では，なぜ公共政策において地理学的な視点が不可欠なのか，ということについて話を進めていきたい。なお，地方行政の観点からみたときに，国の形態はおおきく単一国家と連邦国家に分けられる。前者では，中央政府が国家主権をはじめとしたさまざまな権限を独占的に保持し，その下で自治権を行使する存在として地方自治体が設けられるのに対して，後者はもともと独立した国であったものが集まって形成されたため，旧国はそれぞれ州として多くの権限を保持しつづけており，地方政府と表現されることが多い。しかし，紙幅の制約から，本章では「地方政府／自治体」と統一的に表記し，議論していくことにしたい。

（2）　地域によって異なる政策手段

最初に，国の政策ですべてをカバーすることができるのか，ということから考えてみたい。

年少人口の増加による人口維持，低所得地域の経済的キャッチアップなど，政策目標として普遍性を持ったものは数多く存在する。しかし，それを実現する上で，全ての地域で効果的に機能する，万能な（one-size-fits-all）政策手段はあるだろうか。たとえば，過疎地域において年少人口が少ないのは，若い世代の他出により，子供を産み育てる年齢層の人口が少ないことが主たる原因である。一方，都心周辺の地域では，晩婚化や共稼ぎによって出生率が低いことや，地価が高いためにある程度子供が大きくなると他地域へ転居してしまうことが理由になっている。政策目標が同一であっても，この２つの地域において効果的に機能する政策手段は異なる。

地域開発についても同様のことがいえる。国が策定した政策や，地域の実態を十分に理解していない外部の専門家が立案した計画が実情に即していないために効果的に機能せず，時には悪影響を及ぼすことすらあることがしばしば指摘される。たとえば，かつての農業基本法が目指した大規模で効率的な農業生産体制への再編，という政策目標は河川沿いの狭隘な低地に急峻な山々が迫る山間部では適用しえない。

それゆえに，地域の実情を良く理解している住民や機関が自ら政策目標や手段を考え，実施していく**内発型開発***や，外部の専門家が当該地域の諸アクターとの討議を通じて，専門知識とローカルな知識や実情を摺り合わせながらよりよい開発を目指す，参加型開発の考え方が出現してきた。大分県の奥地山村である大山村（のちに大山町。現在は日田市大山町）は，上記したような国の農業政策が自分たちの地域では効果的に機能しえないと考え，梅と栗を戦略的な作物とする独自の農業開発を進め，成功を収めた。

（3）　サブナショナルな政策における主体と体制

このように国では，それぞれの地域の実情を把握し，これに即した政策立案・実施ができないような政策領域では，より地域に近い地方政府／自治体が政策を立案・実施することが適切になる。では，次にどのようなスケールの地方政府／自治体が，どのような体制で政策を実施することが適切であるのかについて考えていきたい。

かつて，中村剛治郎ら地方財政学に起源を持つ地域経済学者と矢田俊文ら経済地理学者の間で，地域経済のとらえ方や政策のあり方をめぐる論争があった。前者は一つの地域的なまとまりを持ち，集合的な意思決定の機能を持つ地方政府／自治体の主体性を強調し，後者は，現実の産業の空間的展開や経済循環に即した地理的範囲・スケールに基づいて政策を考えていくべきであることを主張した。経済現象の把握という点において後者の主張は正当であるが，現象の広がりと行政域の不一致により，単独の市町村あるいは都道府県では効果的に対処できない問題も多々ある。

適切な政策実施の地域スケールが市町村，都道府県といった既存の地方政府／自治体のスケールと一致しない場合には，複数の市町村・都道府県の連携，あるいは国や都道府県の出先機関・支所による対応などが考えられる。しかし，前者では複数の市町村・都道府県の間での利害対立や費用負担などを調整しなければならない。複数の市町村によって共同で事務を処理する**一部事務組合***が使いにくい制度であるといわれるのは，この合意形成の難しさに起因している。一方，国や都道府県の出先機関・支所は組織内の一部局に過ぎず，長も行政職員が務め，地域住民から選挙で選ばれるわけではない。そのため，政治的な代表性を持っておらず，独自の施策を打ち出すことができる余地が限られており，国や都道府県の方針と整合的でない施策を行うことは難しい。

（4）　地方政府／自治体の最適規模

このような中で最下層の地方政府／自治体（以下「基礎自治体」）の最適規模の問題について考えていきたい。日本では市町村が基礎自治体に該当する。イ

内発型開発（endogenous development）は，地域外からの技術支援や資金援助・投資に依存した形で実施する外来型開発に対し，地域内の諸アクターが主体的に立案・実施することで，地域の実情や住民の選好に即した開発を行う手法を指す。

一部事務組合とは，複数の市町村（特別区などを含む）により共同で事務を処理することを目的として設置される行政機関である。一部事務組合が扱っている主な事務にはゴミ・し尿処理，消防などがある。戦後，市町村が扱う行政事務範囲の拡大によって一部事務組合の数は増加していったが，平成の大合併後は，広域化した合併市町村の事務に移管されたケースも多く，2000年度から2019年度の間に，組合数は2,158から1,293に減少している。

ギリスの歴史学者・政治家 J. ブライスは「地方自治は民主主義の最良の学校である」と述べ，地域住民が自らの目の行き届く範囲の中で代表を選出し，意見を述べ，運営に参加する地方自治こそが民主主義を学ぶ最良の場であるという考え方を示している。基礎自治体は，住民に最も近い地方政府／自治体であり，**補完性の原理***に従えば，基礎自治体ができることは基礎自治体が行い，基礎自治体でできないことをより上位の政府／自治体が補完する形をとることが望ましいことになる。

地方政府／自治体は，国とは異なる法人格を持ち，地域住民の代表である議員そして首長による間接民主制によって運営される。社会的な同質性が高く，規模の小さな基礎自治体は，合意形成を取り付けることが相対的に容易であり，住民の選好と集合的な決定の乖離は小さい。しかし，職員数の制約から，専門的な事務に対処することができず，施策の実施において規模の経済（スケールメリット）を発揮できないため，コストが割高になる。他方で，規模の大きな自治体は，多くの職員を持つことができるため，専門性の高い部署を設置したり，専門的な知識を持った職員を配置することで高度な事務に対応することができ，規模の経済を発揮して，効率的に施策を実施することができる。けれども，社会的な同質性の低下や規模の拡大に伴い，合意形成を取り付けることが難しくなるとともに，集合的な決定と住民の選好との乖離が拡大する。

それゆえに，地方政府／自治体の最適規模は，両者のトレード・オフ関係としてとらえることができる。

地方財政学者 W. オーツの説明にしたがって図式的に示すと図 12－1 のようになる。この図の縦軸は，厚生の大きさを示し，横軸は集団の規模，すなわち，それぞれの地方政府／自治体の人口規模を示している。曲線 OC は，人口規模が増加することによって規模の経済が生み出す費用節約効果の大きさに対応しており，財やサービスをより安く購入できるようになったことによる厚生の増大を示している。この曲線は原点に近いところでは急上昇するが，次第に傾斜はゆるやかなものに変化していく。これは人口規模の増加が進むにつれて，費用節約効果は逓減していくと考えられるためである。

他方で，曲線 OL は，望ましいと考える水準の財やサービス供給との乖離によって住民が被る厚生の低下の大きさに対応している。この曲線は，住民が 1 人の時はその住民の望む水準で財やサービスが供給されるが，人数が増えるに

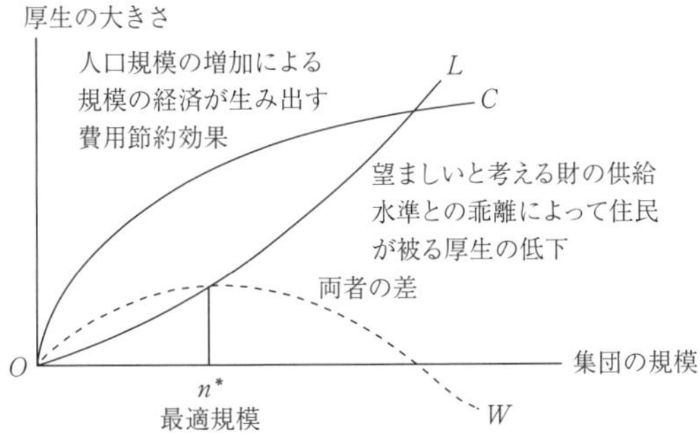

図 12-1　地方政府／自治体の最適規模

資料：オーツ（1997）の図 2-1 を一部改変。

従って集合的な決定によって財やサービスの供給水準が決められ，自身の望む水準との乖離が拡大していくことを意味している。曲線 *OL* の方は，人数が増えるに従って傾きが急になっていくと考えられる。

このような想定下で決定される地方政府／自治体の最適な規模は，曲線 *OC* によって示される費用節約効果と，曲線 *OL* によって示される住民の望む供給水準からの乖離による厚生の低下の差を示す曲線 *OW* において，値が最大となる n^* になる。

以上の説明は，人口規模のみに注目したものであり，平成の大合併でも，人口規模の拡大ばかりが強調された。しかし，曲線 *OL* および *OC* の形状は地理的な要因に大きく左右される。たとえば，山間部で地形的制約から集落が点在しているような地域では人口規模が大きくなっても財やサービスの供給においてさしたる費用節約効果は望めず，曲線 *OC* は下方にシフトするだろう。同様に，歴史的・社会的に一体性を持った地域であれば，人口規模が増大しても，住民の望む財やサービスの供給水準の差異は相対的に小さなものであると考えられ，曲線 *OL* は下方にシフトすると考えられる。

平成の大合併を含め，過去の**市町村合併***政策において人口規模のみに注目し，

補完性の原理（principle of subsidiarity）とは，できるかぎり小さな地域単位の団体で自治を行い，その地域単位ではできないことのみをより大きな地域単位の団体で補完していくことが望ましい，という考え方である。この原理は EU が採用したことで広く知られるようになったが，その背景として，EU が加盟各国，とりわけ小国の権利を奪うものではないことを納得させるための手段として利用したことが指摘されている。

地理的な視点を欠いた合併計画やその強行は決して望ましい結果を生み出さなかった。たとえば，産業政策などにおける志向性が大きく異なる都市と農村とによる市町村合併では，しばしば人口規模の大きな前者の意向が合併後の政策運営に反映され，後者が周縁化される事態が生じている。

2　地方政府／自治体の領域編成と再分配

（1）　地方政府／自治体の領域編成

地方政府／自治体，とりわけ基礎自治体の間では財政力に大きな差がみられる。これは住民の社会的構成の差異，産業立地の地域的な偏在などによってもたらされたものである。

ここで，所得の低い住民が低い税率と充実した財やサービスの供給を求めて財政力のある地方政府／自治体に流入することで，財政力の平準化が図られるのではないか，と考えるかもしれない。しかし，多くの住民が居住を望めば，限られた土地をめぐる競争が生じて地価・賃料が高騰し，富裕な住民でなければ居住することが難しくなる。さらに富裕層が卓越する地方政府／自治体では，貧困層が流入することを阻止するため，さまざまな条例や制度などを設けるよう政治的に働きかけ，流入阻止を図ることもできる。現実社会においても，異なった社会階層の住民が地理的に分化していくことはよく知られている。住民の発議によって市町村を設立することができ，インナーシティにおける貧困層の集中や治安の悪化が明瞭に認められるアメリカ合衆国では，富裕層が多くを占める郊外地域が中心市に組み込まれることなく独自の市町村を形成する傾向が顕著にみられる。このような現象は，政治的分節化（political fragmentation）と呼ばれている。これは富裕層が自分たちの望む水準の財やサービスの供給を求め，納めた税金が貧困層を対象とした福祉政策などに用いられることを望まないことによって生じる。設立された市町村では，税やサービスの内容や水準などを独自に決めることができる上，地価や家賃の高さに加えて，貧困層の流入を防ぐための諸制度を設けることで富裕層に純化した地域形成も可能になる。

イギリスの地理学者 R. J. ベネットは，このようなアメリカにおける行政領域の編成を模式図として図 12－2 のようにまとめている。中心市を取り巻く郊外地域では，機能的には一つの都市圏をなしているにもかかわらず中心市とは

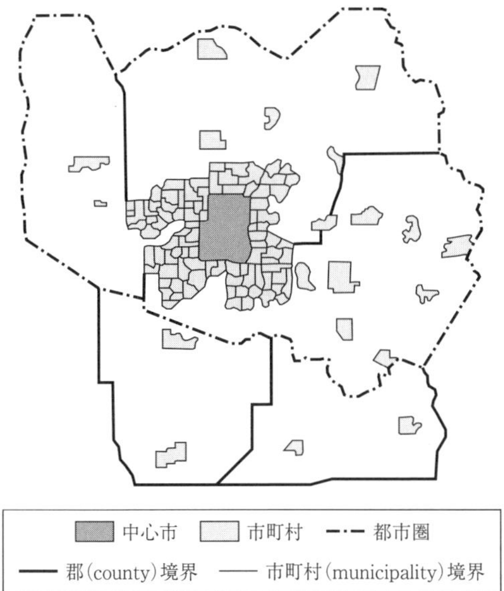

図 12－2　アメリカ合衆国の地方政府／自治体の領域編成に関する模式図

資料：Bennett（1986）。

別個の市町村を形成し，こうした市町村が中心市を取り巻く形で多数併存している。中心市の都市圏の外部を中心に，郡の中で市町村が設立されていない地域も広範に存在する（市町村が設立されていない地域では郡がサービス供給などを行う）。こうした領域編成の結果，多くの貧困層を抱えているにも関わらず富裕層からの税収を得ることができない中心市は，厳しい行財政運営を余儀なくされている。地方財政学者 C. ティブーは，このようなアメリカの現実に対して，住民は居住地選択を通じて自らが望む水準の財やサービス供給を行う地方政府

市町村合併とは，様々な目的のために複数の市町村を統合し，規模の拡大と広域化を図るものである。1889年に市制町村制が施行される直前において，町村（当時，市は存在しなかった）の数は全国で７万を超えていたが，明治の大合併（1887～1888年），昭和の大合併（1953～1956年），平成の大合併（1999～2006年）の３度の全国的な市町村合併政策によって2020年時点で，市町村の数は1,718まで減少している。明治の大合併と昭和の大合併は，行政事務の拡大に対応した規模への再編成を目的としていたのに対し，平成の大合併は厳しい財政状況に対処するための効率化を目的としていた。

／自治体を選択する，という理解に基づいた**「足による投票」モデル***を提起し（Tiebout, 1956），地方財政学や公共選択論の研究に大きな影響を与えた。

もちろん，租税と再分配，そして地方自治の制度が異なれば行政領域の編成も大きく異なる。ベネットの論文ではイギリスそして旧・西ドイツの領域編成の模式図も示されているが（図12-3），そのありようはアメリカとは全く異なったものになっている（なお，ベネット論文の発表当時から現在までの間に各国の行政制度は改変されており，現在のものとは異なる部分があることを断っておく）。両国では，中心市をとりまく形で比較的，規模の似通った郡そして基礎自治体が編成されており，両国の間でも基礎自治体の規模は大きく異なる。

（2）　ナショナル・ミニマムと再分配

上に述べたような違いが生まれている理由は多岐に渡るが，地方政府／自治体が領域全体を網羅し，アメリカのように住民の発議によって設立することができない，という制度的な違いや，社会的・経済的環境の違いによる居住地移動の頻度の差異も重要な理由の一つである。

アメリカの状況は，古典的な地方自治，すなわち住民の集合的な意思決定によって財やサービスの供給水準と対応した税率を設定することの困難性を示している。課税客体（課税対象となるもの。たとえば個人や法人の所得，土地・家屋等の固定資産など）に恵まれた富裕な地方政府／自治体はより低い税率でより高い水準の財やサービスを提供することが可能であり，貧しい自治体は，高い税率を課しても十分な水準の財やサービスの供給を行うことは難しい。それゆえに，日本では戦後の地方自治のあり方をめぐる議論の中で，適切な財政調整が行われなければ地方自治を成り立たせることはできない，という主張がなされている。

多くの国では，**ナショナル・ミニマム***として，国の責任によって居住地に関わらず一定の財やサービスの供給を保証し，そのために必要な財源を全ての地方政府／自治体に保障する制度が設けられている。このような制度は財政調整制度（fiscal equalization scheme）と呼ばれる。ベネットの模式図において，旧・西ドイツでアメリカのような領域編成がみられない理由の１つとして，同国が国内の全ての地域における「同等の生活条件の確立」を掲げ，その財政的な裏付けとして財政調整が行われていることがあげられる。

日本では地方交付税がこの制度に相当し，行政領域ごとに数式によって財政需要を算定し，その総額（基準財政需要額）を各都道府県・市町村に保障している。長年に渡って政権与党の座にありつづけている自由民主党は財政力が弱い都道府県・市町村が多い地方圏・農村地域を支持基盤としており，高度経済成長期の過疎問題の顕在化を契機として，こうした地域への手厚い財源保障を続けてきた。図12－4は，市町村における地方交付税による再分配（2019年度）を示したものである。人口あたりの地方税額は三大都市圏をはじめとした大都市圏の市町村の方が大きいが，地方交付税で保障される財源額（基準財政需要額）の人口あたりの額は，地形的な制約や居住の分散性などによって行政コストが割高となる国土縁辺部の市町村の方がはるかに大きい。その結果，地方税と普通交付税（地方交付税総額の94％）の合計額の人口あたりの額は国土縁辺部の市町村の方が大きなものとなっている。

20世紀の間，規模の経済を享受できない国土縁辺部の小人口の町村が合併を行うことなく，フルセットの財やサービスを提供することができたのはまさしくこの地方交付税制度による財源保障によるものであった。

（3）日本における領域編成の変化

ここまでの内容を踏まえて，都市化そして市町村合併政策と関連づけながら，日本における市町村領域の変化をみていきたい。大都市圏と地方圏の状況が共に把握できるよう関東の5都県（東京都・神奈川県・千葉県・埼玉県・茨城県）の市町村を取り上げてみていきたい（図12－5）。

1920年の状況を見ると当時の東京市の範囲は現在の東京都特別区よりもかなり小さく，それ以外の市は八王子市（旧・東京府），横浜市（神奈川県）・横須賀市（同），水戸市（茨城県）の4市だけであった。5都県は，平坦な関東平野に

「足による投票（voting one's feet）」モデルは，社会が分権化され，多数の地方政府／自治体により多様な内容・水準の地方公共財が供給されている状況下で，住民が自己の選好にあった地方公共財を供給している地方政府／自治体を居住地として選択する（「足による投票」）ことによって，効率的な地方公共財の供給が実現されることを示したものである。

ナショナル・ミニマムは，国が国民に対して保障する最低限度の生活水準を指す。このうち，地方政府／自治体が供給することが適切である財やサービスについては，国が様々な形の補助金を交付することで財源を支援する。財政調整制度はその中核をなすものである。

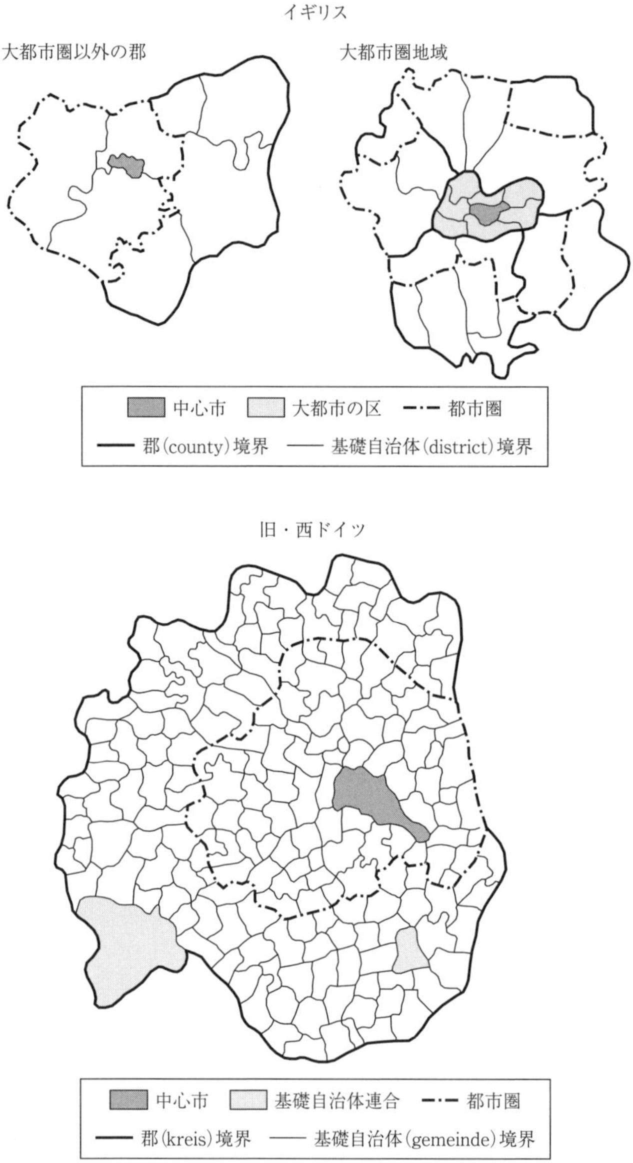

図 12－3　イギリスおよび旧・西ドイツの地方政府／自治体の領域編成に関する模式図

資料：Bennett（1986）。

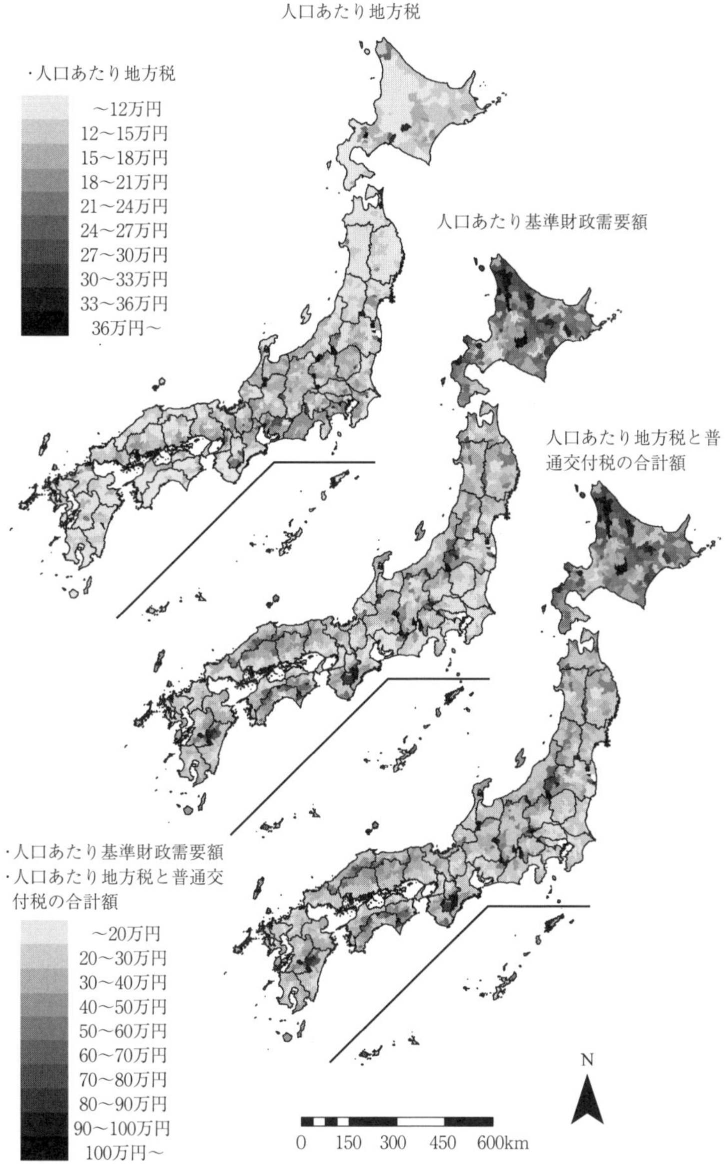

図 12－4　地方交付税制度を通じた地域間所得再分配（2019年度）

注：地方交付税制度の適用外となる東京都特別区（人口あたり地方税以外）および避難指示により人口が0であった福島県富岡町，大熊町，双葉町，浪江町（全て）については色をつけていない。

資料：総務省『市町村別決算状況調』に基づいて筆者作成。

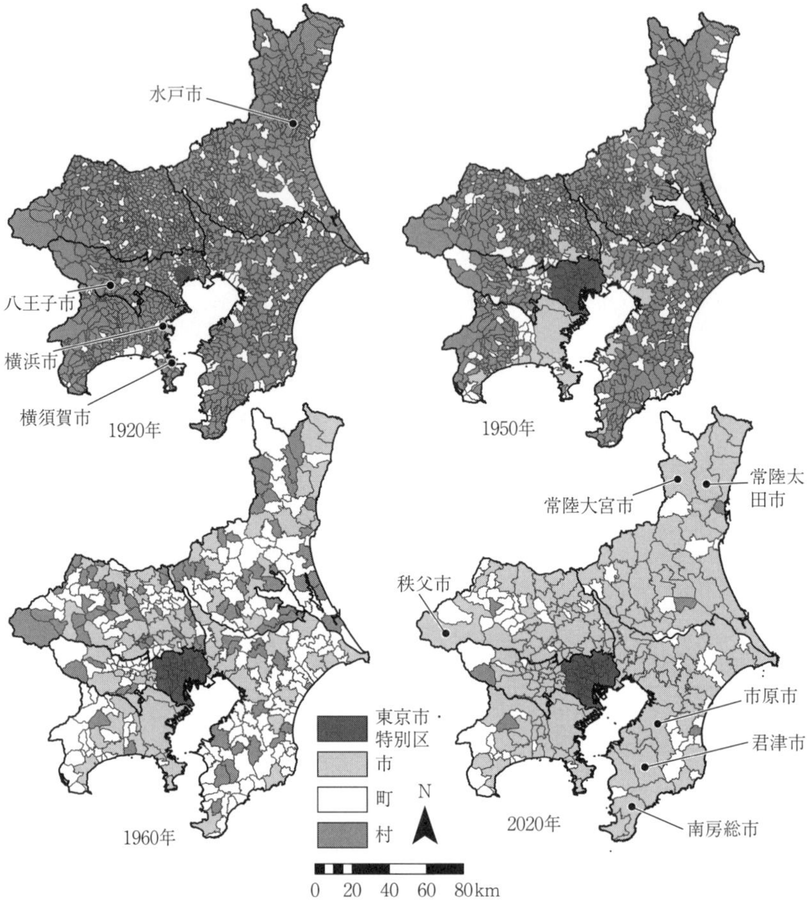

図 12－5　関東5都県（東京・神奈川・千葉・埼玉・茨城）の市区町村領域の変化
資料：国土数値情報の行政境データに基づいて筆者作成。

位置していることもあり，山間部等の一部の地域を除くと市町村の面積は均質的であった。東京市を取り巻く形で町が連担している点を除けば，村の中に町が点在する状況である。先にあげたベネットの模式図でいえば旧・西ドイツに近い形であったといえる。これが1950年になると，関東大震災（1923年）後の東京市の周辺郡の編入による拡張をはじめ，東京大都市圏の拡大によって，京浜地域を中心に市が連担するようになると共に都市化した町が市に昇格し，近隣の町村を合併して広域化していく。

このような動きの中で1953～1961年にかけて昭和の大合併が行われる。1960年の領域編成を見ると，戦後に求められた地方行政を実現できる規模への再編成を目的とし，国や都道府県による強力な指導の下で行われたこの合併政策により，全域的に合併による広域化が進み，村から町，町から市への移行が進んでいることがわかる。その一方で東京都特別区に接する地域では合併を行わない，あるいは小規模な合併にとどめた，相対的に面積の小さな町あるいは村が存在している。

以後，2000年までは大規模な市町村合併政策は行われず，千葉県の内房地域（市原市，君津市など）において，工業開発に伴い内陸部の町村を含めた大規模な合併が行われた点を除くと，領域編成に大きな変化はみられていない。埼玉県西部や茨城県北部の山間部の市町村は，過疎地域に指定され，著しい人口減少を経験しているが，地方交付税による税源保障により，合併することなく1960年当時の領域編成が維持されている。

しかし，2001年の小泉純一郎政権の発足によって，このような方針が転換され，小人口町村を対象とした地方交付税の削減策が実施されると，これらの市町村は平成の大合併（1999～2006年）による合併市町村への財政措置の後押しもあって合併へと突き進んでいく。昭和の大合併とは異なり，平成の大合併は財政危機を背景とした，行財政の効率化を目的としたものであったため，東京近郊の市町村ではほとんど合併が行われず，もっぱら５都県の外縁部で行われた。その結果，2020年時を見ると秩父市（埼玉県），常陸大宮市（茨城県），常陸太田市（同），南房総市（千葉県）のような山間部や半島の先端部において，多数の市町村の合併による広域の市が誕生し，ほとんどの地域が市で覆い尽くされるようになった。東京都特別区の周辺には面積の小さな市が数多く存在しているが，これはアメリカのような，郊外に居住する富裕層が中心市から独立した市町村を維持しようとした結果ではなく，財政的に合併する「必要性が薄かった」結果であると考えるべきであろう。先に示したように，財政的な問題が生じないのであれば，望ましいと考える財やサービスの供給水準との乖離の点から，小さな市町村の方が住民によりよい厚生をもたらすことになる。

このようにして，現在の日本では，アメリカともイギリス・旧・西ドイツとも異なるモザイク状況の領域編成が生まれることになった。それは，主として目的の異なる大規模な市町村合併政策によってもたらされたものであるといえる。

もっとも，前記したように，合併によって規模が拡大すれば，役場や議会を1つに集約化し，職員・議員数を削減することが可能になるなど，効率的な形で行政施策を行うことができる反面，合意形成は難しくなり，住民が望ましいと考える財やサービスの供給水準との乖離は拡大していく。先に記したような山間部や半島の先端部などでは合併後も厳しい財政状況の下での行政運営を迫られており，政策運営の主導権や公共投資の地域配分をめぐって，旧市町村の間で政治的対立や混乱が生じているところが少なくない。

3　地理学はどのような形で公共政策に関わっているのか

（1）　地理学は政策形成のどの領域で活躍しているのか

ローカルな自然的・社会的・経済的な特徴とその総体としての地域を理解していなければ，効果的な政策目標，そしてその実現のための政策手段を見定めることはできない。その意味で地理学の素養を持った行政職員は幅広い分野において有用な貢献をなすことができる。地域プランニングの分野においても，ヨーロッパの農村では，地域マネジメントや振興機関の専門家として地理学の専門的なトレーニングを受けた者が数多く活躍しており，同様のことがいえる。地理学の学問的なプレゼンスの高いヨーロッパでは，地理学が扱う領域の一部としてプランニング（都市計画・農村計画）が組み込まれていることも少なくない。前記した補完性の原理の考え方に基づき，地方分権化によって権限そして財源の地方自治体への委譲が進んでいく中で，地方政府／自治体，特に基礎自治体の重要性はますます高まっている。地理学が公共政策において主として貢献してきたのは，生活に密着したローカルな領域であるといえる。地域を総体的にとらえるトレーニングを受けた地理学者が，地方政府／自治体，特に基礎自治体の現場において活躍していることは，学問の性格を考えれば自然なことであろう。また，地理学者は，学識経験者などの形でそれぞれの地域において様々な委員会・審議会等において活躍している。近年，全国の大学で誕生した地域系学部においても，地理学者は多様な形で貢献している。

他方で，国においても地理学の素養や見方は重要な意味を持っている。都道府県・市町村間で財政力に大きな格差がある中で，ナショナル・ミニマムを保障し，地方自治を機能させるためには国の責任で適切な地域間の再分配を行うことが不可欠であるし，どのようなスケールあるいは体制で政策を実施していくことが効果的であるのかを考えていく上でも地理学的な見方は必須である。都道府県においても，市町村間の連携や調整を図ったり，専門性の高い知識や事務に関する支援を行う上で同様のことがいえる。しかし，国や都道府県レベルでの政策形成における地理学の影響力は限定的である。その一因は，公務員試験等において地理学の区分がなく，人文・社会科学内での規模の小ささや位置づけと相まって，こうした場に関わることができる機会が限られていることにある。

（2）　行政の外部から公共政策に関わる3つの方法

一方，地理学者は，行政の外部からどのような形で政策形成に影響を与えることができるだろうか。

K.ウォードは，地理学者が公共政策に取り組む際の異なったアプローチとして①活動主義型地理学（activist geography），②参加型地理学（participatory geography），③政策地理学（policy geography）の3つを挙げている（Ward, 2007）。

活動主義型地理学では，**アクション・リサーチ***が想定され，地理学者が話し，書くことを通じて市民に影響を与えていくことに主眼が置かれる。これは研究者が自らの研究成果に基づいて「正しい」と考える政策を実現していく上で，世論形成を重視するアプローチである。日本の地理学者でも，環境問題や資源問題に関して，住民運動や訴訟に関わる活動を行っている研究者がいる。

次に，参加型地理学では，研究者がコミュニティあるいは集団のメンバーと共に仕事を行い，彼ら／彼女らの能力を高め，調整を図りながら，市民を教化することに焦点が当てられている。専門的な知識を持った研究者が，外部からアドバイスを行うのではなく，地域の中に入り，地域の様々な人々や主体との討議を通じて，専門家の知識とローカルな知の融合によって，開発戦略を練り上げていく参加型開発は，この系譜に位置づけられる。

アクション・リサーチとは，研究者・専門家と現場の関係者とが協力しながら，研究と実践を循環的・連動的に行うものである。実践において生じた問題が研究活動に還元され，そこで得られた知見を実践に適用することで有効性を検証し，問題解決に貢献する。

最後の，政策地理学では，政策形成者に有益な情報をもたらし，影響を与えることが目指される。ここでは，政策形成者がアクセス可能な形で理論化を図り，成果を発表することが求められる。近年，**エビデンス（証拠）ベースの政策形成***が強調されているが，そこでは量的データを中心とした「ハードな」知見が重視され，質的な成果に基づく「ソフトな」知見が軽視されがちであること，そして，政策形成者にとって都合の悪い知見が無視されがちであることなどが指摘されている。2020年に世界的なパンデミックとなったCOVID-19（新型コロナウイルス）の拡散に関するGISを用いた可視化・解析など，地理学の知見の一部が広くメディアで取り上げられ，政策形成に影響を与える一方で，全体としてみれば地理学者の研究成果が政策形成に与えている影響力は低い。海外でも，地理学者として高齢者の研究をはじめた有力な研究者の多くが，社会的・政策的な影響力が強く，資金やポストに恵まれている社会老年学に足場を移していることなどが指摘されている。

地理学の内部では，純粋な学術的研究に対して，政策研究，ひいては応用的な研究を低く見る風潮や，軽蔑的なまなざしが向けられることも少なくない。地理学の知見を援用して現実社会の諸問題の解決を図ろうとする応用地理学（applied geography）の地位も高いとはいえない。1980年代の英語圏地理学では，様々な不平等の軽減において，政策の提案・改善によって対応しようとする研究に対して，マルクス主義の立場に立つ研究者たちは，現行体制を前提としており，不平等をもたらしている根源的な問題に取り組もうとしない改良主義的な営為に過ぎない，と批判を寄せる。しかし，ペックは「政策研究は汚れたビジネスかもしれない。しかし，確かなことは，誰かがそれをしなければならない，ということではないだろうか」と述べ（Peck, 1999），政策研究が変化をもたらすための一つの方法であることを強調する。

これまでに見てきたように，地理学的な視点を欠いていることによって，政策がうまく機能しなかった事例は数多く指摘できる。たとえば，平成の大合併において人口規模ばかりに焦点があてられたことはその一例であり，地方交付税制度のように資源配分をめぐる対立の焦点が地域にあるもの（たとえば，地方交付税で保障される財源額の算定にどのような行政サービスの需要を組み入れるか，という点で都市と農村の要望は大きく異なる）も少なくない。現行体制下での公共政策をどのようにとらえるのか，という点での研究者による立場の違いはあるものの，公共政策を効果的に機能させ，異なる利害を持つ地域間の合意形成を図っていく上で地理学がなしうる貢献は少なくない。

（3） 人文地理学と公共政策

本章では，なぜ公共政策において地理学的な視点・知見が必要なのか，ということについて論じてきた。ただし，地理学が政策形成において最も重要である，という考え方は間違いである。本章で主張したいことは，地域政策や地域間再分配といった明示的に空間的な政策目標を持った政策にとどまらず，あらゆる領域において，効果的に政策を機能させる上で地理学的な視点が不可欠である，ということである。地域を総体的かつ重層的にとらえることができるローカルな専門家として，また，政策形成に関わる実務家や他の学問分野との協働を通じ，地理学的な視点が欠けていることによる政策の機能不全を適切に指摘し，政策の立案・実施・評価・修正，すなわちPDCA（Plan Do Check Action）サイクルの効果的な運用に寄与していくことによって，地理学は公共政策に意味のある貢献をなしうることができるはずである。

参考文献

オーツ，W. E.（1997）『地方分権の財政理論』米原淳七郎・岸　昌三・長峯純一訳，第一法規出版。

Bennett, R. J. (1986), "Public finance, public administration and spatial policy: recent developments in urban systems and policy responses in the USA, UK and FRG", *Political Geography Quarterly*, supplement to Vol. 5.

Peck, J. (1999), "Editorial: Grey geography?" *Transactions of the Institute of British Geographers N.S.*, Vol. 24.

Tiebout, C. M. (1956), "A pure theory of local expenditures", *Journal of Political*

エビデンス（証拠）ベースの政策形成（evidence-based policy making）は，エビデンス（証拠）に基づいて政策が立案されるべきである，という考え方である。エビデンスについては，問題を把握し政策化していくための証拠，政策が意図した結果をもたらしたかどうかに関する証拠など，幅広い内容が含まれる。

Economy, Vol. 64.

Ward, K. (2007), "Geography and public policy: Activist, participatory, and public geographies", *Progress in Human Geography*, Vol. 31.

第13章

地理空間情報と未来の社会

若林芳樹

1 地図からGIS（地理情報システム）へ

（1） 人間の空間認知と地図

地図は，ひと目で見渡せない巨大な空間を縮小し，記号に置き換えて可視化したものである。地図の縮尺を変えれば様々な規模の空間が表現できるため，マルチスケールで物事を考える地理学にとっては不可欠なツールとなる。しかし地図は，いまや地理学者や一部の専門家だけの道具ではない。とくにデジタル化が進むにつれて，携帯端末やカーナビなどで地図を使う人たちは確実に増えており，誰もが容易に地図にアクセスできる環境が整っている。

地図が普及する以前にも「人は頭の中に地図をもっていた」というと，たとえ話として聞き流す人が多いかもしれない。人や動物の脳内にあると仮定される地図のようなものを**認知地図***と呼んで最初に研究にとりあげたのは，心理学者E. トールマン（1976）が1948年に発表した論文であった。その後，2014年にノーベル賞を受賞した3人の研究者らによって，大脳の海馬という部位に地図の働きを持つ神経細胞が存在することが生理学的につきとめられ，認知地図の存在が科学的に証明された。

これらの心理学・生理学の研究は，実験に用いられたネズミが空間を移動する過程で認知地図を形成することを想定していた。しかし，人間と他の動物とで大きく違うのは，認知地図の基になる情報源として，空間移動以外にも伝聞やメディアを通した間接的情報が利用できる点にある。つまり言語や記号を通

> **認知地図**は，心理学者トールマンがネズミの迷路実験を基に考案した概念で，地理学ではメンタルマップとか頭の中の地図とも呼ばれている。

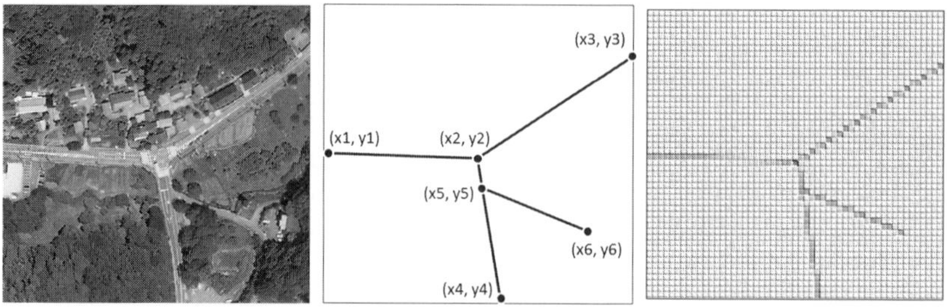

現実世界（空中写真）　　道路のベクタ型データ　　道路のラスタ型データ

図 13－1　ベクタ型とラスタ型のデータ形式の例

資料：筆者作成。

したコミュニケーションは，人間独自の情報獲得手段であり，その中でも空間認知の共有に大きな影響を与えるのが地図である。

とりわけ国土や大陸といった巨大な空間は，国家や国際機関による共同作業によって初めて地図に表すことができ，それを通して国土の広がりや世界の姿についての共通理解が形成される。つまり，地図を通して世界を知るのは人間にしかなしえないことである。

（2）　地図の IT 革命

地図の世界にも IT 革命は着実に浸透しており，いまやデジタル技術が地図の作成や利用を支えていると言っても過言ではない。パソコンの **Web 地図***や カーナビの地図はもちろんのこと，紙媒体の地図であっても，製作過程のどこかでデジタル化された**地理空間情報***が使われていると考えてよい。

地図をデジタルデータにする方法には，ベクタ型とラスタ型という 2 通りがある（図 13－1）。

ベクタ型は，地図上の地物を点，線，面という幾何学図形に抽象化して記録する形式である。たとえば，道路は点と線に置き換えて緯度経度などの位置を付与したデータとなり，それに道幅などの属性データを追加することもできる。

ラスタ型は，地理的位置に対応した行と列に沿って規則的に配置されたセルごとにデータが与えられたもので，画像を点（ピクセル）の集合として表す。図 13－1 では，道路の通っているセルに値が付与されている。これは衛星画像や標高データなどの空間的に連続した事象に適しており，既存の地図をデジタ

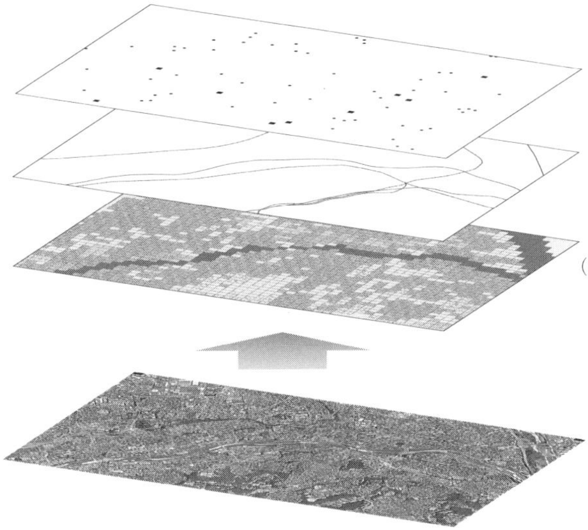

図 13－2　GISのレイヤ構造

資料：筆者作成。

ル画像として保存するのにも利用されている。

（3）　GISの構成と機能

デジタル化された地図のデータは，異なる種類の地物や地表の属性を表し，それらを重ね合わせることで擬似的に実空間の姿を再現できる（図 13－2）。このように，地物や属性ごとの情報を記録したデータをレイヤ（layer：層）と呼ぶ。GISは，様々なレイヤを重ね合わせることで，地図を表示するだけでなく，レイヤ同士の空間的関係をもとに新たなデータを作成したりすることもできる。

そうした処理を行うのがGISである。GISは，デジタル化された地理空間情報を処理するシステムであるが，その中で地図作成はデータを視覚化する手段の一つとなる。それ以外にもGISは，検索，解析など様々な機能をもってい

Web地図とは，Google MapやYahoo!地図などのWeb上で閲覧・利用する地図を指す。GISの機能をもつ場合はWeb GISと呼ばれることもある。

地理空間情報は，2007年に施行された地理空間情報活用推進基本法のなかで，空間上の特定の地点又は区域の位置とそれに関連付けられた情報と定義されている。つまり，すべての地理空間情報は地図に表すことができる。

る。

たとえば，保育所と道路ネットワークのデータを組み合わせると，任意の地点から最も近い保育所を検索することができる。そうして求められた最寄りの保育所までの道路距離をあらゆる地点について計算すると，保育所への近接性からみた子育て環境の評価が可能になる。また，人口データから未就学児の分布を把握し，保育所の分布と比較することで保育サービス供給の不足している地域を割り出すこともできる。こうした複数のレイヤのオーバーレイ（重ね合わせ）や様々なデータを組み合わせた解析は，隠れた情報を引き出してデータに新しい価値を生み出すことを可能にする。

2　GISと空間的思考

（1）空間的思考とは

GISは，学術研究のみならず行政やビジネスなど様々な分野で幅広く利用されるようになった。それを十分に活用するための基礎的技能として，空間的思考に対する関心が高まっている（浅見ほか編，2015）。そのきっかけになったのは，初等・中等教育での空間的思考の指導に対するGISの有効性を説いた，アメリカ学術会議のレポート『空間的思考を学ぶ』（NRC, 2006）である。このレポートで空間的思考は，「空間的概念に基づいて，空間的表現ツールを駆使しながら行われる空間的推論の過程」と定義されている。それは日常生活，仕事場，研究活動など様々な場面で利用される思考様式である。

空間的思考には，空間的概念，空間的表現，空間的推論の３つの要素がある。

空間的概念は，空間を対象化して理解することによって成立し，空間的思考の基礎をなす。つまり空間は，データを統合し，関連づけ，構造化する概念的・分析的枠組みになる。これは地図を作ったり使ったりする際の基礎的技能となる。

空間的表現とは，情報を貯蔵，分析，理解，伝達するために，対象を空間的に構造化して内的・外的に表現したものである。内的な空間的表現は，認知地図のように対象についての空間的イメージを形成し，それを心的に操作することを指す。外的な空間的表現とは，地図，写真，グラフなどを利用して情報を空間的に構造化し，理解し，伝達することである。地図をはじめとする可視化技法は，空間的思考の有効なツールになる。

空間的推論は，既存の情報から未知の事柄を推し量ることによる問題解決や意思決定のための高次の認知過程で，構造化された情報を操作し，解釈し，説明する方法を提供する。

（2）　空間的思考の応用

こうした空間的思考を用いた実践的課題解決の事例としてよく知られているのが，19世紀のロンドンで流行したコレラの感染源を地図によって突き止め，行政当局に汚染源の井戸の使用を止めるよう進言したスノウ（John Snow）の功績である（ジョンソン，2007）。地元の医師であったスノウが行った作業は，①ソーホー地区のコレラ患者の居住地と共同井戸の地点データの取得，②患者の分布の中心と井戸の位置の対応関係に関する空間データ分析，③水道ポンプによるコレラ流行の拡大という仮説の形成，④感染源と考えられる水道ポンプの使用停止という意思決定から成っている（中谷ほか編著，2004）。

①や②のように対象を空間的に捉える際には何らかの空間的概念が使われている。そこから未知の感染源を推定するときには空間的推論が用いられ，④を可能にしたのがコレラ患者と共同井戸の分布を重ね合わせた空間的表現としての地図であった。スノウが作成した地図には，井戸の利用圏を推計した**ボロノイ図***のようなものが書き込まれていたことから，彼は単なる分布図の作成にとどまらず，一種の空間分析を手作業で行っていたのである。スノウが行った作業をGISで再現した図13－3では，地図中の黒丸が死亡者，二重丸が汚染源と推定される共同井戸の位置を示す。図13－3(a)は，点の分布を明瞭にするために，ある関数を用いて死亡者の密度を滑らかに表現したもので，中央部にある共同井戸の周辺で死亡者が多いことがわかる。また図13－3(b)には，共同井戸のボロノイ図を描いて，井戸の利用圏を表している。これらの図から，多数の死亡者が利用圏に含まれる中央の井戸が感染源であると推定される。このように，スノウが行った作業の多くは，今ではGISの機能に組み込まれている。

スノウの功績は公衆衛生学でも広く知られており，今日の感染症対策の一つ

ボロノイ図とは，点がいくつか与えられたとき，どの点に最も近いかによって平面を分割したもので，隣接する点同士を結ぶ垂直二等分線によって求められる。

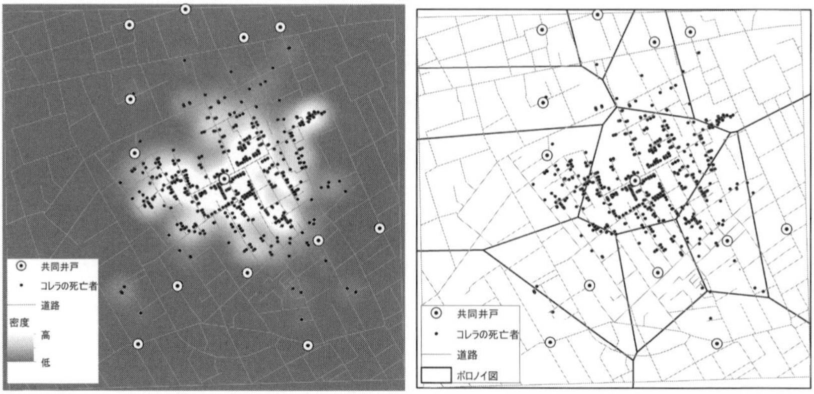

(a) 死亡者の密度図　　(b) 共同井戸のボロノイ図

図 13－3　ロンドン・ソーホー地区におけるコレラ死亡者と共同井戸の分布

資料：米国 NCGIA の Rusty Dodson の作成したデータに基づいて筆者作成。

の出発点ともなっている。2019年末に始まる新型コロナウイルス感染症（COVID-19）のパンデミックでも地理空間情報は活用されており，Web 地図を通した感染状況のリアルタイムな告知や，人流データの地図化による感染予防のための警告など，GIS と地図を活用した様々な対策が講じられている。

（3）　サイトとシチュエーション

このように，空間的思考を現実に応用する際は，地理学的な知識や技能が必要になる。スノウ自身は地理学の専門的訓練は受けてはいなかったようだが，地理的センスは持ち合わせていたといえる。

スノウが行った作業は，地理学的には立地分析（ハゲット，1976）の一種でもある。1960年代に始まる計量地理学の主要なテーマの１つは，地理的事象を幾何学的な要素に抽象化し，計量的に処理する立地分析であった。GIS は，立地分析をコンピュータによって支援するツールともいえる。

伝統的に地理学では立地を捉える際に２つの側面を区別してきた（Gersmehl, 2008)。一つは「シチュエーション（situation)」（または関係（connection)）としてみた立地で，特定の場所が別の場所とどのような関係にあるかという捉え方である。これは他の地域との関係でみた相対的位置を表すが，交通手段や人口分布によって変化し，計量地理学の立地分析の主たる対象となっていた。もう

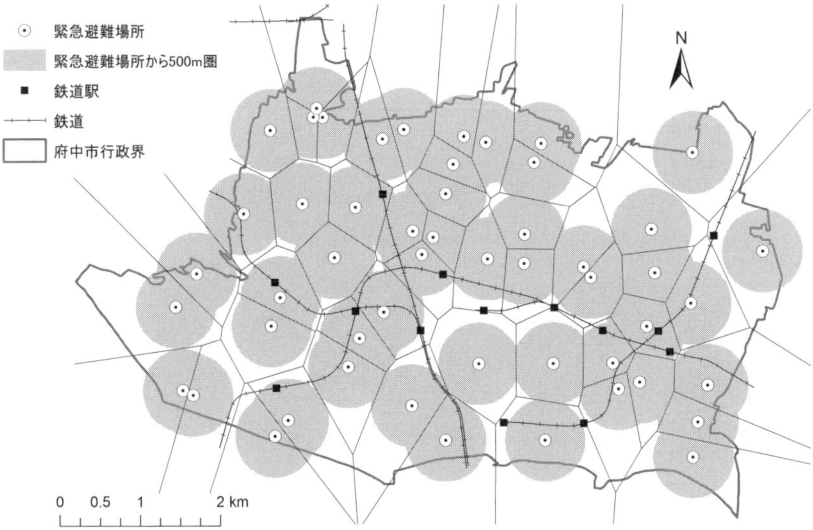

図 13－4　東京都府中市における災害時の緊急避難場所と想定される利用圏

注：図中の多角形は緊急避難場所から500m 圏とボロノイ図を表す。
資料：国土数値情報などをもとに筆者作成。

一つは「サイト（site）」（または土地の状態（condition））という側面で，そこがどんな状態の土地かに着目する捉え方である。これはローカルな（自然）条件からみた土地の状態を表し，主として自然地理学が対象としてきた。このうち，チューネンの農業立地論やクリスタラーの中心地理論といった立地分析の古典的モデルは，サイトを捨象した上でシチュエーションとしての立地の理論化に焦点を当てていたことになる。

しかし GIS を用いれば，サイトとシチュエーションの両面から総合的に立地をとらえることができる。たとえば，図 13－4 と図 13－5 は，東京都府中市を対象にして，緊急避難場所の立地と災害時の避難計画を検討するのに GIS を用いた例である。

図 13－4 はシチュエーションとしての立地をみるためのもので，避難場所から500m のバッファを描くことで，それが適正に配置されているかどうかを評価することができる。この図から，市域のほぼ全域で500m 圏内に避難場所が確保されているものの，一部に空白地域が残されているため，そこに新たな避難場所の設置が必要と考えられる。また避難場所からのボロノイ図によって最

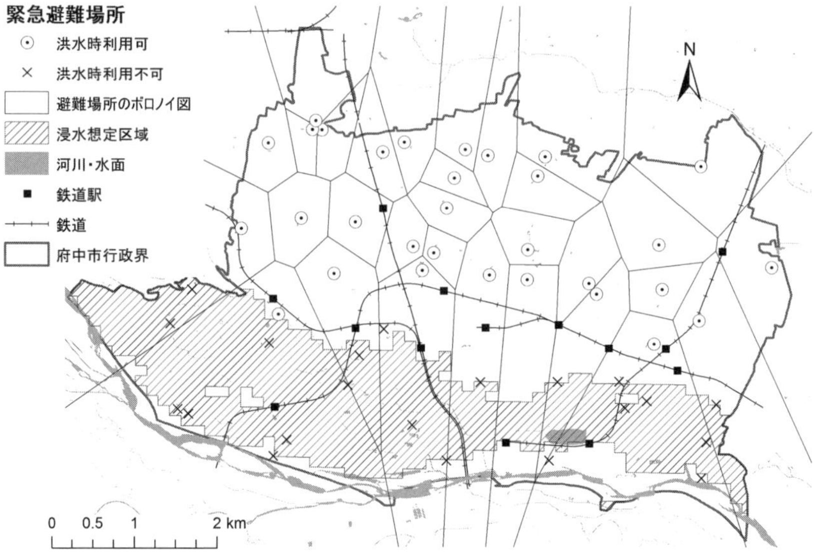

図 13－5　東京都府中市における災害時の緊急避難場所の利用圏と洪水時の浸水想定区域
資料：国土数値情報などをもとに筆者作成。

寄りの避難先がわかるが，人口データを用いて分割された避難圏域ごとの人口特性がわかれば，避難場所での備蓄品の配分に役立つ情報が得られるであろう。

図 13－5 は，これにサイトとしての情報を加えたものである。市の南側には多摩川が流れており，その左岸から府中崖線の段丘崖の間に広がる沖積低地は，洪水時の浸水想定区域に含まれている。このため，その区域の避難場所が使えないと仮定してボロノイ図を作り直すと，図のように500m 圏ではカバーできない範囲が発生する。こうした地区で求められる新たな避難計画を考える際には，GIS に新たなレイヤを加えることで有効な解決策を提供できるかもしれない。このように，地理学の古典的な概念や方法に対して，GIS は新たな光を当てることにもつながるといえる。

3　参加型 GIS の成立と展開

（1）　参加型 GIS とは

GIS 利用の裾野を広げる契機となったのはインターネットの普及である。たとえばインターネットに接続できる機器が手元にあれば，場所を問わずWebを通じて利用者が地理空間情報を提供して，地図作成に参加することが可能になる。また，利用者が必要に応じて情報や表現を選ぶことで，地図をカスタマイズすることもできる。このように，地図を通したコミュニケーションは双方向化してきている。その結果，地図の作り手と使い手の境界が曖昧になるとともに，情報共有の手段としての地図の役割も高まっている。こうして作成された地図は，集合知の産物ともいえる。

このような動きの延長上で，参加型GIS（**PGIS，またはPPGIS**[*]）と呼ばれる活動が誕生した。PGISでは，地域の犯罪からみた安全情報を地図にして市民の間で共有することで防犯に役立てたり，都市・地域計画といった公共の意思決定過程への市民参加を支援する活動などが行われる。こうした背景には，行政主導で進められてきた従来の都市計画や地域政策を，多様な主体の参加と連携によって再構築する取り組みが，欧米をはじめとする先進国で顕著になったことがある。

当初は先進国の都市がおもな対象となっていたPGISは，農村地域や発展途上国にも応用され，現地の人々しか知り得ないローカルな知識をGISに取り込む活動も進展している。その際には，ハイテク技術だけでなく手描き地図やレリーフマップなどの古典的な地図作成手法を含む広義の地理情報技術を，開発教育のツールとして利用する取り組みも行われている（若林ほか編著，2017）。

（2）　参加型GIS登場の背景

このようなPGISの裾野の広がりを支えた技術的基盤には，利用可能な地理空間データの整備，ハードウェアとソフトウェアの低廉化と普及などがある。データについては，オープンデータの推進によって，地理空間情報に一般市民がアクセスするのが容易になった。オープンデータは主として行政機関から提供され，行政の透明性・信頼性の向上，市民参加・官民協働の推進，経済の活性化・行政の効率化を推進することがねらいとなっている。それは先進国を中

PPGIS（市民参加型GIS）という用語は，1996年から使用され，様々な市民参加活動をGISによって支援する分野を指すようになった。その後，より広い対象を含むPGISという語が使われるようになった。

心に世界中に拡大し，地理空間情報のオープン化が進展した。日本でも2007年に成立した地理空間情報活用推進基本法によって，政府による地理空間情報の整備と公開が急速に進められており，従来は行政機関や一部の専門家しか利用できなかった様々なデータを一般市民が利用する機会が増加した。

これと並んで注目を集めているのが**ビッグデータ**[*]である。これは，インターネットの普及，コンピュータの処理速度の向上，センシング技術の発達などによって生成される多種多様な大容量のデジタルデータを指すが，その中には位置情報を含むものも少なくない。これを**AI**[*]（人工知能）技術などを用いて高速処理し，高度な分析を行うための新技術も急速に進展しており，道案内，広告，ゲームなどの各種の位置情報サービス（LBS）を提供するビジネスも新たに誕生している。そのほか，自動車に搭載された各種センサーを用いて，走行中の路線の渋滞状況や天候の情報を収集するプローブカーの活用も進んでいる。

ハードウェアについては，GPS（全地球測位システム）に故意に加えられていた精度劣化操作（SA）が2000年に解除されたことにより，衛星測位の精度が飛躍的に向上したことが挙げられる。これによって普及したGPS端末の低廉化と普及が，PGISの拡大にも大いに寄与している。また，パソコンや携帯端末など地理空間データを処理する機器が低廉化し，急速に普及したこともPGISを推進する土台になっている。さらに，ネットワーク化とWeb技術の発達は，ネット上の不特定多数の人々を巻き込んで，地理空間情報の作成や情報発信を促進するWeb2.0という動きを加速した。

ソフトウェアについては，ArcGISのような汎用で高機能のGISソフトだけでなく，パソコンやWeb上で利用できる低廉なGISソフトが普及したことがあげられる。たとえば，QGISやMANDARAなどフリーのGISソフトが登場し，GIS利用へのハードルが低くなった。また，Web上で統計を地図化するツールとして，総務省のjSTAT MAPや，経済産業省・内閣官房のRESASなどがある。これらを使えば，都道府県や市町村ごとに集計された統計データから地図を簡単に作ることができる。また，国土地理院の地理院地図には，面積や距離の計測，3次元表示，地形断面図作成，空中写真や土地条件の重ね合わせだけでなく，住所や緯度経度をもつデータを取り込んでレイヤを作成する機能も備わっており，簡易GISとしても利用できる。

（3）　ボランティア地理情報（VGI）の可能性

Web 技術を利用した，利用者の積極的かつ自発的な参加および情報の提供者と利用者との双方向性に特徴付けられる新しいサービスやビジネスを総称して，Web2.0という表現が使われるようになった。ボランティア地理情報（VGI）は，Goodchild（2007）が「センサーとしての市民」と題した論文の中で最初に用いたもので，それを可能にした技術としてWeb2.0を挙げている。VGI とは Web2.0の特色である利用者自身が生み出したコンテンツ（UGC：User Generated Contents）のうち，地理空間情報を含むものを指す。UGC には，ブログ・SNS・Wiki などの Web2.0の技術を使って非専門家が提供した文章，写真，動画などのコンテンツが含まれ，たとえば動画共有プラットフォームの YouTube，百科事典の Wikipedia などが典型例である。その GIS 版といえるのが OpenStreetMap（OSM）である（https://www.openstreetmap.org/）。

OSM には2021年９月時点で800万人を超えるユーザが登録しており，wiki 形式で地図データの更新や編集を行っている。具体的には，空中写真を下敷きにして地物をトレースしたり，現地を移動した際の GPS のトラックログを用いたりして地図データをアップロードすることになる（図13－6）。登録者の一部はボランティア活動としてクライシスマッピングという災害の被災地支援を行っているグループがあり，2010年のハイチ地震を始めとして，災害時に被災地の地図を迅速に更新するなどの支援活動を行ってきた。こうした被災地支援に遠隔地から参加できるのには，インターネットでつながったコミュニティの存在がある。

このほかにも，Google Maps などに登録された施設や目標物を用いて，ユーザ自身が作成した地理空間情報を Web 地図上に表示できるが，これはジオ Web（geoweb）と呼ばれていて，多数のユーザが集めた情報を Web 地図上で共有することに使われている。つまり，インターネットに接続可能な環境で情報端末を操作する最低限のスキルをもっていれば，誰もが地理空間情報の発信

ビッグデータとは，既存の一般的技術で管理するのが困難な大量のデータ群で，多様性に富み，生成・更新される頻度が高いものを指す。

AI とは人間の知的活動をコンピュータに代行させる技術を指す。時代によってその設計思想も変化してきたが，現代の AI はビッグデータと機械学習の組み合わせをベースにしている。そのため大量のデータがあって初めて機能することになる。

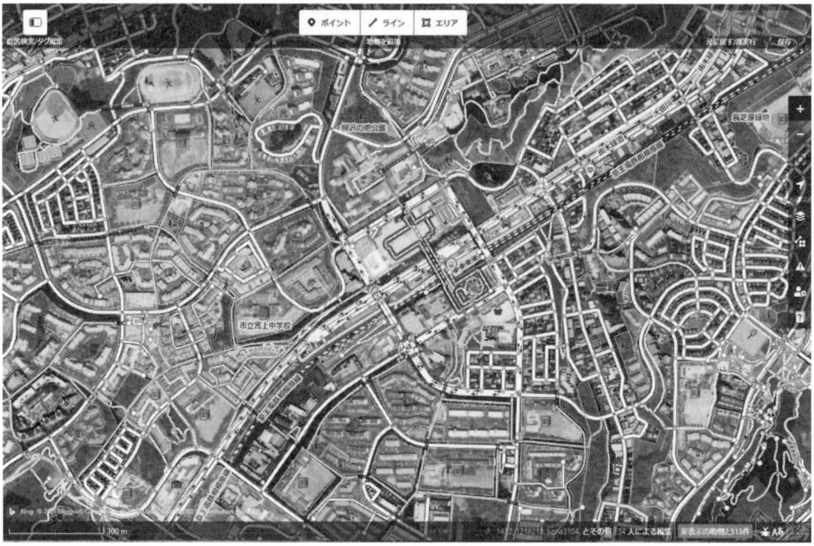

図 13－6　OSM の編集画面の例

資料：© OpenStreetMap Contributors

者となって地図作成に参加できるようになったのである。

こうした動きは**クラウドソーシング***（crowdsourcing）という業務形態の一種としてとらえることもできる。また，スマートフォンなどの携帯端末に組み込まれたGPSや各種センサーから取得したデータは，通信事業者などが蓄積しており，個人情報と位置情報を切り離した形で人流の推計などに利用されている。

4　デジタル社会の地図リテラシー

（1）　リテラシーの 3 つの側面

デジタル化の進展と GIS の普及によって，誰もが地図づくりに参加できる機会が増えている。ネオ地理学者とも呼ばれる必ずしも地理学の専門的訓練を受けていないユーザがインターネットを通じて寄せた情報は，Web 地図を通して共有できる仕組みができている。また，スマートフォンの位置情報の履歴に個人が特定されないように処理することで人流データが作成され，ユーザが気付かないうちに地理空間情報はありとあらゆる場面で利用されている。

このような動きは，地図の基になる地理空間情報がGISと結びつくことによって，その利用範囲を広げたことが背景にある。こうした状況を理解し，地図やGISをうまく使いこなすためには，デジタル社会にふさわしい新たな地図リテラシーが求められる。ここで，地図リテラシーとは，地図を読み書きするのに必要な知識や技能を指す言葉として広く捉えておく。山内（2003）が提示したデジタル社会で求められるリテラシーの要件をふまえると，地図リテラシーは，情報リテラシー，メディアリテララシー，技術リテラシーの３つの側面から捉える必要がある。

これを参考にして地図リテラシーをとらえ直してみると，デジタル化された地図は，コンピュータのソフトウェア・ハードウェア・通信ネットワークなどの技術的制約の下で作成され，メディアを通じて流通し，それを人間が情報として利用する。一方，人間が情報を地図にして発信する際には，メディア上の記号として表現され，通信技術によって伝達される。これらの３つのリテラシーの接点で地図リテラシーを考えることが，いま求められているのである。

情報リテラシーからみた地図は，求める地理空間情報へのアクセスの仕方や地図の読図方法が重要になる。これらは従来の地図学や地図指導においても必須事項となっていたことがらである。つまり，GISによって地理空間情報を処理した結果は地図によって効果的に可視化できるが，そこから有用な情報を読み取るには，アナログ地図と変わらない読図の手順をふむことになる。そのため電子媒体か紙かという素材の違いはあっても，描かれた地図をじっくり読んで意味のある情報を引き出すことが空間的思考にとって重要になる。

メディアリテラシーからみた場合，メディアが生み出される過程を理解した上で，批判的に情報を読み解くことが重要になる。これを地図リテラシーに応用すると，地図を介したコミュニケーションを，情報の送り手と受け手を取り巻く社会的文脈の中で捉え直す必要がある。たとえば，地図は地表の地物を記号化しながら一定の規則に基づいて誇張や省略が加えているため，必然的にある種の嘘が紛れ込むことになる。モンモニア（1995）の著書『地図は嘘つきで

クラウドソーシングとは，不特定多数の人に業務を委託するという新しい雇用形態，あるいは雇用関係にはない不特定多数の人々により共同で進められるプロジェクトを指し，インターネットの普及がそれを可能にした。

ある』は，地図表現に潜む嘘を通してメディアとしての地図のリテラシーを説いたものである。同書が主張しているのは，「一つのデータから何種類もの地図を描くことができる」という地図表現の恣意性をふまえて，地図に込められたメッセージをその利用者が主体的，批判的に読み解くことの重要性である。

技術リテラシーからみた場合，IT 機器に共通する技術的基盤をふまえて地図をとらえ直すことになる。とくにインターネットを通して誰もが情報発信できる Web2.0の時代に入ってからは，地図を読んだり利用したりするだけでなく，地図の作成に関わることもリテラシーの重要な要素となる。しかし，それは IT 機器の操作や GIS ソフトの利用法を修得するだけでは不十分である。GIS を適切に使いこなすためには，技術リテラシーの習得だけでなく，情報リテラシー，メディアリテラシーと併せて身につけることが求められる。

（2）　デジタル化の負の側面

今日の地図利用を変革した立役者は Google Maps である。それは誰もが自由に世界中の地図を閲覧できるようにし，人々の視野と関心を拡大したといわれている。けれども，日常生活で実際に見ている Google Maps は，ピンポイントで検索されたごく狭い範囲にとどまることが多い。このように，Google Maps の地図検索の特徴を捉えて，松岡（2016）は，「見わたす地図」から「導く地図」へ変化したと述べている。つまり，Web 地図の検索やナビゲーション機能を使うと，見たいものだけしか見なくなり，世界を広い視野から見渡す習慣が失われてしまう恐れがある。

こうした傾向は，Web 検索の特徴とも関係している。Web の検索エンジンには学習機能が組み込まれていて，利用者の検索履歴に基づいて順位付けされた検索結果を表示するようなフィルターがかけられている。これによって，利用者の好みや意図をコンピュータが推測することで，知らず知らずのうちに利用者は，フィルターにかけられた情報宇宙に取り巻かれることになる。そうした状態は「フィルターバブル」とも呼ばれており，人々は興味のない情報から遠ざけられ，関心領域や視野が狭まることになる。

また，Google のような便利な検索ツールの登場によって，人々は物事を覚えることをしなくなるという指摘もある。このようにオンラインで見つけることができる情報が記憶されずに自動的に忘れられがちになる傾向は，「Google

効果」と呼ばれている。これは，「交換記憶（あるいは対人交流記憶）」という心的メカニズムと関係しており，集団で物事を記憶するために各構成員は誰がその記憶を知っているかを覚えていればよいことに起因する。つまりGoogle効果は，記憶を委ねる相手を人間の代わりにインターネット上で蓄積されたWebのクラウド情報に置き換えることで生じると考えられる（若林，2018）。

ただし，IT機器の使い方さえわかれば，検索して探せるような知識は覚える必要はないと割り切る立場もある。つまり，Googleなどのクラウド化された情報に頼ることは，記憶の束縛から解放されて知的リソースを広げることによって，従来なしえなかったことが可能になるかもしれないという楽観的な立場もある。こうした傾向は，物心ついたときからコンピュータやタブレット端末に取り巻かれて生活してきた**デジタルネイティブ***の特徴ともいわれているが，それは空間認知や地図利用における世代間ギャップを広げる恐れもある。

（3） デジタル社会における地理空間情報の役割

人文地理学にとってGISは，単なる研究や教育のための手段ではない。GISに関連する技術が社会に組み込まれた現在では，GISが地域に及ぼす影響も研究の対象になる。たとえば，政府の第5期科学技術基本計画では，日本が目指すべき未来社会の姿としてSociety5.0が提唱された（日立東大ラボ編著，2018）。それはサイバー空間と現実空間を高度に融合させたシステムによって実現されるもので，物理的・社会的センサーを通して得られた多種多様な大量のデータとそれをフィードバックする仕組みによって成り立つ。これを実装したデータ駆動型社会を実現する鍵となる革新的技術として，**IoT***（Internet of Things），AIなどがある。

その実現に不可欠なビッグデータの中には，本章で取り上げた地理空間情報が含まれ，携帯端末や各種センサーから収集された大量のデータがリアルタイムで利用できる環境が整備されつつある。とくにサイバー空間に蓄積された

デジタルネイティブとは，日本では1980年代以降に生まれた世代を指す。これに対して，大人になってパソコンやデジタル機器を使うようになった世代はデジタル移民と呼ばれている。

IoTとは，モノにセンサーを付けてインターネットに接続する仕組みで，商品や農作物の管理など幅広く応用されており，とくに自動運転車には欠かせない技術となっている。

データを用いて現実空間の課題解決につなげるには，空間上の位置と結びつく地理空間情報が重要な役割を担うことになる。

そうした情報を可視化するツールとして，ダッシュボードという仕組みが広く利用されるようになった。ロンドンで運用されているダッシュボードでは，リアルタイムで更新される都市内の様々なデータを一覧できる（https://city-dashboard.org/london/）。また，米国のジョンズホプキンス大学によるCOVID-19の感染状況に関する情報提供にはダッシュボードが利用されており，統計やグラフと地図を組み合わせて感染動向を多角的に捉えることを可能にしている（https://coronavirus.jhu.edu/map.html）。

このようにビッグデータで都市や地域の空間を管理する動きは，スマートシティの計画に端的に表れている。欧州から始まったスマートシティの取り組みは，当初は温室効果ガス抑制のためにエネルギー効率を高めることを目指して導入されてきたが，いまでは交通，エネルギー，健康，安全など幅広い課題をITによる最適制御によって解決する仕組みとなっている。

日本でも行政機関や民間企業による実証実験が始まっているが，スマート化が進むとデータそのものが人の目に触れる機会が少なくなる。たとえば，自動運転車ではAIがデジタル化された地図データを自動で処理するため，人が目にするのは処理結果だけになり，その過程がブラックボックス化する。このように，スマート化はデータそのものを見えない存在にし，地理空間情報がどのように処理されるかは，自動制御に使われるアルゴリズム次第である。

こうしたスマート化による空間の最適制御が進むと，日常生活での人間の選択の幅が狭まったり，重要な意思決定に市民が関与する余地が無くなる恐れがある。こうした技術主導のスマートシティを住民主導に転換するには，集めたデータをオープン化し，ICTを使って市民が主体的に問題解決に関与できるような**シビックテック***の仕組みの活用が望まれる。日本でシビックテックの活動を推進している民間団体として，一般社団法人コード・フォー・ジャパン（https://www.code4japan.org/）がある。そこで開発された東京都の新型コロナウイルス感染症対策サイト（https://stopcovid19.metro.tokyo.lg.jp/）のダッシュボードは，ソースコードが公開され，他の地方自治体でも利用されている。これらの新技術を有効に活用するには，前述のようなデジタル社会のリテラシーをふまえた空間的思考が重要になるはずである。

◉参考文献

浅見泰司・矢野桂司・貞広幸雄・湯田ミノリ編（2015）『地理情報科学―― GISスタンダード』古今書院。

ジョンソン，S.（2007）『感染地図――歴史を変えた未知の病原体』矢野真千子訳，河出書房新社。

トールマン，E.（1976）「ねずみおよび人間の認知マップ」ダウンズ，R.M.，ステア，D.編『環境の空間的イメージ――イメージ・マップと空間認識』吉武泰水監訳，鹿島出版会。

中谷友樹・谷村　晋・二瓶直子・堀越洋一編著（2004）『保健医療のためのGIS』古今書院。

ハゲット，P.（1976）『立地分析（上・下）』野間三郎監訳，梶川勇作訳，大明堂。

日立東大ラボ編著（2018）『Society5.0――人間中心の超スマート社会』日本経済新聞出版。

松岡慧祐（2016）『グーグルマップの社会学――ググられる地図の正体』光文社。

モンモニア，M.（1995）『地図は嘘つきである』渡辺潤訳，晶文社。

山内祐平（2003）『デジタル社会のリテラシー――「学びのコミュニティ」をデザインする』岩波書店。

若林芳樹・今井　修・瀬戸寿一・西村雄一郎編著（2017）『参加型GISの理論と応用』古今書院。

若林芳樹（2018）『地図の進化論――地理空間情報と人間の未来』創元社。

Gersmehl, P.（2008）, *Teaching Geography*（2nd ed.）, Guilford Press.

Goodchild, M. F.（2007）, "Citizens as sensors: the world of volunteered geography", *GeoJournal*, Vol. 69, No. 4.

NRC（National Research Council）（2006）, *Learning to Think Spatially*, The National Academies Press.

シビックテックとは，ICTを活用しながら官民連携によって地域の課題を解決する活動を指す。

第14章

レジリエンスから考える防災

鈴木康弘

1 レジリエンスが注目される理由

（1） レジリエンスとは何か

レジリエンスは，「回復力」「立ち直る力」「順応性」「柔軟さ」を意味する用語である。1970年代以降，心理学や社会生態学において，ダメージに対する「しなやかな回復力」として注目を集めた。**レジリエンス・アライアンス***は1999年に，レジリエンスの概念を，①許容度・回復力（latitude），②抵抗度（resistance），③危険度（precariousness）への対応，④別のシステムへの影響度（panarchy）への配慮，の４つの概念で説明した（香坂編，2012）。

この４つは，いずれもダメージに対処して幸福に暮らすために必要なものである。とかくダメージへの防御策として，頑強な抵抗力を思い浮かべがちになるが，それはあくまで２番目であり，第１番目に重要なものは許容力であるとされている点が注目に値する。余裕や**冗長性***（リダンダンシー）とも言い換えられる。そして３番目に，危険度への対応として脆弱性（バルネラビリティ）の克服があげられ，４番目に広範な配慮の重要性が指摘される。このようにレジリエンスは複合的な要素によって支えられるべきものである。

ダメージが大きければ大きいほど，総合的な対応が重要になることは言うまでもない。また，ダメージを完全に回避することはできないので，ダメージからの回復力も重視される。心理学において，その回復は元通りでなくても良いのではないかという主張もある（Hirano, 2020）。レジリエンスは，回復を通じて社会をより良いものにしたいという前向きの概念としてとらえられよう。

林・鈴木編（2015），Hayashi et al. ed.（2016）は，レジリエンスとサステナビリティ（持続可能性）の関係を図14－1のように綱渡りをしている「やじろ

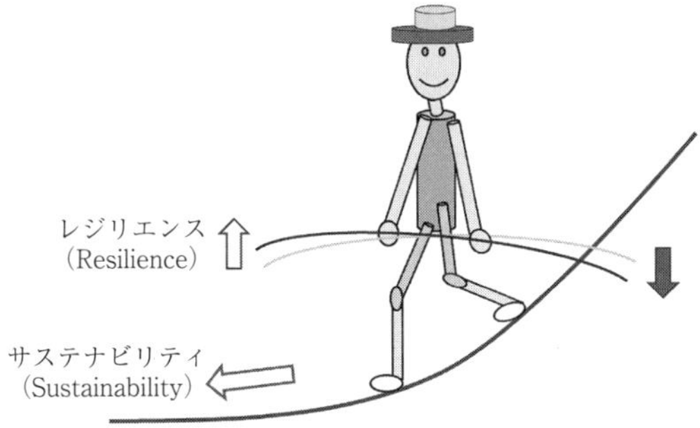

図14－1　レジリエンスの概念図
資料：林・鈴木（2015）。

べい」で示した。一瞬の強風でバランスを崩しそうになっても，何とか持ちこたえるレジリエンスと，その継続によって叶えられるサステナビリティという関係である。短期的に持ちこたえることでサステナビリティが実現する。この図を見たとき，ある人は，「風が吹いても自動制御できるバランサーの開発でレジリエンスを実現すべきだ」と言うかもしれない。しかし筆者は，「バランサーに頼らず，日頃から足腰を鍛え，師匠から技を学ぶことが重要だ」と考える。さらに，そもそもロープを張る位置を考え直すこと（軌道修正）が重要だし，良い目や安定した精神が大事だとも考える。対応の仕方をいろいろな知恵を絞って総合的に考えることこそがレジリエンスの発想であり，社会の変革期において重要な概念であると言えよう。

（2）　東日本大震災とレジリエンス

20世紀末には，**1995年阪神・淡路大震災***，1999年台湾中部地震，1999年トルコ・コジャエリ地震などで甚大な被害が生じ，レジリエンスの概念が防災・減

レジリエンス・アライアンスは，1999年に設立された，持続可能性の基盤として社会生態系のレジリエンスを研究するための国際的ネットワークである。大学，政府，非政府機関等が加盟してレジリエンスに関する多くの重要な概念を定義している。

冗長性とは，一般には「余分なもの」「除かれるべき無駄」を意味するが，システム設計においては，「一部に何らかの障害が発生した場合にも，システム全体の機能を維持し続けられるような予備」を意味する。経済的な理由から，合理化を追求しすぎて余力が無い状況は好ましくない。

災に適用されるようになった。第２回国連防災世界会議（2005年）における「兵庫宣言」および「兵庫防災行動枠組2005-2015」では，レジリエンスが重要な概念とされた。多くの人が従来の「防災」（災害を防ぐ）に限界を感じ，「減災」（災害を減らす）という用語が頻繁に用いられるようになったことにも通じる。国連国際防災戦略事務局 UNISDR（2019年以降，国連防災機関 UNDRR に改称）は，災害レジリエンスを「ハザードにさらされているシステム，コミュニティ，社会が，リスク管理を通じた本質的な基本構造と機能の維持・回復を図り，適切なタイミングかつ効率的な方法で，ハザードの影響に抵抗し（resist），吸収し（absorb），対応し（accommodate），適応し（adapt），転換し（transform），回復する（recover）ための能力」と定義している。このようにレジリエンスをキーワードにして，従来の防災の概念を拡張する必要性が強調されている。

災害レジリエンスを高めようという提言は，**2011年東日本大震災***の被害軽減には間に合わなかった。災害レジリエンスにおいて第一に必要なことは「適切な事前想定」であるが，東日本大震災は「想定外」だったと一般に評された。確かにM9の地震が起こるとは考えられておらず，「未曾有」の災害が起きたとも評された。しかし実際には，仙台付近では894年や1611年にも2011年と同程度の大津波が起きていた。そのことは1980～90年代にはわかっていて，2002年に政府の地震本部は，福島県沖を震源とする大地震の長期評価の中で，その可能性を指摘していた。しかし，地震直後に福島第一原子力発電所の爆発事故を起こした東京電力や，原発の安全性を指導すべき原子力安全・保安院は，大津波の可能性を認識し，対策の遅れを問題にしつつも，対策上の「想定」から外していた（図14－2）。

災害レジリエンスの実現は，まず想定することから始まる。想定しなければ総合的な防災・減災対策を動員することができない。予測されるダメージが大きければ大きいほど，保安対策上，積極的に可能性を認識して想定することが求められるが，実際には対策費などの経済的な理由から，「不都合な真実」ととらえられ，可能性そのものが無視される場合が往々にしてあることに注意しなければならない。これは東日本大震災の最大の教訓のひとつである。

その後，2015年に仙台で開催された第３回国連防災世界会議において，「仙台宣言」「仙台防災枠組2015-2030」が決定され，レジリエンスの重要性がさらに強く訴えられた。被災地の歴史や文化，宗教などへの配慮，貧困による災害

図14－2　津波が来襲する宮城県岩沼市（2011年３月11日午後３時56分）

資料：共同通信提供。

弱者への救済，多様な主体による予防，復旧・復興のための取り組みが推奨され，「Build back better」がキーワードとなった。すなわち従来は元通りにすることを復興としていたが，今後はより良い社会に修正することを目指そうということになった。これらはいずれもレジリエンスの重視であり，自然環境を丁寧に観察して，人々の暮らしを見直そうという極めて地理学的な課題である。

しかしながら，従来は地理学からの発信は少なく，こうした地理学界の姿勢について，東日本大震災後に渡辺・鈴木（2011）は内省的な批判を行った。地理学は今後，レジリエンスの問題を含め，社会のあり方に対して多様な視点から積極的な提言を行うことが求められる。

1995年阪神・淡路大震災は，1995年兵庫県南部地震による甚大な災害である。淡路島西岸から六甲山麓へ伸びる六甲活断層の再活動によって生じた直下型地震により，6,000人を超える犠牲者が出た。この地震は低頻度巨大災害の典型であり，地震後に政府に地震調査研究推進本部が設置されて活断層調査が本格化した。

2011年東日本大震災は，太平洋プレートの沈む込みに伴う2011年東北地方太平洋沖地震による災害である。宮城県沖では近い将来に地震が起きるとされていたが，想定よりも広い範囲が震源となった。青森県～千葉県にかけての太平洋岸を大津波が襲い，約２万人が犠牲となり，東京電力福島第一原発では深刻な爆発事故が起きた。

2　防災・減災におけるレジリエンス

（1）国土強靱化（ナショナル・レジリエンス）の違和感

東日本大震災後，日本政府はレジリエンスの強化を政策に掲げ，ナショナル・レジリエンス（国土強靱化）の重要性を唱えた。2014年６月に閣議決定された「国土強靱化基本計画」には，国土強靱化の理念が以下のように記されている。「災害は，それを迎え撃つ社会の在り方によって被害の状況が大きく異なる。大地震等の発生の度に甚大な被害を受け，その都度，長期間をかけて復旧・復興を図るといった『事後対策』の繰り返しを避け，今一度，大規模自然災害等の様々な危機を直視して，平時から備えを行うことが重要である。東日本大震災から得られた教訓を踏まえれば，予断を持たずに最悪の事態を念頭に置き，従来の狭い意味での『防災』の範囲を超えて，国土政策・産業政策も含めた総合的な対応を……千年の時をも見据えながら行っていくことが必要である。……このため，いかなる災害等が発生しようとも，①人命の保護が最大限図られること，②国家及び社会の重要な機能が致命的な障害を受けず維持されること，③国民の財産及び公共施設に係る被害の最小化，④迅速な復旧復興，を基本目標として，『強さ』と『しなやかさ』を持った安全・安心な国土・地域・経済社会の構築に向けた『国土強靱化』（ナショナル・レジリエンス）を推進することとする」。

ここで重要な点は，「予断を持たずに最悪の事態を念頭に置く」ことと「狭い意味での防災ではなく国土政策・産業政策も含めた総合的な対応をする」ことの２点である。すなわち前者は「想定外」の回避であり，後者は，従来の「防災」の枠ではとらえきれていなかった国土構造や社会状況の全体を見直す必要性を述べている。これはレジリエンスの概念に叶うものである。

しかしその後の政策実施においては，「②国家及び社会の重要な機能が致命的な障害を受けず維持されること」が過大に重視されているように見える。予算規模が示すとおり，その中心は依然としてハード対策であり，2021年度の国土強靭化関連予算（国費）の総額4.4兆円に占める公共事業関係費は3.8兆円（85％）に上った。

レジリエンスを強靱化と訳している点がミスリードにつながっている可能性

がある。確かに「靱」はしなやかという文字ではあるが，強靱は強固（resistance）をイメージしがちである。「強靱」より「柔靱」の方が適切である（鈴木，2022）。

（2）　パラダイム変換の必要性

地理学的な見方・考え方から，災害レジリエンスを高めるための提案は多岐にわたると思われる。これを考えるヒントは以下で紹介する日本学術会議のレポートにある。

日本学術会議は2007年に「地球規模の自然災害の増大に対する安全・安心社会の構築」と題する答申を纏め，その中で，現代の日本社会は自然の脅威（ハザード）の増大のみでなく，過疎・過密，少子高齢化，情報化，国際化など様々な社会環境の変化によって災害対応力が低下していることを警告し，その改善の必要性を提言した。この文章は複数の地理学者と自然科学者ならびに工学者が作成したものであるが，その筆頭に「(1)安全・安心な社会の構築へのパラダイム変換」を掲げている。これは，短期的な経済効率を重視する社会から安全・安心を最優先にする社会への変換を意図した。また，「生きる力」の低下や，災害リスクに無頓着な状況を改善するための防災教育の重要性も警告していた。

この答申は，2004年スマトラ沖地震や2000年以降日本で多発した豪雨災害を踏まえ，①今後の自然災害の予測，②土木構造物等のハード対策の現状分析，③社会の中の多様な脆弱性の検討の３本柱からなる。そして以下の11項目を提言している。(1)**安全・安心な社会の構築へのパラダイム変換***，(2)社会基盤整備の適正水準，(3)国土構造の再構築，(4)ハード対策とソフト対策の併用，(5)過疎地域での脆弱性の評価・認識，(6)国・自治体の一元的な政策，(7)「災害認知社会」の構築，(8)防災基礎教育の充実，(9) NPO・NGO の育成と支援，(10)防災分野の国際支援，(11)持続的な減災戦略及び体制。

安全・安心な社会の構築へのパラダイム変換とは，日本学術会議の2007年の答申において，今後の自然環境の変化と国土構造及び社会構造の脆弱化の状況の下で，被害軽減において最も重要とされた概念である。「短期的な経済効率重視の視点」から，「安全・安心な社会の構築」を最重要課題としたパラダイムの変換が必要であるとされた。

これらは，日本学術会議が多様な専門的視点から，総合的・俯瞰的視点で防災に取り組まなければ被害軽減は実現できない，という強いメッセージを政府に対して答申したものであった。それが7年後の東日本大震災で試された。こうした経緯は今後，地理教育が踏まえるべき事項であり，失敗を踏まえてこれからどうあるべきかをじっくり考えていきたい。

（3）「想定力」の弱さが災害を招く

東日本大震災の原因は，科学的な予測能力の低さというよりも，社会がもつ「想定力」の弱さにある。この問題の克服は難しい課題である。

レジリエンスを高めるための議論は，災害予測や社会の現状を正しく直視することからしか始まらない。すなわちレジリエンスの出発点は，「不都合な真実」を受け容れ，「想定外」を回避することにある。しかし経済的な理由からこれが難しい場合がある。

自然地理学者の一部は活断層研究を担っていて，例えば原発敷地内の活断層の有無のように社会的な難問に突き当たることがある。とくに，原発敷地内に活断層が存在する可能性が高いが，確定的な証拠は見つからないという場合，どう判断すべきかが問われる。事業者は経済的な理由から活断層の存在を否定して運転を続けたいと考えがちであるが，可能性が否定できない以上，重大事故の懸念から運転を中止すべきだという判断もあり得る。原子炉の破損のような重大事故の懸念があれば，疑わしきは罰せずとは言っていられない。このような場合に活断層の存在を「想定」することは，冒頭で述べたレジリエンスの定義のうち，③危険度への対応として重視されなければならない（鈴木，2013；Suzuki, 2020）。

このように「想定」するのは案外容易ではなく，問題をどのように整理・解決すべきかは将来的な課題である。

3　ハザードマップの課題

（1）ハザードマップ整備の経緯

災害を想定するために重要なものがハザードマップである。ハザードマップは「災害予測地図」もしくは「防災地図」と訳され，前者は「災害像を伝える地図」，後者は「避難情報など直接的な防災行動を住民に周知するための地図」である。行政等の作成主体によって災害種ごとに作成目的は多少異なるが，「災害から逃げる」「事前対策を計画する」「災害を具体的に知る」の三要素がある。また整備状況は災害種ごと，地域ごとに様々である。こうした総合的な状況を考慮して，鈴木編（2015）は，ハザードマップを「自然災害の危険性に関連する種々分布情報を，災害軽減を図るために紙や電子画面等（何らかのメディア）に表記したもの」と定義した。

熊木（2012）は，ハザードマップの種類を次の6つに分類している。①実際に発生した災害を示した地図，②災害の発生に関わる土地の性質を示した地図，③災害の発生しやすさを示した地図，④災害の発生場所を予測した地図，⑤被害の状態を予測した地図，⑥災害発生後，個人や企業，行政などが避難，救援，二次災害防止，復旧などの活動を円滑に行うために必要な情報を示した地図。ここで重要なことは，①〜③は実際に起きた災害や土地の性格などの事実であるが，④〜⑥は一定の想定に基づく評価であるということである。つまり④〜⑥だけでは災害予測を見誤る可能性があり，それを補うために①から③を重視する必要がある。

ハザードマップの元祖は，大矢（1956）による「木曽川流域濃尾平野水害地形分類図」にあるとされる。水害地形分類図は，河川や海の作用による地形の形成史を考慮して，形態や構成地質の違いによって，「扇状地」「台地」「沖積低地」などを区分し，さらに沖積低地を「自然堤防」「氾濫平野（後背湿地）」「三角州」「干拓地」などに分類してその分布を示したものである。濃尾平野は，この地形分類図が刊行されて3年後に起きた伊勢湾台風の際，高潮による大災害を被ったが，その範囲は「干拓地」や「三角州」と表記された地域と一致した。そのため「地図は悪夢を知っていた」として新聞報道された（図14-3）。新聞記事にはさらに「仏（科学）作って魂（政治）入れず」「ピッタリ一致した災害予測」「雨に泣き風に泣く国」「家がやられるまでは」などの見出しが付けられている。

しかしその後の経済成長期において，地形分類図の作成は継続されたが，ハザードマップとして利用されることは少なかった。災害予測情報として国民に積極的に伝えられることは敬遠された。当時は実際に過去に起こった「災害実績図」ならともかく，「予測図」はタブー視された。予測は正確性に欠けると

図 14－3　ハザードマップの元祖

資料：『中部日本新聞』1959年10月11日付。

いう批判のほか，不安を煽ることは良くない，地価が下がったら財産権の侵害になるという意見も聞かれた。

こうした状況を一変させたのが1995年に起きた阪神・淡路大震災であった。この震災は神戸や淡路島の街の真下にある活断層が起こし，住民にとっては「寝耳に水」だったが，活断層研究者らはそのリスクを1970年代から知っていた。こうした状況は不適切だという世論が高まり，情報公開が始まった。情報公開が義務づけられる時代背景もあって，その後に一気に進んだ。

ハザードマップの作成と公開は歓迎されるべきことであるが，科学的見地からの十分な検討を経ずに行政の都合で拙速に進められたため，さまざまな問題を生じた（鈴木編，2015）。最も深刻な問題は，ハザードマップが政策的な判断による一定の「想定」に基づいて計算された結果に依存しているという点である。そのため想定を誤れば過小評価になりかねない。2011年東日本大震災の際の津波ハザードマップは，岩手県内などでは明治三陸地震や昭和三陸津波の記憶が新しいために，大津波の再来を予測して機能したが，宮城県や福島県では，江戸時代（1611年）や平安時代（869年）の経験を生かせず，大幅な過小評価になり，ハザードマップがむしろ人災を大きくした可能性すら否定できなかった。

ハザードマップの問題点はこれ以外にもある。浸水深などの計算の際のメッシュがそのまま地図化されていて実際の地形と対応しない。また，住民向けハザードマップの作成に責任を負うべき市町村は，国や県から提供された浸水等のシミュレーション結果に避難所等の情報を書き込むだけという手順になっているため，ハザード予測情報について住民から質問されても説明が難しい。こうした問題を補うことも今後の地理教育に期待される。

（2）　ハザードマップの政策活用とその課題

気象災害が激化する中で，内閣府は2020年に，水害・土砂災害からの避難のあり方を見直した。これまでは，災害リスクが高まると「全員避難」という指示をしてきたが，避難行動を判断する際に各自がハザードマップを見て要否を判断することを求めるようになった。また国会は同年，都市再生特別措置法などを改正し，危険性の高い場所の開発を抑制することを決めた。国土交通省は不動産取引の際，重要事項説明として洪水ハザードマップ情報の提示を義務付けた。

このように，ハザードマップをベースとした防災政策が強化されている。しかし現状においては，ハザードマップに問題があり，このままでは「絵に描いた餅」にもなりかねない。ハザードマップが未整備の空白地帯も多く，また，河川単位でマップが作られるため，隣接流域には色が塗られなかったりして誤解が生じやすい。また一定の「想定」に基づいていることも注意を要する。そのため，上述の避難の要否の判断や，不動産取引の際の提示などにおいて，ハザードマップが正しく機能するかどうか，疑問を持たざるをえない状況にある。ハザードマップごとに想定する事象（豪雨や地震など）が異なるために，混乱を生じる場合もある。

こうした問題を軽減するためには，地形分類図の有効活用が重要である。日本地理学会災害対応委員会は2020年９月に，地形分類図の併用方法をウェブサイトで解説するとともに，新聞紙上で地形分類図の活用の重要性を訴えた（「『氾濫平野』に要注意」2020年９月11日，共同通信）。具体的には，ハザードマップだけでなく治水地形分類図をインターネットで確認することを推奨し，その図に「氾濫平野」と分類されている地域は基本的に水害リスクが高いことに注意を促した。

図14－4は，インターネットサイトの「地理院地図」による治水地形分類図である。水害の危険性は台地より沖積低地において高く，そのうちでも，自然堤防，氾濫平野，旧河道の順に危険性が高まる。現状におけるハザードマップの様々な問題を補うためにも，地理教育において，こうした情報を有効活用して身近な地域における水害地形分類を確認し，防災・減災について考えることが重要である。

4　地理学に要請されること

（1）「地理総合」への期待

2022年度から高等学校で必履修化される「地理総合」において，防災教育が重視される。地理総合の柱は，A：地図・GIS，B：国際理解と国際協力，C：持続可能な地域づくり，であり，Cにおいて「自然環境と防災」を学ぶ。さらに選択科目の「地理探究」では，防災の項はないものの，そのゴールが「持続可能な国土像の探究」であることから，地理総合と地理探究はセットである

図 14－4　地理院地図で見る治水地形分類図の例
資料：国土地理院「地理院地図」のウェブサイト（地形名は筆者加筆）。

（図 14－5）。同じく必履修化される近代史中心の「歴史総合」と合わせて，地理と歴史の双方の視点から，今日の社会情勢を踏まえ，今後の持続可能な社会を考えさせる教育へと生まれ変わることが求められている。

防災教育というと，防災意識を向上させて事前の準備と災害時の避難を徹底させるという印象もあるが，これらは既に小中学校でも学んでいる。高等学校においては，避難指示が出た際に立ち退き避難をしなければならない場所に住んでいるかどうかの判断力を養い，また，そもそも避難指示が出なくて済む社会にするためにはどうしたら良いか，生徒が主体的に議論できるようにする必要がある。

最近は小中学校でも防災のことを詳しく扱っているため，指導内容の重複を避け，考えが深まるように留意することも喫緊の課題である。大学教育にも当然影響があり，「自然災害」や「自然地理学」などの基礎科目の内容も，新カリキュラムを学んだ者が大学に入学する2025年度以降，大幅に見直されるべきである。

地理教育が「持続可能な社会づくりのための科目」と位置づけられたことを

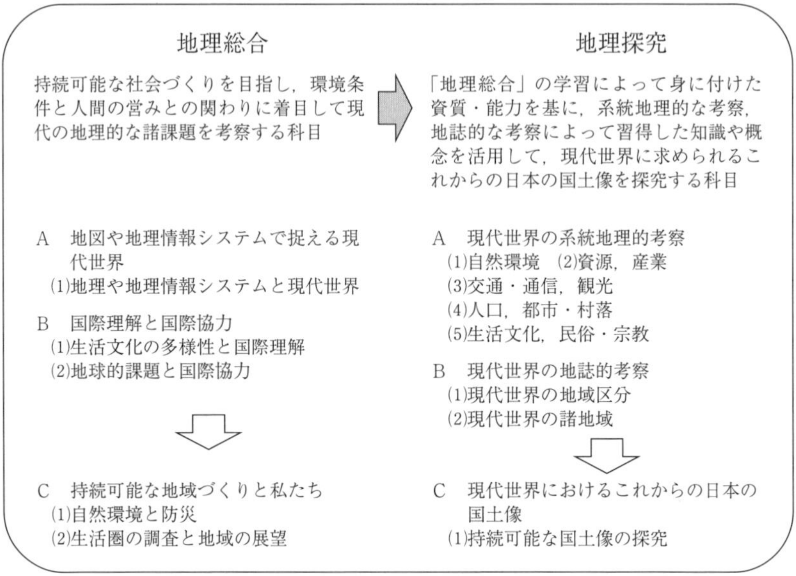

地理総合
持続可能な社会づくりを目指し，環境条件と人間の営みとの関わりに着目して現代の地理的な諸課題を考察する科目
A　地図や地理情報システムで捉える現代世界
(1)地理や地理情報システムと現代世界
B　国際理解と国際協力
(1)生活文化の多様性と国際理解
(2)地球的課題と国際協力
C　持続可能な地域づくりと私たち
(1)自然環境と防災
(2)生活圏の調査と地域の展望
地理探究
「地理総合」の学習によって身に付けた資質・能力を基に，系統地理的な考察，地誌的な考察によって習得した知識や概念を活用して，現代世界に求められるこれからの日本の国土像を探究する科目
A　現代世界の系統地理的考察
(1)自然環境　(2)資源，産業
(3)交通・通信，観光
(4)人口，都市・村落
(5)生活文化，民俗・宗教
B　現代世界の地誌的考察
(1)現代世界の地域区分
(2)現代世界の諸地域
C　現代世界におけるこれからの日本の国土像
(1)持続可能な国土像の探究

図 14－5　「地理総合」と「地理探究」

資料：学習指導要領および同解説に基づいて筆者作成。

受け，日本学術会議は「地理総合」の課題を，2017年と2019年の２度にわたって提言に纏めた。

2017年の提言（「持続可能な社会づくりに向けた地理教育の充実」）は，(1)「持続可能な社会づくり」に向けた解決すべき課題の明確化，(2)「持続可能な社会づくり」に資する地理教育の内容充実，(3)地理教育を支えるための体制整備，(4)学校教育・教員養成を支える大学教育の充実，(5)地理教育の社会実装，の必要性を指摘した。教えるべき内容，教育実施体制，教材づくりの支援体制など，多くの面で準備不足であることを指摘している。

また，2020年の提言（「『地理総合』で変わる新しい地理教育の充実に向けて――持続可能な社会づくりに貢献する地理的資質能力の育成」）は，(1)「地理総合」による地理教育の改革，(2)地理的な見方・考え方を問う大学入試のあり方，(3)「地理総合」を支えるための大学地理教育の変革，(4)小学校・中学校・高等学校間及び諸教科間の関連性を活かした地理教育改革，(5)「地理総合」を支えるための社会的環境整備の充実，を指摘している。いずれも，「地理総合」必履修化の成否に関わる事項である。

（2）「流域治水」への貢献

今後の水害対策として，「流域治水」に注目が集まっている。河川内のみで氾濫を工学的に制御するのではなく，流域全体の土地利用を工夫して被害軽減を図ろうとする考え方であり，レジリエンスの概念が適用されるべき，きわめて地理学的な課題を提起している。

その流域治水関連法が2021年４月に成立した。これは，近年の気象災害の激化と今後の温暖化を考慮して，「ハード整備の加速化・充実や治水計画の見直しに加え，上流・下流や本川・支川の流域全体を俯瞰し，国や流域自治体，企業・住民等，あらゆる関係者が協働して取り組む」としている。実施にあたっては，洪水管理の工学的な技術論のみでなく，自然条件や生活・文化を含めた人文・社会的な地域性の考慮と，持続性や公平性に配慮した国土計画と，住民の合意形成が必要になる。

この関連法は複数の法律からなり，全体として，(1)流域治水の計画・体制の強化，(2)氾濫をできるだけ防ぐための対策，(3)被害対象を減少させるための対策（住宅や要配慮者施設等の安全性の事前確認制度，防災集団移転促進事業のエリア設定，避難拠点の整備推進，地区単位の浸水対策の推進），(4)被害軽減，早期復旧・復興対策（ハザードマップ整備，避難計画に対する市町村の助言勧告，国土交通大臣による災害時の権限代行）などが盛り込まれている。

そもそも流域治水の概念は2014年に滋賀県が条例により定めたものであり，流域治水関連法は基本的にこれに倣ったものである。滋賀県流域治水基本方針には，まず流域治水の概念として，「どのような洪水にあっても，①人命が失われることを避け（最優先），②生活再建が困難となる被害を避けることを目的として，**自助・共助・公助***が一体となって川の中の対策に加えて川の外の対策を総合的に進めていく治水」と定義されている。そして，「『川の中の対策』に関する諸計画に基づき着実に実施すべき治水施設の整備に関する事項に加えて，『川の外の対策』として実施すべき事項について基本的方向を示す」とし，ハ

自助・共助・公助とは，防災を誰が行うかという観点で整理された防災の概念である。自助は市民（自分自身），共助はコミュニティ（仲間），公助は行政（国や自治体）が担う。かつての防災は公助が中心であったが，それには自ずと限界があるため，公助や自助が重視されているが，お互いに適切な役割分担をしてバランスを取ることが重要である。

ザードマップを全県的に整備し，土地利用規制の基準を確率論的な数値で示し，地元の合意形成が規制を進める前提であることなどを示した。コミュニティ活動や防災教育も重視している。

河川工学的なハード対策のみに頼らず，流域全体として治水を考えるという視点は，国も滋賀県も共通であるが，具体的内容には差がある。これからの流域政策においては住民の合意形成と積極的参画が重要であることを滋賀県は政策上重視しているが，国の政策には今のところ現れていない。合意形成のためには，住民との**リスクコミュニケーション***を行うことができる詳細なハザードマップと，学校教育も含めた防災教育がセットで行われなければならない。流域治水政策への貢献が，地理学および地理教育に求められている。

（3）　俯瞰型防災のための災害地理学

今はまさに**防災概念の変革期***（鈴木，1997）にある。レジリエントでサステイナブルな社会を再構築するために，パラダイム変換を含めて検討する時期にある。それを文理融合の災害地理学が構想できるようにしたい。人文地理学と自然地理学との協働によって，①「想定外」を繰りかえさない総合的なハザード評価，②リスクを再検討するための脆弱性（バルネラビリティ）の評価，③近世以前の災害文化の発掘，④災害文化の国際比較，⑤災害伝承と防災教育，⑥防災国土計画・政策論，を総合的に推進できないものだろうか（鈴木，2021）。

防災を定着させるためには災害文化が重要であると言われるが，そもそも災害文化とは何だろうか。単に防災意識を高めるという実利的な意味だけでなく，生活慣習や行動様式としていかに「文化」として定着させるかが重要であろう。諸地域の生活・文化を探求する地理学として，災害文化を改めて定義し直して，文化論的アプローチから探究できないだろうか。

地球環境問題の視点からEco-DRR（生態系を活用した防災・減災）にも注目が集まっている。これは，輪中や水害防備林をはじめ，棚田保全や湿地回復による洪水緩和など，生活圏の身近な自然を防災につなげることで，伝統として地理景観の中に残そうとする考え方である。その取組みをクローズアップして，他地域へ適用させることも災害地理学の役割である。災害を単に理学的に予測し，工学的に対応するだけの20世紀型防災には限界がある。短期的経済損失への過度な配慮にも問題がある。こうした疑問をこれまでも地理学者はフィール

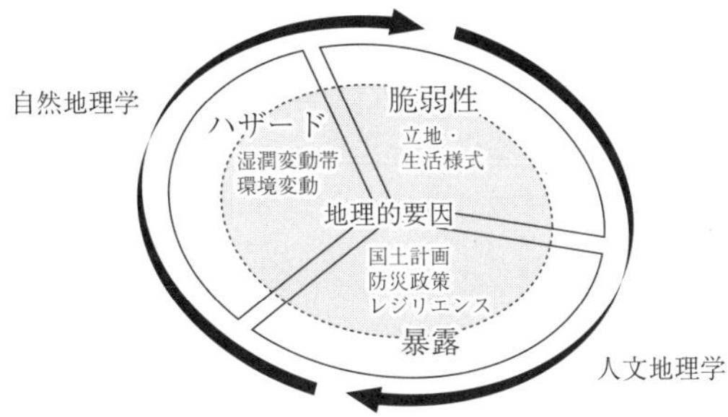

図 14－6：災害地理学の概念図

資料：鈴木（2021）。

ドを歩きながら感じてきたが，今こそ概念を整理して発言することが期待されている。

災害地理学の体系化も重要である。自然災害を「自然と人間との関わりのうち負の側面」として再定義し，震災，風水害，土砂災害，火山災害，感染症災害などを総合的に扱う。災害の大きさは一般に「ハザード」「脆弱性」「暴露」の積により決まるとされることから，それぞれについて，人文・社会の両面から分析し，統合することが求められよう。災害地理学とは，まさに「ハザード」「脆弱性」「暴露」のそれぞれについて地理学的要因および相互の連関を解明することにより，災害に対する社会のレジリエンスを高め，持続可能な社会づくりに貢献するための学問である（図 14－6）（鈴木，2021）。ハザードについては自然地理学，脆弱性と暴露については人文地理学的視点と手法がとくに重要である。また，自然のみならず生活・文化を含めた地域性を考慮する視点と，事前の防災から事後の復旧・復興までの時系列的視点が有効である．

地理学者の一部は，これまでにも関東大震災，伊勢湾台風，阪神・淡路大震

リスクコミュニケーションとは，リスクに関する情報を専門家と市民と行政が共有し，対策のあり方を一緒に議論することを言う。対策のあり方を専門家や行政だけで決められないし，決めるべきではないという考えが背景にある。

防災概念の変革期とは，阪神淡路大震災後，低頻度巨大災害へ対応するためには従来の防災概念では不十分であるとして，鈴木（1996）が提唱した概念である。地理学には以下を行うことが求められた。①自然災害の時空間分布とメカニズムの解明，②ハザードマップ作成と GIS 適用，③20世紀の開発と防災論の再評価，④防災観の比較文化地理学的研究，⑤防災の地域政策論的研究，⑥防災教育論，⑦具体的防災計画の再検討，の 7 点である。

災，東日本大震災をはじめとする激甚災害後の調査に加わり，関連分野や行政機関と連携して復興や防災計画の立案に寄与してきた。しかし地理学界全体としては，社会にあり方に関する提言を積極的に行う状況になかったことは残念である。今後，全高校生に地理総合を教える立場を担う中で，災害に強いまちづくりを目指して，災害地理学あるいは海津（2021）がいう防災地理学を実践することが求められる。

●参考文献

海津正倫（2021）「災害地理学の確立に向けて――土地条件をキーワードに」『地理』第66巻第９号。
大矢雅彦（1956）「木曽川流域濃尾平野水害地形分類図」総理府資源調査会土地部会編『水害地域開発上の基礎的調査研究』資源協会。
熊木洋太（2012）「ハザードマップとは」『地図情報』第32巻第２号。
香坂　玲編（2012）『地域のレジリアンス――大災害の記憶に学ぶ』清水弘文堂書房。
鈴木康弘（1997）「防災概念の変革期における地理学の役割」『地理学評論』第70巻第12号。
鈴木康弘（2013）『原発と活断層――「想定外」は許されない』岩波書店。
鈴木康弘編（2015）『防災・減災につなげるハザードマップの活かし方』岩波書店。
鈴木康弘（2021）「いまなぜ災害地理学か」『地理』第66巻第９号。
鈴木康弘（2022）「『想定外』という落とし穴――レジリエンスを阻むもの」稲村哲也・山極壽一・清水展・阿部健一編『レジリエンス人類史』京都大学学術出版会。
林　良嗣・鈴木康弘編（2015）『レジリエンスと地域創生――伝統知とビッグデータから探る国土デザイン』明石書店。
渡辺満久・鈴木康弘（2011）「沈黙の地理学界」『地理学評論』第84巻第４号。
Hayashi, Y.; Suzuki, Y.; Sato, S. and Tsukahara, K. eds. (2016), *Disaster Resilient Cities: Concepts and Practical Examples*, Elsevier.
Hirano, M. (2020), “Individual differences in psychological resilience”, in Nara, Y. and Inamura, T. eds., *Resilience and Human History: Multidisciplinary Approaches and Challenges for a Sustainable Future*, Springer.
Suzuki, Y. (2020), *Active Faults and Nuclear Regulation: Background to Requirement Enforcement in Japan*, Springer.

文献案内

▷序

①　人文地理学会編（2013）『人文地理学事典』丸善出版。

②　Gregory, Derek et al. eds. (2009), *The Dictionary of Human Geography* (5th edition), Wiley-Blackwell.

③　野間晴雄・香川貴志・土平　博・山田周二・河角龍典・小原丈明編著（2017）『ジオ・パル NEO——地理学・地域調査便利帖（第２版）』海青社。

④　阿部康久・土屋　純・山本貴継編（2022）『論文から学ぶ地域調査——地域について卒論・レポートを書く人のためのガイドブック』ナカニシヤ出版。

⑤　松山洋・川瀬久美子・辻村真貴・高岡貞夫・三浦英樹（2014）『自然地理学』ミネルヴァ書房。

⑥　富田啓介（2017）『はじめて地理学』ペレ出版。

⑦　ブレイ，ハーム・ドゥ（2010）『なぜ地理学が重要か』内藤嘉昭訳，学文社。

⑧　伊藤達也・小田宏信・加藤幸治編著（2020）『経済地理学への招待』ミネルヴァ書房。

⑨　森　正人（2021）『文化地理学講義——〈地理〉の誕生からポスト人間中心主義へ』新曜社。

⑩　人文地理学会「学界展望」『人文地理』各年第３号。

人文地理学の基本的な概念・用語について解説した書物としては，①②を繙くよう勧める。②は，第５版刊行から多くの年月を経た今でも熟読に値する。地理学における地域調査の方法や論文作法に関しては，③が体系だったレファレンスとして役立つ。④では，研究者の実体験を通じた理解が得られる。⑤は，『人文地理学』（ミネルヴァ書房，2009年）の姉妹本として刊行された自然地理学のテキストである。学としての地理の有用性を平易な言葉で伝える本は，自然地理学者の手によるものが多い。⑥はその好例である。英語による地理学の啓蒙書では，日本語訳のある⑦をあげておきたい。⑧と⑨は，「経済」「文化」という限定句を付した地理学のテキストであるが，各々が論じている内容は幅広く，かつ最新の学界動向をおさえている。人文地理学会の会誌に毎年掲載される⑩を参照すると，分野ごとの研究レビューを通じて，学界の潮流を知ることができる。

▶第1章

① 加藤政洋・大城直樹編著（2006）『都市空間の地理学』ミネルヴァ書房。
② 神谷浩夫（2018）『ベーシック都市社会地理学』ナカニシヤ出版。
③ ハーヴェイ，D.（2013）『反乱する都市――資本のアーバナイゼーションと都市の再創造』森田成也・大屋定晴・中村好孝・新井大輔訳，作品社。
④ スミス，N.（2014）『ジェントリフィケーションと報復都市――新たなる都市のフロンティア』原口剛訳，ミネルヴァ書房。
⑤ デイヴィス，M.（2010）『スラムの惑星――都市貧困のグローバル化』酒井隆史監訳，青土社。
⑥ ドンズロ，J.（2012）『都市が壊れるとき――郊外の危機に対応できるのはどのような政治か』宇城輝人訳，人文書院。
⑦ ズーキン，S.（2013）『都市はなぜ魂を失ったか――ジェイコブズ後のニューヨーク論』内田奈方美・真野洋介訳，講談社。
⑧平田　周・仙波希望編（2021）『惑星都市理論』以文社。
⑨応地利明（2015）『トンブクトゥ――交界都市の歴史と現在』臨川書店。

都市研究の諸潮流を取り扱った概説書としては，①が簡便でわかりやすい。②は日本の事例を通じて，都市社会地理学の基本的視点と方法を学ぶことができる。③はレント論や「コモンズ」の議論などを踏まえてハーヴェイが都市の現在を論じたもので，一読をお勧めする。④は不均等発展論を踏まえてジェントリフィケーションの論じた現代都市研究の古典である。第三世界におけるインフォーマル性と貧困については，⑤が参考になる。⑥と⑦は現代都市における分断を考える上で，有益な手がかりを与えてくれる。⑧はルフェーブルの「都市革命論」を踏まえた新たな都市論の試みである。⑨は大きな構想と緻密なフィールド調査に基づいた記述によって，この魅力溢れる都市の息遣いを感じさせてくれる。

▶第2章

① 岡橋秀典（2020）『現代農村の地理学』古今書院。
② ウッズ，M.（2018）『ルーラル――農村とは何か』高柳長直・中川秀一監訳，農林統計協会。
③ 安藤光義・ロウ，フィリップ編（2012）『英国農村における新たな知の地平――Centre for Rural Economy の軌跡』農林統計協会。
④ 市川康夫（2020）『多機能化する農村のジレンマ――ポスト生産主義後にみるフランス山村変容の地理学』勁草書房。

⑤ 筒井一伸編（2021）『田園回帰がひらく新しい農村都市関係――現場から理論まで』ナカニシヤ出版。
⑥ 細谷 昂（2021）『日本の農村――農村社会学に見る東西南北』筑摩書房。
⑦ 荒木田岳（2020）『村の日本近代史』筑摩書房。
⑧ 山下祐介（2021）『地域学入門』筑摩書房。
⑨ 秋山忠右（2000）『Farmer』冬青社。

①は，日本の農村に関するほとんど唯一の地理学のテキストである。農村地理学のテキスト②と，重要論文の翻訳集成③からは，最近の欧州における農村研究の動向を知ることができる。④は，フランスの農村における農業や観光業の状況を実証的に探求した本格的な研究書であり，⑤は，日本における田園回帰の実態を紹介するとともに，ネオ内発的発展論と関連づけて議論している。⑥は，イエムラ論の大御所による農村社会学史であり，⑦は，村落制度を権力との関係から読み解いた村落近代史である。⑧は，これほど地図を多用する社会学書も珍しいが，都市や農村の地理に社会学的な説明を与えている。農村風景を素材にした写真集は多いが，農村性をまじめに弄ぶ⑨は，ある意味で痛快である。

▶第3章

① ベルク，オギュスタン（1994）『空間の日本文化』宮原信訳，筑摩書房。
② 金田章裕（2012）『文化的景観――生活となりわいの物語』日本経済新聞出版社。
③ ホスキンズ，W. G.（2008）『景観の歴史学』柴田忠作訳，東海大学出版会。
④ 武内和彦（2006）『ランドスケープエコロジー』朝倉書店。
⑤ トゥアン，イーフー（1988）『空間の経験――身体から都市へ』筑摩書房。
⑥ レルフ，エドワード（1991）『場所の現象学――没場所性を越えて』高野岳彦・阿部隆・石山美也子訳，筑摩書房。
⑦ ムニョス，フランセスク（2013）『俗都市化――ありふれた景観，グローバルな場所』竹中克行・笹野益生訳，昭和堂。
⑧ コスグローブ，D.／ダニエルス，S. 編（2001）『風景の図像学』千田稔・内田忠賢監訳，地人書房。
⑨ 河合洋尚編（2016）『景観人類学――身体・政治・マテリアリティ』時潮社。
⑩ 竹中克行編（2016）『空間コードから共創する中川運河――「らしさ」のある都市づくり』鹿島出版会。

ランドスケープ研究を志す人には，手初めにベルクの日本論を繙くことを勧める。①は手軽に読める一冊である。金田による②は，生活誌の蓄積としてのランドスケープを平易な筆致で説く。歴史の積層としてランドスケープを読み解いた書物としては，③が国際的に知られる。④は，環境と人間の関係性理解をめざすランドスケープエコロジーの基本書である。現象学の視点を取り込んだ地理学者のランドスケープ論としては，⑤⑥をはじめとして，トゥアンやレルフの著作が代表的である。レルフの没場所性の議論との関係では，グローバル経済のもとでの都市空間の生産を論じた⑦が注目に値する。認知論的立場からランドスケープの社会的構築を論じた研究としては，⑧をあげたい。⑨は，文化人類学の立場から，環境への意味の埋め込みを論じた論文集である。最後に，地理学における応用的ランドスケープ研究の試みとして，⑩を例示しておく。

▶第4章

① 伊藤達也・小田宏信・加藤幸治編著（2020）『経済地理学への招待』ミネルヴァ書房。
② 青山裕子・マーフィー，J. T.／ハンソン，S.（2014）『経済地理学キーコンセプト』小田宏信・加藤秋人・遠藤貴美子・小室譲訳，古今書院。
③ 鈴木洋太郎（2018）『国際産業立地論への招待——アジアにおける経済のグローバル化』寝評論。
④ 矢ケ崎典隆・山下清海・加賀美雅弘（2018）『グローバリゼーション——縮小する世界』朝倉書店。
⑤ 猪俣哲史（2019）『グローバル・バリューチェーン——新・南北問題へのまなざし』日本経済新聞出版社。
⑥ 荒木一視（2013）『食料の地理学の小さな教科書』ナカニシヤ出版。
⑦ 辻村英之（2012）『増補版　おいしいコーヒーの経済論——「キリマンジャロ」の苦い現実』太田出版。
⑧ サクセニアン，A.（2009）『現代の二都物語——なぜシリコンバレーは復活し，ボストン・ルート128は沈んだか』山形浩生・柏木亮二訳，日経BP社。
⑨ 水野真彦（2011）『イノベーションの経済空間』京都大学学術出版会。
⑩ 立見淳哉（2019）『産業集積と制度の地理学——経済調整と価値づけの装置を考える』ナカニシヤ出版。

①は内容を経済地理学に絞ったテキストで，グローバル化や商品連鎖，制度など，本章の議論をより細かく解説している。②は，制度，文化，グローバル価値連鎖などの経済地理学の鍵概念の詳しい説明が役に立つ。③は多国籍企業の立地論について日本企業のアジア進出を事例に解説している。④は，グローバル化をめぐる様々な論点についての地理学的考察を集めており，理解しやすい。⑤は，グローバル価値連鎖（GVC）について国際貿易論の視点から詳細に論じており，このトピックについて日本語で読める

貴重な書である。⑥は食料，⑦はコーヒーに焦点を絞り，その生産や価値獲得について分かりやすく解説している。⑧はシリコンバレーの地域文化についての研究として世界的に知られている。⑨と⑩は制度的経済地理学の議論に基づき，理論と実証から産業集積や企業間ネットワークを論じている。

▶第5章

① 中澤高志（2014）『労働の経済地理学』日本経済評論社。
② 石井まこと・宮本みち子・阿部誠編（2017）『地方に生きる若者たち――インタビューからみえてくる仕事・結婚・暮らしの未来』旬報社。
③ 由井義通編著（2012）『女性就業と生活空間――仕事・子育て・ライフコース』明石書店。
④ 中澤高志（2008）『職業キャリアの空間的軌跡――研究開発技術者と情報技術者のライフコース』大学教育出版。
⑤ 神谷浩夫・丹羽孝仁編著（2018）『若者たちの海外就職――「グローバル人材」の現在』ナカニシヤ出版。
⑥ 荒井良雄・川口太郎・井上孝編（2002）『日本の人口移動――ライフコースと地域性』古今書院。
⑦ 中澤高志（2019）『住まいと仕事の地理学』旬報社。
⑧ 伊藤達也・内藤博夫・山口不二雄編著（1979）『人口流動の地域構造』大明堂。
⑨ フィッツジェラルド，J.（2008）『キャリアラダーとは何か――アメリカにおける地域と企業の戦略転換』筒井美紀・阿部真大・居郷至伸訳，勁草書房。
⑩ 梅崎　修・池田心豪・藤本真編著（2020）『労働・職場調査ガイドブック――多様な手法で探索する働く人たちの世界』中央経済社。

①には，労働市場におけるミスマッチ，エンプロイアビリティ，スキル・エコシステムなど，本章で取り上げた概念についてのより詳しい説明がある。地域性とキャリアに関しては，地方圏に暮らす不安定就労の若者の姿を描き出した②や，都市における女性のワーク・ライフ・バランスとキャリアなどを多面的に取り上げた③が参考になる。移動とキャリアの関係性を地理学的に分析する意義についての詳細は，④を参照してほしい。また，④における実証研究と，海外で働くことを自ら選んだ若者を対象とする⑤を併せて読み，キャリアやライフコースにおける移動の意味の違いについて考察してみるとよい。加えて問題意識を移動とライフコースとの関係に拡張した⑥や，ライフコースの変化と地域構造・都市構造の変化を一体的にとらえようとした⑦を読むと，研究の可能性の広がりが実感できる。⑧は古い本であるが，移動とキャリアに関するユニークな分析を含んでおり，今なお研究のヒントを与えてくれる。政策とキャリアについては，

社会政策の領域に数多くの研究があるが，本章で取り上げた概念との関係で，⑨を挙げておく。キャリア学・キャリア研究の業績からは，多彩な研究スタイルをコンパクトにまとめた⑩を紹介したい。

▶第6章

① 川端基夫（2013）『改訂版　立地ウォーズ』新評論。
② 松原　宏（2006）『経済地理学』東京大学出版会。
③ 松原宏編（2013）『現代の立地論』古今書院。
④ 伊藤達也・小田宏信・加藤幸治編（2020）『経済地理学への招待』ミネルヴァ書房。
⑤ 中澤高志（2021）『経済地理学とは何か――批判的立地論入門』旬報社。
⑥ 榎本篤史（2017）『すごい立地戦略――街は，ビジネスヒントの宝庫だった』PHP研究所。

①は第6章のベースとなっている著書であり，伝統的な立地論から一歩踏み出して，企業の経営戦略の視点から捉えた立地論を提起していることが特徴となっている。第6章をより深く理解したい人はこちらを読んで欲しい。②は経済地理学の考え方の特徴と代表的な立地論を整理したものである。③は立地論に関心がある人に勧めたい教科書である。④はショッピングセンターや商店街を経済地理学的な観点から学びたい人に勧める。⑤は古典的な立地論を批判的に再検討し，見落とされてきた理論的課題を明らかにしたものである。古典理論をより深く理解したい人に勧めたい。⑥はビジネスマン向けのもので，馴染みのチェーン店がどのような戦略的観点から立地選択をしているのかが具体的に分かり，立地問題に関心を持つきっかけ作りになろう。とはいえ，立地論が追及してきた理論的な話は出てこない。①から⑤で解説されている理論的思考の重要性が，本書から逆によく分かるであろう。

▶第7章

① 大林太良編（1994）『岡正雄論文集　異人その他　他十二篇』岩波書店。
② 折口信夫（2003）『古代研究Ⅲ　国文学の発生』中央公論新社。
③ 岩田慶治（1991）『日本文化のふるさと――民族と文化の同一性を探る』角川書店
④ 柳　宗悦（2015）『手仕事の日本』講談社（1948年に靖文社より刊行）。
⑤ 東　浩紀・北田暁大（2007）『東京から考える――格差・郊外・ナショナリズム』日本放送出版協会。
⑥ 神谷浩夫・山本健太・和田　崇編（2017）『ライブパフォーマンスと地域――伝統・芸術・大衆文化』ナカニシヤ出版。

①は岡の「古日本の文化層」のダイジェスト。日本文化なるものが，年月をかけて，周辺地域から流入してきたそれぞれの地域文化の混成体であることを仮説的に示している。②は，その岡の説に刺激を与えた折口信夫の「まれびと」論が収められている。時を定めて海の彼方からやってくる来訪神に想像をたくましくしてほしい。③は日本の文化人類学の先駆けの書の再版。地理学者でもある岩田はラオス北部の村でのフィールドワークを通して共感的に日本との比較を行っていく。④は柳らの精力的な民芸運動による成果。日本国内の民芸／工芸品（手仕事）が地理的文脈で概説されており，民芸「品」の場所の理解に最適である。⑤は，哲学者と社会学者による，16号線文化の敷衍化など，局所的な場所理解について興味深い示唆を与えてくれる。⑥は，本章では触れなかったイベントや儀礼などの「地域文化」に関する地理学者による論文集。資本の論理によって地域イベントが演出されたり変容されたりするさまが捉えられていて興味深い。

▶第8章

① ムニョス，F.（2013）『俗都市化――ありふれた景観 グローバルな場所』竹中克行・笹野益生訳，昭和堂。
② ジーバーツ，T.（2017）『「間にある都市」の思想――拡散する生活域のデザイン』蓑原敬監訳，水曜社。
③ ジェイコブズ，J.（2010）『アメリカ大都市の死と生』山形浩生訳，鹿島出版会。
④ フロリダ，R.（2010）『クリエイティブ都市経済論――地域活性化の条件』小長谷一之訳，日本評論社。
⑤ 中澤高志（2019）『住まいと仕事の地理学』旬報社。
⑥ 町村敬志（2021）『都市に聴け――アーバン・スタディーズから読み解く東京』有斐閣。
⑦ 箸本健二・武者忠彦編（2021）『空き不動産問題から考える地方都市再生』ナカニシヤ出版。
⑧ 泉山塁威・田村康一郎・矢野拓洋・西田 司・山崎嵩拓・ソトノバ編（2021）『タクティカル・アーバニズム――小さなアクションから都市を大きく変える』学芸出版社。
⑨ 馬場正尊・Open A 編（2016）『エリア・リノベーション――変化の構造とローカライズ』学芸出版社。

都市空間の変動は目まぐるしく，それを読み解くテキストにも，常に新しい視点が提示されている。新自由主義の下で平板化する都市景観を批判的に捉えた①や，郊外でも中心でもない領域の都市デザインを考察した②は，都市の新しいダイナミズムを俯瞰的に理解するための文献として重要である。ジェイコブズの代表作である③は，原著の出版は1961年だが，近年の住民主導のまちづくりのルーツとなる考え方が示されている。やや冗長で読みにくいので，『ジェイン・ジェイコブズの世界』（別冊「環」22）など他の解説本なども参照したい。④は創造都市論の中心的論客であるフロリダの著作である。フロリダは翻訳書も多いが，なかでも④は訳者の解説が充実している。日本については，都市地理学の入門書としてマスターピースともいえる⑤をまずは読んでほしい。大都市については⑥，地方都市については⑦が，近年の都市の変動を読み解く手助けになるだろう。最後に挙げた⑧と⑨は，都市の新しい動きを手軽に理解する事例集としておすすめしたい。

▶第９章

① ベック，U.（2010）『世界リスク社会論――テロ，戦争，自然破壊』島村賢一訳，筑摩書房。
② 美馬達哉（2020）『感染症社会――アフターコロナの生政治』人文書院。
③ サック，R. D.（2022）『人間の領域性――空間を管理する戦略の理論と歴史』山﨑孝史監訳，明石書店。
④ 山﨑孝史（2013）『政治・空間・場所――「政治の地理学」にむけて（改訂版）』ナカニシヤ出版。
⑤ 青土社（2020）「緊急特集　感染／パンデミック――新型コロナウイルスから考える」『現代思想』第48巻第７号。

①は再帰的近代という現代社会のとらえ方から，テロ，戦争，自然災害など今日一般的に危険（リスク）と認識される出来事が近代自体の所産であることを明らかにし，そこからどのような新しい政治形態が生み出されうるかを論じている。②は医療社会学の観点から，COVID-19に象徴される感染症対策の歴史と現在をフーコーの生政治という概念からとらえ，パンデミック後の社会を展望するヒントを与えてくれる。③は人間による境界と領域を用いた空間を管理する戦略（領域性）を欧米の歴史からひもとき，理論化している。本章が着目する権力による空間的実践を多様な事例から解説する数少ない地理学理論書である。④は政治地理学の入門書であるが，その第６章は領域性の理論がどのように日本社会に適用されうるかを具体的事例から説明し，第９章ではスケールの概念を詳述し，感染症対策の空間的側面にも言及している。⑤は最初の緊急事態宣言下で刊行された雑誌の特集号で，自然科学から人文社会科学に至る30以上の論考からなる。COVID-19パンデミックをどうとらえうるかを多面的かつ批判的に検討し，当時の緊迫感を伝える論集である。

▷第10章

① 織田武雄（2018，初版1973）『地図の歴史　世界編・日本編』講談社。
② 海野一隆（2004，初版1996）『地図の文化史——世界と日本（新装版)』八坂書房。
③ 応地利明（2007）『地図は語る——「世界地図」の誕生』日本経済新聞出版社。
④ 金田章裕・上杉和央（2012）『日本地図史』吉川弘文館。
⑤ 三好唯義・小野田一幸（2021，初版2004）『図説　日本古地図コレクション（新装版)』河出書房新社。
⑥ 金田章裕（2017）『古地図からみた古代日本——土地制度と景観』吉川弘文館。
⑦ 上杉和央（2015）『地図から読む江戸時代』筑摩書房。
⑧ 小野寺淳・平井松午編（2021）『国絵図読解事典』創元社。
⑨ 中西僚太郎・関戸明子編（2008）『近代日本の視覚的経験——絵地図と古写真の世界』ナカニシヤ出版。

①は地図史の古典的入門書である。②と③も，世界全体の地図史を追える好書である。④は日本の地図史を通覧したもので，①よりも新しい内容が含まれるため，日本地図史を勉強したいのであれば，まず手に取るとよい。⑤はカラー図版を用いて地図史が説かれており，理解を深めるのに役立つ。⑥以降は特定の時代に特化した内容を備えたもので，⑥は古代荘園図の読み解きと景観史への展開が議論される。⑦は近世日本図から歴史をとらえており，地図と社会の関係をとらえる視点を学べる。⑧は事典ものであるが，幕府撰国絵図の研究の最前線を知ることができる。⑨は地図を含めた近代視覚メディアに関する論集である。

▷第11章

① 足利健亮（2012）『地図から読む歴史』講談社。
② 有薗正一郎・遠藤匡俊・小野寺淳・古田悦造・溝口常俊・吉田敏弘編（2001）『歴史地理調査ハンドブック』古今書院。
③ 水内俊雄編（2006）『歴史と空間』朝倉書店。
④ 金田章裕（2002）『古代景観史の探究——宮都・国府・地割』吉川弘文館。
⑤ 金田章裕（2012）『文化的景観——生活となりわいの物語』日本経済新聞出版社。
⑥ 上杉和央（2020）『歴史は景観から読み解ける——はじめての歴史地理学』ベレ出版。
⑦ 矢守一彦（1988）『城下町のかたち』筑摩書房。
⑧ 応地利明（2011）『都城の系譜』京都大学学術出版会。

①は地理学的発想を駆使して，従来論じられてこなかった歴史の一側面を，景観復原を通じて見事に描き出す好書であり，歴史地理学の魅力と面白さを実感できる。初学者には是非，一読をお勧めしたい。足利健亮（1998）『景観から歴史を読む』NHK 出版の再版である。②は歴史地理学全般の入門書であり，方法論を学ぶことができると共に，キーワードや基本情報も項目別に整理され，専門的な学びを進めるときにも便利である。③からは，伝統的な歴史地理学の研究と共に，近年の歴史地理学の研究の広がりと新しい問題設定を知ることができる。歴史地理学の理論的整理は④の序章に詳しく，古代以外に関心を持つ読者にも有益である。⑤は，新しい文化財カテゴリーである文化的景観について，その考え方と手続き，価値，保存・活用に向けての取り組みを，事例を基にやさしく解説した良書である。⑥は，文化的景観の事例紹介も含めつつ，現在と過去の景観を結びつける歴史地理学の視点と方法の面白さを，初学者に分かりやすく説明してくれる。⑦は近世城下町に関する一般読者向けの研究書だが，今や城下町研究のバイブルとなっている。⑧は，古代都城の形態と思想を，東アジアのみならず，ユーラシアの都城と比較し，ユーラシア都城論としてその系譜を叙述した，壮大なスケールの研究書である。

▷第12章

① 梶田　真（2012）「イギリス地理学における政策論的（再）転回をめぐる議論」『地理学評論』第85巻第４号。
② 梶田　真（2014）「地理学において『純粋理論』と『実践・応用』とは乖離しているのだろうか――1970年代以降のアメリカを中心とする応用地理学の展開を糸口として」『人文地理』第66巻第５号。
③ ピンチ，S（1990）『都市問題と公共サービス』神谷浩夫訳，古今書院。
④ 神谷浩夫・梶田　真・佐藤正志・栗島英明・美谷　薫（2012）『地方行財政の地域的文脈』古今書院。
⑤ 佐藤正志・前田洋介編（2017）『ローカル・ガバナンスと地域』ナカニシヤ出版。
⑥ 山﨑孝史（2013）『政治・空間・場所――「政治の地理学」にむけて（改訂版）』ナカニシヤ出版。
⑦ 森川　洋（2008）『行政地理学研究』古今書院。
⑧ 小野有五（2013）『たたかう地理学』古今書院。

本章で扱った人文地理学の応用そして公共政策への関わりをめぐる議論については①②が整理を行っている。③は，少々古い一冊であるが，日本で地方行財政や公共サービスを扱う地理学研究が展開するきっかけとなった記念碑的な訳書であり，その後，④や⑤のような成果が生まれている。アメリカの政治的分節化やティブー仮説，そして公共政策と政治の問題を考えるための地理学的な視座については⑥を参照されたい。⑦は，自治の思想，政府間関係の視点からドイツと日本の政府／自治体の領域編成・改革について論じた研究書であり，日本の状況を相対化する上で有用である。外部から公共政策に関わることについては，自然地理学者ではあるが，活動主義型／参加型地理学の代表的な実践者による⑧を挙げておきたい。

▶第13章

① 矢野桂司（2021）『GIS――地理情報システム』創元社。
② 浅見泰司・矢野桂司・貞広幸雄・湯田ミノリ編（2015）『地理情報科学―― GIS スタンダード』古今書院。
③ 村山祐司・柴崎亮介編（2008）『GIS の理論（シリーズ GIS 第 1 巻）』朝倉書店。
④ 今木洋大・伊勢 紀編著（2022）『QGIS 入門（第 3 版）』古今書院。
⑤ 谷 謙二（2018）『フリー GIS ソフト MANDARA10入門』古今書院。
⑥ モンモニア，M.（1995）『地図は嘘つきである』渡辺潤訳，晶文社。
⑦ 羽田康祐（2021）『地図リテラシー入門――地図の正しい読み方・描き方がわかる』ベレ出版。
⑧ 若林芳樹（2022）『デジタル社会の地図の読み方 作り方』筑摩書房。
⑨ 若林芳樹・今井 修・瀬戸寿一・西村雄一郎編著（2017）『参加型 GIS の理論と応用――みんなで作り・使う地理空間情報』古今書院。
⑩ 若林芳樹（2018）『地図の進化論――地理空間情報と人間の未来』創元社。

GIS については様々なレベルの解説書が出版されているので，自分の水準や目的に合ったものを選ぶことができる。①は高校から大学教養レベルの入門書で，②は学部専門課程から大学院レベルの教科書である。GIS の理論から応用まで体系的に学ぶ場合は，③およびそのシリーズから関心のあるテーマのものを選ぶとよい。じっさいに GIS を操作して使い方を修得するには，ソフトごとの解説書が必要になる。ここではフリーソフトの入門書として，QGIS 用の④と MANDARA 用の⑤を挙げておくが，ほかにもレベルやソフトごとに解説書がある。地図については，本書でも紹介した⑥は，メディアリテラシーの要点を平易に述べた啓蒙書で，⑦や⑧では GIS による地図作成のノウハウが豊富に盛り込まれている。参加型 GIS については，⑨に数多くの応用例が紹介されている。そのほか，本書で紹介した空間認知からみた GIS と地図についての話題に関心をもった読者は，⑩を読めば理解が深まるであろう。

▶第14章

① 香坂玲編（2012）『地域のレジリアンス——大災害の記憶に学ぶ』清水弘文堂書房。
② 林良嗣・鈴木康弘編（2015）『レジリエンスと地方創生——伝統知とビッグデータから探る国土デザイン』明石書店。
③ 奈良由美子・稲村哲也編著（2018）『レジリエンスの諸相——人類史的視点からの挑戦』放送大学教育振興会。
④ 稲村哲也・山極壽一・清水　展・阿部健一編（2022）『レジリエンス人類史』京都大学出版会。
⑤鈴木康弘編（2015）『防災・減災につなげるハザードマップの活かし方』岩波書店。
⑥鈴木康弘（2013）『原発と活断層——「想定外」は許されない』岩波書店。

レジリエンス関連の書籍は心理学に関するものが多いが，災害レジリエンスに関するものも増えている。地理学独自の成果は少ない。①はレジリエンスの概念を明快に解説している。②は，災害レジリエンスに特化した概念整理と，その向上を目指した研究を，地理学，文化人類学ならびに土木工学的視点から行った。ハザードマップやビッグデータに関する防災研究のほか，アンデスにおける伝統知，木材の供給チェーンの歴史的変化に関する興味深い事例が紹介された。一方，③④は，人類発祥から現代までの人類史を念頭に，人類学・文明史的視点からレジリエンスを分析することを試みている。⑤は，地理学者15名が多くの地理学的視点からハザードマップの現状と課題を整理し，課題を補う方法を提案している。⑥は原発の安全規制の観点から，活断層のトランスサイエンス問題，すなわち科学だけでは解決できない種類の問題に対して，地理学的な考察と提言を行っている。

あとがき

人文地理学ないし地理学全般に関しては，日本語で書かれた何冊かの入門書が書籍市場で流通している。そうしたなか，2009年にミネルヴァ書房から『人文地理学』を刊行して以来，努めて意識してきたことがある。第一に，人文地理学の幅広い研究分野を見渡し，それらをバランスよく１冊で講じること。第二に，大学教科書としての利用を念頭に置くと同時に，地理学に関心を寄せる読者一般にとって，手ごたえのある読み物にすること。そして第三に，学界の進歩に対する十分な理解をもとに，その意味を社会の変化と関連づけながら論じることである。

わずか数行に縮約可能な目標であるが，書物として具現化するのは難しい。むしろ目標は達成途上という意識こそが，2009年の『人文地理学』に始まり，2015年の『人文地理学への招待』を経て，今回の『人文地理学のパースペクティブ』に至る試行錯誤にとって，大きな熱源になった。実際，編著者として今思うのは，社会と学界に生じた変化に対する理解を言葉に表現し，読者の利用に供することで，自らも成長したいという意欲に駆られてきたということである。本書を含め，３度にわたる出版は，われわれ書き手・編み手による世の変化への呼応と自身の進歩に向けた努力が合わさり，一本の糸を紡ぎつづける営為だった。

書を改めると言った以上，出発点となった企画の趣旨を再確認しつつ，各時点における社会・学界に対するわれわれの状況認識を示さなければならない。そうした課題意識をもとに，編者としては，2015年の「招待」のときと同様，今回の「パースペクティブ」においても，半数近い章について位置づけやねらいを見直し，適任と思われる執筆者を新たにお迎えすることにした。また，続投をお願いした執筆者の方々にも，前著にとらわれず，新たな状況に対して虚心に向き合ってもらうよう働きかけた。「招待」に引き続き「パースペクティブ」も，前書の改稿ではなく，出発点から一貫する課題意識を支えとした，新しい書物として提示できたものと自負している。

とはいえ，書を改めるにあたっての動機づけやねらいに関して，今回の出版に2015年の「招待」とは異なった面があることも事実である。「招待」のあとがきでは，章によって現在形で語られている内容が現状にそぐわなくなるという，ある種の「古さ」が目立つようになったことに言及した。それに対して，今回の「パースペクティブ」で重視したのは，個々の人間活動に関わる変化もさることながら，ポストモダン，グローバル化，持続可能性など，20世紀末以降に提起された地球社会理解の切り口がもつ有効性を検証しながら，過去から未来へ向かう社会の変化を大掴みにする地理学の作法を再定置することである。2020年に勃発したパンデミックの危機は，グローバル化がもたらした陰の側面を意識し，モダンの時代を自省的に振り返り，次に来る時代について考える好機となった。そのことは，従来からの人文地理学の分野区分を意識しつつも，自然と人間の相互浸透的な関係を基礎に，人間による空間の組織化のダイナミズムに切り込むことをねらった，本書の内容構成に表れている。

最後になったが，編者からの呼びかけに応え，学界の前線に立つ研究者として優れた見識を文章にしてくれた執筆者の方々に，この場を借りて，改めて深い謝意を申し述べたい。各執筆者の学識に全幅の信頼を置くことを前提としつつ，編者としては，各章の最初の読者になったつもりで，内容のバランスや理解のしやすさなどの観点からコメントを差し上げ，やりとりを重ねた。そうした編者と執筆者の信頼関係のおかげで，本書の完成に漕ぎつけることができた。もちろん，冒頭で述べた目標に対する達成度については，読者の批判的評価を仰がねばならない。

出版社のミネルヴァ書房には，十数年前に初めて人文地理学テキストの出版に関するご提案をいただいて以来，新たな企画を支えつづけてくれたことに感謝する。今後も，学術書の伝統ある版元である同社が，出版メディアの新たな価値を開拓しつづけるものと信じている。

2022年９月

編著者　竹中克行

索　引
（＊は人名）

欧　文

あ　行

か　行

さ　行

た　行

な　行

は　行

ま　行

や　行

ら　行

執筆者紹介

（執筆順，＊は編著者）

＊竹中　克行（たけなか・かつゆき）**序章・第３章**

編著者紹介欄参照。

遠城　明雄（おんじょう・あきお）**第１章**

現　在　九州大学大学院人文科学研究院教授。

主　著　『新修福岡市史資料編　近現代２　近代都市福岡の始動』（共編著）福岡市，2015年。

Power Relations, Situated Practices, and the Politics of the Commons, Kyushu University, 2017.（編著）

Decolonising and Internationalising Geography, Springer, 2020.（共著）

高橋　　誠（たかはし・まこと）**第２章**

現　在　名古屋大学大学院環境学研究科教授。

主　著　『大津波を生き抜く――スマトラ地震津波の体験に学ぶ』（共著）明石書店，2012年。

『スマトラ地震による津波災害と復興』（共編）古今書院，2014年。

『防災と支援――成熟した市民社会に向けて』（共著）有斐閣，2019年。

水野　真彦（みずの・まさひこ）**第４章**

現　在　大阪公立大学現代システム科学域教授。

主　著　『イノベーションの経済空間』京都大学学術出版会，2011年。

「産業集積の進化と近接性のダイナミクス」『史林』第101巻第１号，2018年。

「産業集積とネットワークへの進化的アプローチ――ユトレヒト学派の実証研究を中心に」『経済地理学年報』第65巻第３号，2019年。

中澤　高志（なかざわ・たかし）**第５章**

現　在　明治大学経営学部教授。

主　著　『労働の経済地理学』日本経済評論社，2014年。

『住まいと仕事の地理学』旬報社，2019年。

『経済地理学とは何か――批判的立地論入門』旬報社，2021年。

川端　基夫（かわばた・もとお）**第６章**

現　在　関西学院大学商学部教授。

主　著　『立地ウォーズ――企業・地域の成長戦略と「場所のチカラ」（改訂版）』新評論，2013年。

『外食国際化のダイナミズム――新しい「越境のかたち」』新評論，2016年。

『消費大陸アジア――巨大市場を読みとく』ちくま新書，2017年。

大城　直樹（おおしろ・なおき）**第7章**

現　在　明治大学文学部教授。

主　著　『空間から場所へ――地理学的想像力の探求』（共編著）古今書院，1998年。
『モダン都市の系譜――地図から読み解く社会と空間』（共著）ナカニシヤ出版，2008年。
『惑星都市理論』（共著）以文社，2021年。

武者　忠彦（むしゃ・ただひこ）**第8章**

現　在　信州大学経法学部教授。

主　著　『地域分析ハンドブック――Excelによる図表づくりの道具箱』（共編著）ナカニシヤ出版，2015年。
『城下町まちづくり講座』（共編著）信濃毎日新聞社，2019年。
『空き不動産問題から考える地方都市再生』（共編著）ナカニシヤ出版，2021年。

山﨑　孝史（やまざき・たかし）**第9章**

現　在　大阪公立大学大学院文学研究科教授。

主　著　『政治・空間・場所――「政治の地理学」にむけて（改訂版）』ナカニシヤ出版，2013年。
『現代地政学事典』（共編著）丸善出版，2020年。
『人間の領域性――空間を管理する戦略の理論と歴史』（監訳）明石書店，2022年。
『「政治」を地理学する――政治地理学の方法論』（編著）ナカニシヤ出版，2022年。

上杉　和央（うえすぎ・かずひろ）**第10章**

現　在　京都府立大学文学部准教授。

主　著　『江戸知識人と地図』京都大学学術出版会，2010年。
『日本地図史』（共著）吉川弘文館，2012年。
『地図から読む江戸時代』筑摩書房，2015年。
『軍港都市の一五〇年――横須賀・呉・佐世保・舞鶴』吉川弘文館，2021年。

山村　亜希（やまむら・あき）**第11章**

現　在　京都大学大学院人間・環境学研究科教授。

主　著　『中世都市の空間構造』吉川弘文館，2009年。
「戦国城下町の景観と「地理」――井口・岐阜城下町を事例として」仁木宏編『日本古代・中世都市論』吉川弘文館，2016年。
「城下町の空間的多様性の理解に向けて――尾張犬山を事例として」『ふびと』71，2020年。

梶田　　真（かじた・しん）**第12章**

現　在　東京大学大学院総合文化研究科教授。

主　著　「地方交付税の配分構造からみた戦後地方行財政の特質――小人口自治体に焦点を当てて」『地理学評論』第76巻第9号，2003年。
「イギリス地理学における政策論的（再）転回をめぐる議論」『地理学評論』第85巻第4号，2012年。
「人文地理学と環境老年学――なぜ英語圏地理学において高齢者に関する研究が低迷しているのか？」『地理学評論』第90巻第5号，2017年。

若林　芳樹（わかばやし・よしき）**第13章**

現　在　東京都立大学都市環境科学研究科教授。

主　著　『参加型 GIS の理論と応用――みんなで作り・使う地理空間情報』（共編著）古今書院，2017年。
『地図の進化論――地理空間情報と人間の未来』創元社，2018年。
『デジタル社会の地図の読み方 作り方』筑摩書房，2022年。

鈴木　康弘（すずき・やすひろ）**第14章**

現　在　名古屋大学減災連携研究センター教授。

主　著　『防災・減災につなげるハザードマップの活かし方』（編著）岩波書店，2015年。
『おだやかで恵み豊かな地球のために――地球人間圏科学入門』（共編著）古今書院，2018年。
『ボスフォラスを越えて――激動のバルカン・トルコ地理紀行』風媒社，2021年。

《編著者紹介》

竹中　克行（たけなか・かつゆき）

現　在　愛知県立大学教授。

主　著　『多言語国家スペインの社会動態を読み解く――人の移動と定着の地理学が照射する格差の多元性』ミネルヴァ書房，2009年。

『空間コードから共創する中川運河――「らしさ」のある都市づくり』（編著）鹿島出版会，2016年。

『地中海都市――人と都市のコミュニケーション』東京大学出版会，2021年。

人文地理学のパースペクティブ

2022年11月30日　初版第1刷発行　〈検印省略〉

定価はカバーに
表示しています

編著者　竹中克行
発行者　杉田啓三
印刷者　中村勝弘

発行所　株式会社　ミネルヴァ書房

607-8494　京都市山科区日ノ岡堤谷町1
電話代表　(075)581-5191
振替口座　01020-0-8076

中村印刷・藤沢製本

ISBN978-4-623-09448-6

Printed in Japan